Petites leçons de vie

Sophie Carquain

Petites leçons de vie

Pour l'aider à s'affirmer

Illustrées par Michel Boucher

Albin Michel

Ouvrage publié sous la direction
de Mahaut-Mathilde Nobécourt

Introduction

« Aimer, c'est comprendre et sentir
que l'autre est différent. »

SWAMI PRAJNANPAD[1].

Après leur avoir appris à décoder leurs peurs et angoisses, puis les avoir incités à prendre en main leur santé (*Petites histoires pour devenir grand*[2] 1 et 2), ces « Petites leçons de vie » leur permettront de mieux comprendre les autres, afin de mieux s'affirmer et de se positionner au sein du groupe.

Comment bien vivre avec les autres ?

Aurions-nous de plus en plus de mal à vivre ensemble, à nous aimer les uns les autres, à nous respecter, sans sombrer dans la dépendance et l'irrespect ? La « pathologie du lien » est le dernier sujet à la mode chez les psychanalystes et les sociologues, cette difficulté à vivre ensemble concernant autant les adultes entre eux que les enfants et leurs parents, les enfants entre eux... *Détache-moi*, *L'Anxiété de séparation*, *La Dépendance amoureuse*, *Sortir des dépendances*, *Le Poison de la dépendance*... Les titres des livres et des

1. Föllmi D. et O., *Sagesses, 365 pensées de maîtres de l'Inde*, La Martinière, 2004.
2. Du même auteur, Albin Michel, 2003 et 2005.

articles qui fleurissent dans les linéaires sont éloquents : nous avons un réel problème de lien à l'autre. N'est-ce pas parce que, privés de cadre, de vraies valeurs, de support idéologique, nous transformons notre prochain en un objet vital d'attachement, une bouée de sauvetage, au lieu de le respecter tel qu'il est ?

Derrière tout cela, un constat : notre voisin n'est peut-être plus respecté dans son intégrité, dans son individualité, mais « absorbé » pour combler un vide. Le philosophe Emmanuel Lévinas, qui prônait le respect de l'individu, de sa différence irréductible, dans sa « valeur absolue », dirait qu'il y a aujourd'hui un défaut de reconnaissance de l'altérité de l'autre. Le visage de l'autre, son regard devraient immédiatement forcer le respect en nous. Ce n'est plus forcément le cas. Bref, nous naviguons trop souvent entre indifférence, impolitesse... et fusion-dépendance, trois formes d'irrespect de notre prochain.

On rêve de petits leaders !

Chez nos enfants, n'est-ce pas la même chose ? Dès l'entrée à l'école maternelle, et parfois même avant, les caractères s'affirment. Certains donneraient tout aux autres pour être aimés, d'autres parviennent à dominer sans scrupules leurs copains. Interrogez les maîtresses : elles ont tôt fait de repérer les « leaders d'opinion » et les autres. Comme si, dès l'âge de 3 ans, on vous rangeait *ad vitam aeternam* dans la catégorie des meneurs ou des suiveurs. Reconnaissons que nous, parents, aimerions entendre dire de nos « poussins » qu'ils font partie de la première catégorie. Nous voudrions tous voir en nos enfants des petits leaders, sans toutefois les rendre insolents, impolis. Bref, nous aimerions qu'ils s'affirment mieux au sein du groupe, tout en cultivant le respect de l'autre. Nous aimerions qu'ils s'imposent tout en douceur, se fassent aimer et aiment les autres. On appelle cela le charisme, ou l'autorité naturelle... Reste à savoir si elle est vraiment innée, ou si elle s'apprend... Nous, nous pensons qu'elle peut s'apprendre.

Mieux connaître les autres

Pour mieux aimer les autres, ne faut-il pas mieux les connaître ? C'est le point de vue que nous avons adopté pour la première partie, que nous pourrions appeler « Petit livre des autres », tant les histoires que vous y lirez constituent à elles seules un petit manuel. On y apprend par exemple qu'il est important de ne pas céder toujours au désir de l'autre ; que celui qui nous fait la tête n'est pas forcément « méchant », mais peut-être, d'abord, quelqu'un qui souffre ; que les enfants qui semblent si prétentieux, qui commandent toujours et mentent sont en fait en manque d'amour ; que le grand timide, là, au fond de la classe, qui rentre les pieds en dedans ou qui se cache dans une armure, n'est pas si méprisant qu'il en a l'air… Dommage qu'il n'y ait pas de mini-cours de psychologie dès le CP à l'école. Peut-être cela sera-t-il au programme, dans un futur proche… En attendant, les histoires nous serviront de messagers.

Car, très tôt, les enfants sont capables de tout comprendre, pourvu qu'on leur parle dans leur langue. Ils sont capables de comprendre, par exemple, que le monde n'est pas blanc ou noir, que les gens ne ressemblent pas forcément à ce qu'ils sont ! Il n'est jamais trop tôt pour percer le monde des apparences. On peut avoir l'air gentil et ne pas l'être. On peut avoir l'air méchant mais n'être que malheureux, comme la sorcière Karaba dans *Kirikou*. Le paradoxe est au cœur de nos existences. Le monde n'est pas tout rose bonbon. Les gentils ne sourient pas toujours et les gens souriants peuvent cacher un jeu pervers.

À nous de leur révéler ces petites vérités de l'autre, de leur en parler tout doucement, avec des images simples, des personnages qui leur sont chers : fantômes et Martiens timides, loup pas si méchant que ça, petite poule qui prend des airs de princesse alors qu'elle se sent si faible…

Politesse et « total respect »

Mieux connaître les autres, les timides, les méchants, les particularités de chacun permet certainement de mieux les respecter. Le respect, la politesse ?… Sans jouer les moralistes barbants, reconnaissons que ça n'est pas notre fort, par les temps qui courent. Autant les générations de nos parents avaient élevé leurs enfants « collet monté », autant nous avons pris du large avec les civilités. Premièrement, parce qu'il fallait être « cool » à tout prix et se débarrasser de ces valeurs carcans. Deuxièmement, parce que dans une société « narcissique anxieuse », c'est-à-dire préoccupée d'elle-même jusqu'à l'os, inquiète de son avenir, individualiste en diable, certains rêvent de faire de leurs enfants des petits chefs, des parangons de réussite, au risque de les transformer en insupportables bambins. Tout, plutôt que des gentils moutons qui suivraient les autres...

Mais voulons-nous vraiment avoir des enfants qui marchent sur les pieds des autres ? méprisent leurs voisins ? Or c'est cela qui se cache derrière l'impolitesse, l'irrespect. Il y a quelque chose de plus grave que le fait d'oublier de dire bonjour : il y a le fait d'oublier que l'autre existe. La politesse n'est pas qu'un code imbécile. Elle est un signe de reconnaissance entre êtres humains, le signe que l'on approuve, que l'on reconnaît l'existence de l'autre. C'est pourquoi le manque de respect peut être grave. Si l'impolitesse désocialise les enfants, c'est parce qu'elle pousse à nier l'autre... donc à revenir dans la « bulle de savon » – cette bulle que nous devrions faire éclater pour connaître et reconnaître l'autre. Il faut absolument rendre à la politesse sa signification métaphysique. Ne pas dire bonjour, envoyer la porte dans le visage de l'autre, c'est d'emblée l'effacer d'un coup de gomme, le transformer en fantôme. Les enfants l'ont si bien compris, d'ailleurs, qu'ils affectionnent le mot « respect ». « Total respect » est devenu une formule qui court comme le furet dans les écoles. Oui, le respect recommence à devenir « tendance », on en a pour preuve ces cours de savoir-vivre et de politesse avec les poupées mis au point par la marque Corolle, pendant lesquels l'enfant apprend à « lever le petit doigt » et à bien traiter sa poupée ! Si nous pouvions faire la même chose avec les autres... Pour autant, il serait inopérant et malvenu de leur assener des règles de comportement abrutissantes.

Sur ce chapitre, lire des histoires, en discuter, en rire, peut être une aide précieuse, dans une société où l'on n'éduque plus les enfants au bâton, à l'ordre militaire et à la maxime toute faite... Plus que tout autre sujet, la politesse, avec ses injonctions, ses « il faut », « on doit », peut faire bâiller les enfants ! Plus que tout autre sujet, la politesse, le respect sont un matériau rêvé pour leur raconter des histoires amusantes. C'est par la profondeur des histoires que l'on peut espérer leur transmettre l'importance philosophique de la politesse. Et non en les traitant à la « fessée verbale », c'est-à-dire avec ces petites phrases péremptoires prononcées d'un ton métallique !

Et ce, d'autant plus que l'on ne peut enseigner le respect à l'autre... en traitant nos enfants comme des robots nourris de petites phrases toutes faites ! Comment pourrait-on leur enseigner le respect sans les respecter ? Il faut considérer nos enfants, comme nous y exhortait Françoise Dolto, en « hôtes de marque ». Les histoires nous y aideront. C'est de cette manière que non seulement ils apprendront à respecter les autres, mais qu'ils se respecteront aussi eux-mêmes. Et acquerront cette confiance en eux si précieuse...

Aidez-le à s'affirmer... Dopez sa confiance en lui

S'affirmer, trouver sa juste place, se faire respecter..., n'est-ce pas essentiel ? J'ai choisi de proposer dans cet ouvrage beaucoup d'histoires qui parlent de confiance en soi, d'estime de soi, qui poussent les enfants à dire non quand ils le souhaitent... À n'être pas esclaves des autres. Car, entre les loups et les moutons, il y a une marge ! Et l'éducation est une question de doigté : comment pousser nos enfants sans en faire des terreurs et des têtes brûlées ? Comment les aider à se faire respecter des autres ?

Dès l'école maternelle, on le sait bien, les relations de manipulation existent entre les enfants. Interrogez les petites filles autour de vous et regardez ce qui se passe pendant les récréations : qui n'a jamais souffert de la terrible déclaration « T'es plus ma copine ! J't'aime plus ! » ? De génération en génération, pourquoi le nier, petites filles et petits garçons manipulent les plus fragiles, ceux qui finissent par se retrouver seuls dans la cour sans comprendre vraiment pourquoi. Alors nous, les parents, nous nous inquiétons. Nous aimerions tant les voir entourés. Nous leur disons : « Il faut te faire des copains ! Ne reste pas tout seul dans la cour de récré ! Invite tes copains à la maison ! »

Certains enfants manquent d'estime d'eux-mêmes, au point de se laisser totalement manipuler par les autres. D'autres donnent tout ce qu'ils ont pour être aimés... Nous lirons dans ce livre l'histoire d'une petite fée qui exécutait tous les désirs des autres, se pliait à leurs quatre volontés, jusqu'à oublier son propre désir, jusqu'à se perdre elle-même... Jusqu'à transformer, comble de tout, ses petites copines fées en sorcières, menton en galoche.

Oui, il y a chez les enfants de petits tyrans et de petites victimes. Nous lirons comment Isa parvient à manipuler Bella et à la mener par le bout du nez, nous lirons pourquoi Blanche ne pouvait dormir en laissant sa « petite veilleuse intérieure » allumée pour les autres. Nous lirons l'histoire du petit âne qui se faisait accuser, dans la ferme, de tout et n'importe quoi parce que sa maman l'avait éduqué avec une excessive humilité : « Nous ne sommes pas des pur-sang ! » Jusqu'au jour où le petit âne a rué dans les brancards et s'est fait respecter des autres. On verra comment le petit papillon, après avoir été très « papillard », avoir soûlé la rose de belles paroles, apprend à être un peu plus distant, un peu plus réservé...

Et si tout finissait par un sourire ?

Sourire à l'autre : voici un joli programme. Je crois que ce petit sourire merveilleux, ce « certain sourire », comme l'écrivait Sagan, qui monte de façon irrépressible du plus intime de soi-même, et que l'on offre à l'autre comme un cadeau, devrait être notre ultime « leçon de vie ». N'est-il pas le point de jonction idéal entre soi et l'autre ? Le sourire, petite ouverture à l'autre, est un trait d'union idéal entre moi et mon prochain. À condition qu'il soit « sourire des profondeurs », comme le signale le petit Joseph dans notre dernière histoire, à condition qu'il soit occasion de partage, clin d'œil, reconnaissance. Et non pas sourire ironique, cynique. « Il y a des rires et des sourires mal placés », lançait élégamment l'humoriste Bernard Haller, dans une émission de radio sur France Inter. Oui, ces sourires mal placés sont teintés de mépris, de cynisme, les rires moqueurs et méchants. Oui, mais il y en a également de fort bien placés, spécialement ceux qui vous affirment, dans le plus grand silence : « Je te souris, je te reconnais. Je te respecte, reconnais-moi comme un des tiens. » Ce sourire, à peine ébauché, puis franc et massif, c'est la condition *sine qua non* de toute relation à l'autre.

Mieux connaître les autres

Radiographie d'ombres chez les Martiens

Où l'on apprend que les autres portent parfois un masque, que les fanfarons et les rigolos sont parfois de grands timides

Les Martiens rougissent souvent

Sais-tu que les Martiens sont de grands timides ? C'est pourquoi ils ont quinze doigts à chaque main (pour pouvoir se cacher derrière), beaucoup d'yeux (pour empêcher les autres de les regarder en face), des antennes sensibles (pour pouvoir étudier les autres avant de parler). Et une peau très épaisse qui leur sert de carapace, comme les tortues.
Pourtant, même s'ils ont le sang froid, comme les serpents, quand ils rougissent, ça fait comme une explosion intérieure terrible. Bong !

Et un Martien qui rougit, sache-le, connaît la plus grande honte de sa vie !
Par crainte de ces rougissements-là, les Martiens dont il est question dans cette histoire ne sortaient jamais de chez eux, se mêlaient très peu aux autres et, quand un Terrien, par hasard, venait à visiter leur planète, ils restaient verrouillés à double tour dans leur maison champignon. Les Terriens repartaient chez eux en bombant le torse : « Les Martiens n'existent pas, nous sommes les rois du monde ! Les rooiiiiiis ! » Alors les Martiens, tu l'imagines bien, devenaient encore plus timides, et encore plus renfermés.
Un beau jour, pourtant, le chef des Martiens décida que tout cela suffisait. Il s'était réveillé à six heures et n'avait pas osé éteindre son réveil (il avait trop peur de le vexer). Le grand timide avait donc passé toute la matinée avec un insupportable bruit dans les oreilles, en attendant que les piles se déchargent. Ce qui arriva à midi.
Le chef décida d'organiser une grande réunion :
15 000 Martiens, tous plus empotés les uns que les autres, se réunirent sur la grande place de la planète. Chacun essayait de se cacher derrière l'autre, ce qui donnait des files entières de Martiens, antennes baissées, regardant leurs pieds. Le chef du village attrapa le micro, toussota faiblement (*ouarp globe beurk* en langue martienne) et dit :
– Mes amis (*cœur-cœur bizzzou*), tout le monde se moque de nous (*ouarf ouarf blog ridiculo*), il faut changer tout ça ! (*brrrroummmm ! bing ! finito !*). Prenons des leçons des Terriens (*allôzig deux yeux*). Eux, ils osent venir nous voir (*fortissimo devisu gzzzgzzz*). Eux, ils sont forts ! (*King kong gloobeu !*)
Et le chef ouvrit grand ses quarante-cinq yeux.
– On raconte que, là-bas, les enfants lèvent le doigt en classe, qu'ils font du théâtre, du football, des spectacles de danse et des concerts de piano devant tout le monde !
Un grand « Ahahahahaha c'est pas possible ! » parcourut l'assistance, ce qui en langue martienne se dit *ziiiiiiiiiiiiiiiiiiididonc !*

Ils en étaient verts de jalousie, les Martiens. Verts, avec un peu de rose d'admiration à l'intérieur, ce qui donnait un joli ton vert-de-gris.
– Nous devons rencontrer les Terriens pour connaître le secret de leur force ! Nous devons percer leur secret et les bombarder de questions ! hurla le chef, plus timide du tout.
– *Zinggggtuveurir* (nous ne pourrons jamais) ! crièrent les 15 000 Martiens en roulant leurs 45 multipliés par 15 000 yeux (je te laisse faire le calcul).
– Qui veut peut ! renchérit, tout rouge, le chef (*carambar !*). En route pour la Terre (*zing ploum badaboum*) !
– Oui, chef (*t'énervepascoco bloug*) ! répondirent les Martiens.

Les Martiens volent les ombres

Avant de regagner la Terre, les Martiens préparèrent soigneusement leur soucoupe et leur déguisement : un béret, une baguette, et un costume-cravate très inconfortable pour camoufler leurs treize bras. Arrivés sur la planète Terre, ils se sentirent soudain si ridicules (*ridiculos, pas cool !*) qu'ils n'osèrent sortir que de nuit.
Ils voyaient alors les Terriens se promener dans les rues, devant les réverbères, en se chuchotant des mots doux à l'oreille ou en riant à de bonnes blagues.
C'est alors qu'il leur vint une idée géniale : ils allaient capturer les ombres des Terriens, afin de les analyser et de percer le secret de leur courage. Avec leurs grands doigts verts et habiles, ils en récoltèrent une bonne centaine. Ils avaient capturé une ombre de premier de la classe, une ombre de président de la République, une autre de clown, de cambrioleur en plein jour, de tigre blanc, d'animateur télé d'émissions débiles, de chanteur pop. Ils les enfournèrent dans leur soucoupe, où ils avaient installé une superbe machine à radiographier en forme de poire, une machine magique qui permettait de voir ce qui se passait à l'intérieur des âmes.
Et alors là… (« *Gzzzz glob glob, çamtroue, papossibl !* »), ils s'aperçurent que les ombres ne ressemblaient pas du tout,

mais alors pas du tout, à leurs propriétaires ! Le président de la République, qui avait l'air si courageux et sûr de lui, avait une ombre remplie de doutes et de petits cailloux tout noirs. Celles des clowns étaient remplies d'ombres terribles, de cauchemars et d'énormes araignées terrorisantes. Dans l'ombre des ours, ils trouvèrent... des yeux traqués qui regardaient partout et des fusils cabossés.
Et chez le grand méchant loup, imagine, je te le donne en mille... Il n'y avait ni grand-mère ni Chaperon Rouge, mais... une tétine perdue à l'âge de trois mois !
Dans l'ombre des grandes personnes, c'était encore plus intéressant... Ils trouvèrent des tas de choses bizarres : le regret d'avoir crié, la honte, et la peur d'être abandonné.

Les Martiens décident d'être courageux

Bref, tout n'était pas si simple. Même les plus courageux avaient peur... Et si les héros avaient des âmes de timide... Peut-être bien, pensa le chef, que les timides peuvent aussi devenir courageux.
Et les 15 000 Martiens en rougirent de contentement :
« *Oooooooh zabizo, incroyabilidoudou ! Zouzou contents !* »
Tout cela était fort encourageant pour les Martiens, qui décidèrent qu'ils pouvaient, eux aussi, changer ! Ils se dirent également qu'il était utile de savoir que les autres ne ressemblaient pas forcément à ce qu'ils étaient à l'intérieur. Que les clowns pouvaient être tristes, aussi !
– Et nous, nous allons être des héros ! Oui, mes amis ! Des héros ! hurla le chef des Martiens.
Cette nuit-là, les Martiens organisèrent une grande fête de l'Anti-Timidité et dansèrent sur du rock endiablé jusqu'aux premières lueurs du petit matin. Ils se jurèrent de faire des efforts !
Quelques jours plus tard, pendant une nuit de pleine lune, de ces nuits où les timides se transforment en personnes audacieuses, les Martiens retournèrent sur Terre pour y reporter chaque ombre près de son propriétaire.

Eh bien, crois-moi, les Terriens furent très contents de récupérer leurs ombres, car sans elles, figure-toi, ils s'étaient aperçus qu'ils n'étaient pas aussi forts. Car on puise sa force dans sa timidité. On puise sa puissance dans tous ses doutes, et parfois même on développe beaucoup de drôlerie à l'extérieur, comme les clowns, alors que l'on pète de trouille à l'intérieur.
De retour chez eux, les Martiens cessèrent à tout jamais de rougir.
– La prochaine fois qu'un Terrien viendra nous voir, nous irons lui serrer la pince ! (*Zou biglou salumonpote !*) déclara le chef qui, soudain, avait une énoooorme voix de stentor.
Depuis, les Martiens les attendent. Ils laissent un peu plus d'indices – quelques pas dans l'eau, un peu de vie sur la planète Mars – pour bien faire comprendre qu'ils existent. Et ils nous attendent. La prochaine fois qu'une sonde ira sur la planète Mars, peut-être, s'ils tiennent parole, se manifesteront-ils ? On les attend !

Histoire du méchant roi Virgile la Brute et de Tom qui n'avait pas peur

Où l'on apprend que les méchants sont souvent, à l'intérieur, faits de peurs, de chagrins, de tristesses

Il y a très longtemps, sur la carte du monde, on pouvait voir un petit village replié sur lui-même, avec des contours tremblotants.
C'était le village de la peur.
Le roi qui régnait sur le village, Virgile Brutus Ier, dit Virgile la Brute, habitait un château en forme de tête de mort, avec de grandes dents blanches qui claquaient au moindre coup de vent. Personne ne l'avait jamais vu, mais personne ne voulait le voir, car on disait alors qu'un seul coup d'œil de lui pouvait vous transformer en statue et vous glacer le sang. On disait aussi : « Quand il était petit, Virgile la Brute mangeait déjà trois enfants pochés au petit déjeuner », « il décapsulait leur tête comme une bouteille de bière » ou encore « il faisait cuire des cerveaux à la coque et trempait des mouillettes beurrées dedans » ! Si les habitants de ce village ne partaient pas, c'est

parce que, un horrible jour, le roi Virgile Brutus Ier avait hurlé : « Celui qui part, je lui coupe la tête, je lui arrache la langue, je lui crève les yeux, je lui épile les narines, je l'embroche par les fesses. »

Donc, ils restaient. Et, à longueur de journée, ils remplissaient des sacs de tremblements, de larmes de peur, d'aglagla, de jus de trouille et vapeurs de fessées, et d'histoires atroces à base de cerveaux d'enfants destinés à nourrir cet horrible roi. Oui, tu as bien compris : le roi se nourrissait de la peur des autres.

Après s'en être empiffré, il se collait devant son miroir magique, vert de peur, et lui demandait si c'était lui le plus horrible, le plus méchant, le plus atroce des rois. « Ouiiiii, aglagla, ouiiiii », répondait le miroir en tremblant. Ainsi passait la vie de Virgile Brutus Ier, à manger la peur des autres. Et ainsi passait la vie des habitants, à remplir les sacs de peur.

Chaque semaine, deux colosses aux mains grosses comme des battoirs venaient récolter ces sacs, déposés sur le seuil de la porte. Si les sacs n'étaient pas assez remplis, Virgile la Brute piquait sa colère et hurlait : « Il manque TROIS LITRES de jus de trouille ! » Ou encore : « Vous n'avez pas assez donné de fessées ! » Alors, les parents se dépêchaient de fesser, de gifler, de pleurer…

Enfin, tu vois, il était atroce, atroce, atroce.

Chaque semaine, quand ses sacs arrivaient dans sa cuisine royale, Virgile la Brute les reniflait un à un et hurlait : « Y a bon, y a bon les bonbons ! Oh, miam les rouleaux de peur, slurp, les sandwichs à la fessée ! » Car il les croquait, suçotait, dévorait, sirotait. C'est dégoûtant, non ? (Ben alors quoi, aurait répondu Virgile la Brute. Y en a qui mangent des biquettes et des cochons et des chèvres de Monsieur Seguin. Et même des grands-mères, alors…)

Puis il apportait ses sacs au conservateur royal qui, lui, remplissait des bouteilles de larmes amères, des fioles de jus de trouille, gazeuse ou pas, et mettait les silences d'effroi sous vide, puis les scellait avec un rire sec, pour bien les conserver.

Et le poseur d'étiquettes, un vieux vampire qui n'était plus bon à grand-chose, un peu flétri, trempait ses dents dans du sang

pour écrire : « Vapeurs de fessées, 2006 », « Larmes amères, 2005 », « Larmes de désespoir, 2000 », « Pleurs d'orphelin ». Avant de pousser un gros soupir horrible et de retourner dans son caveau jusqu'à la semaine suivante.
Le soir, sur son rocking-chair, devant son feu qui tremblait de peur, Virgile la Brute dégustait les délices mitonnés par la cuisinière (une vieille sorcière qui avait perdu la mémoire) : croissant pure peur, jus de trouille arrosé d'une pincée de larmes, sucette de désespoir confit, pain aux chocottes, chewing-gum terrorisé (qui tremble quand on le mastique). Il mangeait, mastiquait, remplissait son ventre et son cœur de méchantes choses. Et je vais te dire, c'est de cela que sont faits les méchants : des larmes, des peurs des autres. C'est dans ces larmes et dans ces peurs qu'ils puisent leurs forces ! (Alors que les amoureux et les gentils se nourrissent de choux à la crème et de petits bisous d'amour et de petits câlins. Cela dit en passant.)
À force de s'empiffrer d'horreurs, le roi Virgile digérait mal et faisait d'horribles cauchemars. Il rêvait qu'il se retrouvait tout nu au milieu des autres. Il était devenu transparent, tout le monde marchait sur lui avec des baskets – et il se retrouvait plat comme une crêpe. Virgile la Brute, lui, avait donc peur d'une seule chose : de devenir un rien-du-tout, un escargot sans sa coquille. Il pensait qu'il valait mieux être méchant et tout noir, que rien-du-tout.
Alors il hurlait, se réveillait et commandait dare-dare une camomille anti-trouille à sa gouvernante Cunégonde. Et il se mettait à hurler :
– C'est moi, c'est moi le plus méchant ! Arghh !
Pour se rassurer, juste avant de se recoucher, il se plantait devant son miroir magique et lui demandait :
– Miroir, mon horrible miroir, qui est le roi le plus atroce et le plus cruel ?
– C'est vous, mon horrible maître, répondait le miroir en tremblant.
Alors Virgile Brutus éclatait d'un rire atroce et satisfait.
Ce rire résonnait par-delà le château, venait s'introduire dans les maisons des habitants, effrayés, qui se remettaient à claquer des dents – et du coup, remplissaient encore un bon sac de peur.

Dans le village, pourtant, une seule personne ne tremblait pas, c'était Tom. Tom avait 6 ans, et il se posait des tas de questions sur tout. Il passait son temps à dépiauter les bonbons, les fruits, les mouches, les araignées, les phrases des parents, les radios, les télés et les ordinateurs. « Et pourquoi on mange la peau du poulet et pas la peau des bananes ? », mais aussi des questions sur la méchanceté du roi : « Et pourquoi le roi il est méchant ? », « Pourquoi son rire est complètement idiot ? », « S'il est méchant, n'est-ce pas à cause de nous ? »...

– Chitt, tais-toi, voyons ! répondaient les parents. Il va t'entendre et te zigouiller.

Et les parents essayaient de chasser ces mauvaises idées avec une tapette à mouches avant qu'elles ne rentrent dans les sacs. Mais aucune idée ne pouvait s'échapper du village et toutes rentraient toujours dans les sacs de trouille !

Il arrivait de temps à autre à Virgile la Brute de croquer une insolence ou une question du petit Tom. Alors il faisait la grimace, disait « beurk », avalait l'insolence comme un comprimé très amer, puis allait se brosser vite fait ses horribles dents cariées de malheur avec du dentifrice de prout. Avant de s'empiffrer d'atrocités.

Au fil du temps, la curiosité de Tom grandissait, et grandissait tant qu'elle effaçait la peur. Tom voulait vraiment comprendre ce qui se passait de l'autre côté du village, chez l'horrible Virgile Brutus Ier. Sans le dire à personne, une nuit, il partit avec un sac sur le dos et sortit du village pour gagner le château.

Sur son chemin, il croisa des épouvantails, des lumières violettes, des cris d'horreur et des panneaux méchants : « Dragons à haute tension », « Barbelés 300 000 volts », « Champ de plantes carnivores », « Géant aux pieds qui puent ». Mais tout cela ne faisait qu'exciter la curiosité de Tom.

À l'approche du château, quand il aperçut la tête de mort avec dents qui claquaient, il eut tout de même un petit coup au cœur, car il était très difficile de regarder dans les yeux cette horrible demeure. Mais, très vite, il franchit le portail, arriva dans le salon et se cacha derrière le miroir magique, qui s'éteignit aussitôt de peur.

C'était une cachette idéale pour observer l'horrible Virgile Brutus ! Car il était là, le terrible roi : un gros bonhomme au ventre gros comme un ballon, sur son rocking-chair, qui dégustait une galette pure peur. « Miam, slurp, miam... J'aime la frangipeur, j'adore la frangipeur, ch'est bon, cha », marmonnait l'atroce Virgile Brutus Ier, qui avait du beurre plein le menton.

« Berk, berk, berk, pensa Tom. On dirait un gros méchant loup qui aurait avalé trop de petits cochons, sans avoir mis sa serviette. Il est dégoûtant ! »

Après avoir fait son rototo, le gros roi s'approcha du miroir et lui dit :

– Alors, mon brave... Après ce festin, dis-moi donc qui est le plus méchant des méchants ? Ah ah ! C'est-y pas moi, par hasard ?

Le petit Tom éleva alors la voix :

– Pouf, tu veux rire ! Il y a les Bousillator sur jeux vidéo, le capitaine Crochet, Darkvador, Frankenstein avec son horrible cicatrice. Sans parler des poux, qui sont les nouveaux ennemis aujourd'hui...

À mesure qu'il entendait cela, le visage du méchant se décomposait. C'était la première fois que le miroir osait lui parler ainsi ! C'était la première fois qu'il n'était pas reconnu comme étant le plus méchant des méchants.

Il se mit à hurler :

– Quoi ? Quoi ? Quoi ? D'autres méchants ? Mais c'est atroooce, je vais les pourfendre ! Les occire ! Leur arracher les yeux ! Donne-moi leur adresse !

– Un peu de calme ! cria le petit garçon derrière le miroir. Je vais organiser un concours de méchanceté. Voilà comment nous allons procéder : vous enfermerez vos rêves de la nuit dans un grand sac, et vos pensées de la journée dans un autre. Dans deux jours, je reviendrai chercher les deux sacs, puis je les regarderai bien attentivement. Et je saurai qui, alors, est le plus méchant.

Le roi Virgile Brutus Ier pensa que, de Frankenstein, Darkvador et les poux, c'était lui le plus intelligent.

– D'accord, hurla-t-il. C'est moi qui vais gagner.

Et il partit se coucher vite, dans l'espoir de faire les cauchemars les plus horribles de la terre.

Deux jours plus tard, Tom commença à examiner les deux sacs de Virgile la Brute : celui des pensées du jour, et celui des rêves de la nuit. Et alors... Quelle surprise ! Dans le sac des rêves de la nuit, il y avait des cauchemars de petit enfant qui crie « Maman, j'ai peur ! », il y avait le fameux cauchemar où Virgile la Brute se retrouve nu comme un ver en tremblant et en hurlant : « Je veux ma méchanceté ! Rendez-moi ma méchanceté », avant d'être aplati comme une crêpe.
Dans le sac « Jour », il vit des choses encore plus étonnantes. « Je suis gros, gros gros », « Je suis seul, seul, seul ! », « Je cherche une princesse, même une moche ; mais une qui me fasse des massages de pied et des bisous d'amour », « Je voudrais qu'on me trouve gentil ! Je voudrais manger des bisous ! », « Je suis un gentil prince qu'on a transformé en vilain crapaud, mais personne ne le sait »... C'était de tout cela, de toutes ces peurs, de toutes ces souffrances et de toutes ces angoisses qu'était fait le roi Virgile Brutus Ier... Et peut-être beaucoup, beaucoup de méchants sur terre.

Quand le petit garçon annonça aux habitants du village de la peur que le gros méchant avait juste besoin d'amour, qu'il était horriblement seul et horriblement malheureux, personne ne le crut ! Le petit Tom ouvrit alors les deux sacs et les pensées noires de Virgile Brutus s'en échappèrent. « Oh, il se sent seul », « Il est malheureux », « Ça alors »... En regardant tous ces chagrins, les habitants versèrent des petites larmes sucrées de compassion, des pensées d'amour et de tendresse qui circulèrent dans l'air du temps avant de rentrer dans les grands sacs.

Une semaine après, quand les deux ministres frappèrent aux portes pour faire la récolte de trouille et de peurs, les sacs avaient changé de contenu... On y trouvait de l'amour des mamans, des pensées d'amitié, des câlins gentils, des mots affectueux... Rien que des gentillesses !

Tu devines la suite... Quand il récupéra ses sacs dans la cuisine, et qu'il les renifla comme d'habitude, Virgile la Brute fit la grimace. « Ça alors, dit-il, ça pue le bonheur, beurk », « Ça sent pas bon la trouille »... Il croqua une pensée d'amour, cracha et hurla « Pouaaah ! » car il avait perdu le goût pour le sucre. Et puis, bizarrement, il s'habitua. Il but des rires de joie, qui frétillèrent dans le fond de sa gorge et lui donnèrent envie de rire ! Bizarrement, il changea aussi de mine, il devint tout rose. Il trouva ces petites friandises curieuses, puis il trouva ça bon... Et ma foi, quelques heures après, il jugea cela exquis ! Son cœur s'emplit d'amour... gonfla, gonfla... « On m'aime, je suis aimable, je suis gentil, je veux être encore plus gentil ! » Son énorme rire gentil résonna alors par-delà les murs du château, jusque dans le village.

Alors, le village cessa de devenir le village de la peur. Le roi changea la décoration de son château : il ajouta des cils aux orbites, et de jolis rideaux, et on ôta ces vilaines dents pourries. C'était bien plus accueillant ainsi. Il édicta de nouvelles lois. Il voulait maintenant se nourrir d'éclairs fourrés aux rires, de crêpes aux sourires chauds, de chewing-gums aux câlins chocolatés, de fous rires feuilletés à la noisette...
Et le roi, qui voulut se faire appeler désormais Virgile Bisou Ier, conviait maintenant tous ses sujets à des fêtes somptueuses pleines de sucre, où il expérimentait de nouveaux sentiments.
« Et ça, goûtez-moi ça. Ça, c'est un câlin d'amour, et un bisou sur la bouche, ouh là là que c'est bon ! » « Et dégustez-moi ce petit jus de fruit de bonheur... C'est divin, c'est exquis, n'est-ce pas ? » Ses yeux brillaient d'un éclat nouveau, il était ivre, comme avant... Sauf que son ivresse faisait chaud au cœur au lieu de faire froid. « C'est grâce à vous, mes amis, si j'ai changé ! »
Virgile Bisou Ier ne faisait plus son horrible cauchemar dans lequel il était transparent et se faisait écraser par des baskets géantes. Il n'avait pas davantage besoin de son miroir pour savoir qu'il était gentil ou heureux : il le savait au fond de lui. Alors, il mit en vente son miroir maudit, dans une brocante,

non loin du château. On dit que c'est la belle-mère de Blanche-Neige, la coquette, qui l'acheta aux enchères pour la somme de 2 000 louis d'or. Tu sais, la vilaine reine, qui, elle aussi, était méchante… peut-être parce qu'elle était très, très malheureuse.

Le Petit Chaperon Rouge qui avait rendu dingo le grand méchant loup

**Quand on ne fait pas peur aux autres,
quand les autres ne nous font pas peur,
mais qu'ils s'intéressent à nous,
alors on devient gentil !**

Dans la clairière, le Petit Chaperon, vêtu de sa petite robe rouge, sifflotait, son panier à la main. Tu sais bien, tu le connais, ce panier dans lequel il y a : une galette, un petit pot de miel, du beurre bien frais et peut-être aussi une boisson. Elle avait ajouté du cidre car sa grand-mère aimait beaucoup tremper la galette dans du cidre brut, même si ça ne se dit pas tellement dans les contes. (C'est nettement plus chic de faire du thé aux fruits rouges, que l'on sirote dans une tasse en porcelaine en levant le petit doigt.)
Elle avait du temps, elle était en avance, alors elle cueillit quelques fleurs pour sa grand-mère.
Soudain, le grand méchant loup arriva, s'adossa contre un arbre d'un air désinvolte et lui demanda d'une grosse voix où elle se rendait.

– Oh ! s'exclama le Petit Chaperon. Salut, toi ! Comme tu es beau ! Et comme tu as l'air sympa. Tu viens jouer avec moi ? Je suis enfant unique et je m'ennuie.
– Je ne suis pas beau, je suis méchant ! dit le méchant loup. Et tu dois avoir peur de moi. (Il ouvrit grand la gueule pour montrer ses canines étincelantes et sa grosse langue rouge.) Tu as vu ces canines et ces incisives ? Trois centimètres de long. Tranchantes comme des épées.
– Oui, et alors ? Moi aussi j'en ai, des dents. (La petite fille ouvrit grand sa bouche et montra ses petites dents de lait blanches et pointues.) Ça n'est pas parce que tu es un loup que tu es dangereux. Tu sais, je connais bien les bêtes de la forêt. Ainsi, les zèbres. On dit que c'est gentil, mais ça peut mordre très, très fort. La semaine dernière, je suis allée dans un parc animalier. Une petite fille s'est fait manger deux doigts par un zèbre en lui tendant une cacahuète. Et puis aussi, tu sais, les hippopotames. On croit qu'ils sont gentils, à cause de leur gros derrière. Mais en fait, y a pas plus hargneux qu'un hippopotame. Ce gros lard est capable d'écraser un être humain en deux minutes à peine. Tu viens t'asseoir à côté de moi ? Tu sais, je suis fille unique, je m'ennuie, répéta le Petit Chaperon Rouge.
Le loup était interloqué. La tête lui tournait. Il se tint fermement à l'arbre. Une petite fille lui proposait de s'asseoir à côté d'elle ! Et qu'est-ce qu'elle parlait ! Mon Dieu, qu'est-ce qu'elle était bavarde !
Il sentit quelque chose s'attendrir au fond de lui, et ça, c'était très, très mauvais. Comme un chatouillement. Comme si quelque chose dans son ventre se détendait ; comme si un géant avait tordu la pointe de son fusil de guerre, à l'intérieur. Ça lui coupa d'un seul coup l'appétit. Et ça l'ennuyait car les loups aiment bien avoir de l'appétit. Ce loup-ci pensait toujours que les meilleurs moments, dans les festins, c'est avant de croquer, au moment où l'appétit atteint son comble.
Il grogna :
– JE NE SUIS PAS GENTIL ! Je veux voir des tremblements dans ton corps, je veux que tu hurles et que tu baisses les yeux, que tu hurles : « Maman, au secours ! » Allez, allez, un petit effort !

La petite fille éclata de rire.
– Oh, mais c'est impossible ! Je n'ai pas peur de toi. J'ai peur des robots avec des yeux qui clignotent, j'ai peur des guêpes, j'ai peur au cinéma quand la musique est trop forte et j'ai même peur des clowns ! dit la petite fille. Mais pourquoi est-ce que j'aurais peur des loups ?
– Parce que les loups sont méchants !
– Non, tu es gentil, je t'assure. Et puis, on est ce qu'on veut être, gentil ou méchant. Pourquoi préférerais-tu être méchant ? demanda la petite fille
Le loup réfléchit :
– Quand on est méchant, on n'a peur de rien. On peut croquer tout ce qu'on veut, et personne ne vous dit rien. Des poulets, des cochons, des petites filles... Et on a le droit, puisqu'on est méchant, et que l'on a des yeux méchants, des dents méchantes.
– Bon Dieu, ce que c'est ennuyeux, la méchanceté ! dit la petite fille. C'est bien plus agréable d'être gentil. Dis-moi, quand tu croques un poulet... c'est bon ?
– Ouh là oui, dit le grand méchant loup en se léchant les babines.
– Et après l'avoir croqué ? C'est encore bon ?
– Ben oui, bien sûr ! dit le loup.
– Et deux, trois, quatre poulets ? Trois, quatre, cinq biquettes ?
Il réfléchit :
– Parfois, quand j'en ai croqué six ou sept, je me sens juste un peu lourd, alors je m'endors comme ça, d'un seul coup, comme une pierre.
– Et après, quand tu te réveilles, tu sens mauvais de la bouche, et tu te sens très seul, non ?
Le loup n'en revenait pas. Comment cette petite fille avait-elle compris ? Bien sûr, que c'était ça, le problème des loups. C'était le réveil après la digestion. Le réveil était terrible, car on se sentait très seul. On avait juste envie de mettre la tête entre les pattes et de tout oublier : le sang et les cris des poulets.
– Après un tel festin, lui dit le loup, on aimerait bien, parfois, se faire dorloter, ou câliner. Ou juste avoir un copain.
– Ah, tu vois bien ? fit le Petit Chaperon Rouge. Ça, ça veut dire que, derrière ta méchanceté, tu es gentil...

Le loup s'assit. Il était complètement perdu dans sa tête.
– Je ne comprends rien à ce que tu racontes, dit-il. D'abord, personne ne m'a jamais, jamais dit que j'étais gentil. Quand j'étais petit, j'ai entendu tout le temps : « Vas-y, sois un méchant loup ! Sois dur ! Ne te laisse pas attendrir ! Ne pleure pas, surtout ! Et n'écoute pas les petites filles ! » Et puis, j'ai appris à saigner les biquettes et à croquer les poulets. Je n'ai rien appris d'autre. Je n'ai pas appris à parler.
– Berk, dit le Petit Chaperon Rouge. Tu sais, il est encore temps de changer. Moi, je te dis que tu es gentil. D'ailleurs, tu es capable de faire du bien aux gens, et de discuter. Alors, viens, on va jouer à « Un, deux, trois, soleil », et tu vas voir comme c'est rigolo.
Le loup et la petite fille jouèrent jusqu'à la tombée du jour. C'était la première fois que le Petit Chaperon Rouge s'amusait autant. Et puis, elle vit un peu de bave au coin des lèvres de son ami le loup, et quand elle se rendit compte qu'il la regardait avec un drôle d'air, elle pensa qu'il avait faim, alors elle ouvrit le petit panier en osier et tous deux s'assirent pour manger la galette.
Le loup admit que trempouiller la galette dure dans le cidre et la sentir fondre sous la langue, c'était vraiment très bon, même si on était équipé de dents très pointues avec lesquelles on déchiquette des poulets. « Et des petites filles », ajouta-t-il.
Le Petit Chaperon Rouge lui suggéra qu'il devrait porter un appareil pour les redresser, car elles se chevauchaient un peu.
– C'est important d'avoir un beau sourire quand on est gentil, lui dit-elle. Les dents, ça ne sert pas qu'à manger. Tu comprendras ça, plus tard.
Le loup conclut alors que le Petit Chaperon Rouge était drôlement fort pour transformer les méchants en gentils, et pour tordre leur fusil de guerre, à l'intérieur.
Le Petit Chaperon Rouge rit doucement.
– Tu sais, si j'avais tremblé devant toi, si j'avais eu peur, ça aurait été comme si j'avais chargé ton fusil avec beaucoup de munitions. Ça aurait été comme si tu t'étais regardé dans un miroir. Tu aurais pensé : « Elle a peur de moi, elle tremble, elle devient rouge de peur, elle appelle sa maman... Donc, c'est bien

vrai, je suis bien un horrible méchant. » Et tu m'aurais croquée toute crue. Pas vrai ?

– Possible, dit le loup, qui recommençait, à cette évocation, à avoir les babines en émoi.

– Et puis, tu sais, quand on discute avec les gens, on se rend compte qu'ils ne sont pas vraiment méchants. Allez, je vais porter la demi-galette à ma grand-mère. J'espère que je te reverrai.

– Oui, vas-y vite, dit le loup. Je commence à avoir faim de viande. Cours, cours ! Gentil ou méchant, je suis un loup et je mange de la viande, on n'y peut rien.

Le Petit Chaperon courut. Et cria :

– Un peu de viande, mais pas trop ! N'oublie pas qu'après avoir croqué six ou sept poulets, tu te sens très seul et c'est la grosse déprime. N'oublie pas ça ! Et dis-le à ta mère.

Et le Petit Chaperon agita sa main longtemps, très longtemps.

Miss Liza qui se prenait pour une princesse

Où l'on apprend que, pour se faire aimer des autres, on peut prendre des airs de princesse... mais que ça n'est pas forcément une bonne idée

Aujourd'hui, ça caquette, ça caquette chez nos amies les poules. Une nouvelle copine qui arrive dans un poulailler, c'est un événement.

– Je vous présente Miss Liza, dit Maître Coq, perché sur ses ergots, en retirant ses lunettes. (Et il leva le bout de l'aile.) Soyez gentils avec elle, je vous prie.

En voyant la petite nouvelle, Poupou, Poulina, Poulinette et Pouloulouille ouvrirent grand leur bec. Car elle avait fière allure, Miss Liza, avec ses plumes rouge et jaune, qui formaient un diadème sur sa tête. Elle avait du vernis sur les ergots, et elle caquetait avec un accent distingué, avec beaucoup d'accents circonflexes sur le *o* : « Côôôt côôôt côôôôt... »

– T'es une princesse ? demanda Isabeau, la petite poule rousse. J'aimerais bien être ton amie.

Pour toute réponse, Miss Liza jeta un coup d'œil vers le bas, tout en bas, comme si elle regardait un grain d'orge par terre. Pffuiii...

Pendant la récréation, elle raconta aux petites poules d'où elle venait : elle habitait dans la ferme d'un château, son papa était un super-coq royal. Elle dormait dans une niche à baldaquin, et c'était la meilleure picoreuse de grains d'orge de la région. Elle avait même été nommée « Miss Picorette 2007 ».
– T'as déjà mis du rouge à bec ? demandait-elle aux autres petites poules, qui baissaient la tête.
– Eh bien moi, moi, rétorquait-elle, j'ai du rouge à bec de toutes les couleurs. J'en ai du rose, du jaune, du pailleté. Et même du bleu ! Et puis, un jour, j'ai même mis de la couleur sur les yeux, et je suis allée chez le coiffeur de plumes.
Comme tout le monde l'écoutait, elle se mit à raconter des choses incroyables :
– Un jour j'ai pondu un œuf carré, ma mère elle a un bec en or massif, et mon parrain, c'est le renard !
Si elle parlait tant, c'est parce qu'elle voulait être aimée… Et pourtant, ses discours eurent l'effet inverse. Dans la classe, bientôt, plus personne ne parla à Miss Liza. Quand elle arrivait le matin, tout le monde s'écartait, comme si elle avait la peste. Très vite, Miss Liza se retrouva très seule, car personne n'osait plus lui parler, avec son regard en coulisse qui disait : « Tu ne vaux pas plus qu'un grain d'orge, ma petite vieille. » Bientôt, à force d'être mise de côté par les autres, les plumes, sur sa tête, retombèrent comme un diadème qui aurait pris la pluie.
Alors, elle se dirigea vers la petite poule rousse.
– Je veux bien être ton amie, finalement.
– Sûrement pas ! répondit la petite poule rousse. Tu es bien trop princesse pour moi. Je ne mérite pas d'être ta copine.
Le lendemain, Miss Liza ne se présenta pas à l'école. Ni même le surlendemain. « Miss Liza est malade », « Miss Liza est malade », chuchotait-on de partout.
Maître Coq demanda à Poulina, Pouloulouille et Superpoula d'aller lui apporter les devoirs à faire. Quand les petites poules arrivèrent devant sa maison… elles en ouvrirent le bec, une fois encore, mais de surprise et non plus d'admiration. Car Miss Liza n'habitait pas dans un château, mais dans une basse-cour misérable, près d'une décharge à ordures. Sa maman leur ouvrit la porte, avec un fichu sur la tête – et non pas un bec en or massif !

Miss Liza suivait, les plumes du diadème dégringolant sur le cou. Les petites poules étaient fort surprises. Elles s'apercevaient que Miss Liza... n'était pas celle qu'elle disait être !
– Où est ton château ? demanda sévèrement Poulina. Et ton papa coq royal ? Rien que des mensonges !
Miss Liza baissait la tête.
– Je vous ai raconté des histoires... Parce que je voulais me faire des copines, parce que je me sentais seule, et parce que les princesses, elles, on les aime toujours ! Mais je ne suis pas une menteuse ! Je vous jure !
Quand elle éclata en sanglots, son petit bec se mit à trembler. Pouloulouille la prit sous son aile, et Poulina lui dit :
– Tu sais, ça tombe bien. Nous, on n'aime pas les princesses. On aime les gens vrais. C'est maintenant qu'on t'aime. Avant, tu étais en toc, et maintenant, tu es vraiment toi, Liza ! D'ailleurs, le rouge à bec de toutes les couleurs, c'est moche.
– C'est même ultra, ultramôôôôôche ! dit Miss Liza, qui se moqua ainsi de son faux accent de comtesse.
Et tout le monde éclata de rire.

La tristesse du Père Noël

On peut être triste parce que l'on donne toujours aux autres, mais que l'on ne reçoit rien d'eux. Un cadeau, un sourire, un câlin, un mot doux, et hop, c'est reparti !

Toc, toc, toc...
– Debout, m'sieur Noël ! Il est neuf heures ! Le petit déjeuner est servi !
Le lutin numéro 1, qui frappait ainsi à la porte, en ce 20 décembre, entendit un grognement terrible :
– Nooooon ! Pas question !
Devant ce cri, il manqua de laisser tomber le plateau du petit déjeuner (dix saucisses, une grosse assiette de frites, six crêpes fourrées à la framboise, un gros bol de chocolat chaud et des papillotes à la crème).
Inquiet, il ouvrit la porte. Le Père Noël, bonnet de nuit sur la tête, œil noir, drap rabattu jusqu'au menton, était encore dans son lit.
– Je n'irai pas, tonna-t-il. Je dors. Vendez mes rennes et mon traîneau. (Puis il se tourna de l'autre côté du lit.) Bonne nuit.
Le lutin numéro 1 bégaya :
– Voyons, m'sieur Noël... Dans quatre jours, c'est Noël... Et il faudra livrer les cadeaux. Vous... vous êtes malade ?

– Ni angine ni grippe. J'en ai juste ras-le-bonnet. Bonne nuit.
– Mais enfin… m'sieur Noël… vous ne pouvez pas leur faire ça !
– À qui, bon sang ?
– Aux petits enfants !
Le Père Noël se leva à demi sur son édredon. Son bonnet pendait sur un côté de la tête et les poils de sa barbe tremblaient, ce qui était toujours le cas quand il était très énervé.
– Parlons-en, des petits enfants… Me font-ils des cadeaux, à moi, les petits enfants ? Je compte pour des prunes, lutin numéro 1 ! Oui, je ne compte pas plus qu'une boule de Noël ! Personne ne fait attention à moi. Personne ne me remercie. C'est fini, vous m'entendez. Il n'y aura plus de Noël. (Il renifla, se tourna de l'autre côté du lit.) Allez, bonsoir.
Et le Père Noël ajouta :
– Ne me laisse pas le plateau, j'ai pas faim.
Lutin numéro 1 ferma doucement la porte en hochant la tête… L'heure était grave. Il est vrai que, depuis quelques jours, le Père Noël avait triste mine. Il était tout pâlot, il boutonnait lundi avec mardi, il traînait ses charentaises partout dans le chalet en soupirant et refusait d'aller nourrir ses rennes. Et il grommelait : « Ah, Noël, les cadeaux, tout le tintouin… Pffuiiiii. J'en ai ras-le-sapin ! » Il ne mangeait plus que trois saucisses et trois crêpes par jour. D'ailleurs, il avait beaucoup maigri : son gros bidon avait diminué de cinq centimètres au moins, le lutin diététicien l'avait calculé avec son mètre-ruban.
Toute la journée, dans le chalet, il régna une effervescence triste. Les lutins chuchotaient, discutaient entre eux. Que fallait-il faire pour tirer le Père Noël de ce mauvais pas ? Le médecin-lutin, appelé d'urgence, put l'approcher pendant son sommeil. Il l'examina, puis se retourna vers les lutins.
– Ni rhume, ni angine, ni rhinopharyngite, ni mycose des pieds, mais un gros, gros mal au cœur de tristesse, diagnostiqua-t-il en soupirant.
Et il écrivit, de sa belle écriture lutine, sur l'ordonnance :
« Cinquante guilis de pied par jour, trois jolis fous rires et une histoire d'amour à lire le soir. »
La nouvelle se répandit rapidement parmi les cent lutins du chalet : le Père Noël faisait grève, quatre jours avant Noël. Que

fallait-il donc faire ? Les cadeaux, certes, étaient tous préparés, et empaquetés, enrubannés… Mais il fallait encore vérifier la liste envoyée par les enfants, et surtout, surtout… les livrer dans le ciel étoilé…
Ils organisèrent une grande luto-conférence, dans la grande salle du chalet. Lutin numéro 1, encadré par lutin numéro 2 et lutin numéro 3, tapota dans le micro.
– Mes amis, l'heure est grave… Notre cher, très cher monsieur Noël refuse de se lever en ce matin du 20 décembre et menace de faire grève. Des millions de petits enfants risquent d'être déçus, et la fête de Noël risque d'être annulée. Qui sait ce qu'il adviendra désormais de Noël ? Peut-être n'y aura-t-il plus jamais de Noël…
– Oooooooh non ! hurlèrent les petits lutins.
– Si je vous ai réunis là, c'est qu'il faut prendre une décision. Nous allons faire circuler le micro dans la salle, afin que chacun donne des idées.
Le lutin numéro 13, dans le fond de la salle, prit la parole :
– Pourquoi ne pas le remplacer et conduire le traîneau ? Je me porte volontaire.
– Nous n'avons pas le permis de voler et nous allons nous faire arrêter par la police du ciel ! répondit lutin numéro 1.
– J'ai une idée ! lança soudain le lutin numéro 25, qui était réputé pour ses idées un peu farfelues. Construisons une fusée ! Nous irons à la vitesse de l'éclair, et nous jetterons les cadeaux dans le ciel. Ça sera magnifique !
– Oui, mais nous n'avons pas le temps, répondit le lutin numéro 1. Idée rejetée.
– Non, il faut soigner le Père Noël, cria le lutin numéro 6, tout au fond de la salle. Je sais ce qu'il faut faire. Cinquante crêpes à la chantilly par jour, c'est comme ça que ma maman me soignait quand j'avais une mauvaise note, ou que j'étais triste.
– Non ! Il faut le marier ! Oui, le marier ! suggéra le lutin numéro 98. À six cents ans, ne pas avoir de femme pour lui préparer des gâteaux à la banane, ça n'est pas normal. Il en a assez de vivre avec des nains ! Il faut passer une petite annonce sur Internet !

Un grondement parcourut l'assistance : « Ooooooh ! Sacrilège ! Pas de Mère Noël ici ! »
Le lutin numéro 1 répondit :
– Nous n'avons pas le temps de marier le Père Noël en quatre jours. Et sache, lutin numéro 98, que nous ne sommes pas des nains. Et que les femmes ne servent pas qu'à faire des gâteaux à la banane.
– Et toc ! Bien dit ! répondit le lutin numéro 6.
Un autre lutin prit le micro :
– Je pense qu'il est fatigué, exténué. Et il attend quelque chose qui ne vient pas. Quand un enfant fait la grimace devant son cadeau, le Père Noël met une semaine à s'en remettre. Il doit aller en maison de repos.
Le lutin numéro 3, qui connaissait bien le cœur des Pères Noël, prit la parole :
– Tu as raison, lutin numéro 6. Il est très fatigué. Et tu sais pourquoi ? Parce que, d'année en année, de siècle en siècle, personne ne lui a jamais, jamais, souhaité un joyeux Noël. Alors, c'est comme s'il donnait tout le temps, sans jamais rien recevoir. Et ça, c'est difficile.
– Mais pourtant, dit une toute petite voix, celle du lutin numéro 28, c'est tout de même agréable de faire des cadeaux, non ? C'est ce qu'on nous apprend à l'école des lutins en première année ! On nous dit : « Contrairement à ce qu'on pense, il est plus agréable de faire des cadeaux que d'en recevoir. »
– Eh bien, crois-moi, quand tu as fait des cadeaux sans jamais rien recevoir en retour, c'est très, très fatigant… C'est comme si tu donnais, donnais toujours, sans rien obtenir en échange.
– Fort bien. Quel remède proposes-tu ? demanda le lutin numéro 1.
– Croyez-moi, ce qu'il faut, c'est organiser une grande fête. Quand on est triste, comme m'sieur Noël, il n'y a rien de mieux qu'une fête d'amour, avec des cadeaux. Pour une fois, il serait le roi. Et croyez-moi, son cœur sera rempli d'amour, et il pourra à nouveau en donner.
– Ouaiaiaiaiais ! Nous votons pour ton idée, lutin numéro 3 ! C'est la meilleure !

Aussitôt dit, aussitôt fait. Les lutins numéros 4 à 100 quittèrent la salle et se mirent bravement au travail, préparant les gâteaux, la bûche de Noël fourrée au chocolat, décorant les sapins, dressant les tables, empaquetant les cadeaux, fabriquant des guirlandes, touillant la pâte à crêpes. Aucun lutin ne comptait sa peine. Et ils mettaient tant d'amour dans chacun de leurs petits gestes qu'ils en attrapaient des crampes à leurs petits doigts de lutin.
Quel raffut, dans le chalet ! Les préparatifs durèrent toute la nuit.
Le lendemain, ils se rendirent tous dans la chambre du Père Noël, les bras chargés de friandises et de liqueur de bonheur. Et tous les cent lutins hurlèrent d'une seule voix :
– Joyeux Noël, m'sieur Noël !
Le Père Noël écarquilla les yeux. Il se leva d'un bond, courut dans la chambre, dévora son gâteau, dansa la samba et but au goulot une bouteille entière de liqueur de bonheur. Enfin, quand il vit le cadeau qui l'attendait, il en pleura d'émotion.
– Mes za, za... mes zamis... Je suis zeu... zeu... zeureux ! C'est mon premier ca... ca... deau d'amour !
Cette nuit-là, dans le ciel, on vit des choses curieuses : un géant barbu en bonnet de nuit et pyjama (il n'avait pas eu le temps d'enfiler son manteau) s'accrochait aux nuages, faisait des galipettes et dansait la valse avec ses rennes ! À cause de la liqueur de bonheur, le Père Noël était un peu ivre...
Aussi lançait-il ses cadeaux au petit bonheur la chance : « Et hop là, et hop là ! » Inutile de te préciser que les petits enfants, ce Noël-là, ne reçurent pas tous les cadeaux qu'ils avaient demandés. Il paraît que, depuis ce jour, ils ont pris goût aux surprises. Quant aux lutins, ils organisent, tous les ans, une grande fête pour le gros barbu. Une fête avec un gros cadeau rien que pour lui. Rien que pour lui donner du courage et le remplir d'amour !

La leçon d'Isidore

Même les gens qui semblent un peu bêtas sont forts en quelque chose. C'est pourquoi il ne faut jamais se moquer d'eux...

Mme Foufou, la maman dragon aux beaux yeux verts bordés de longs cils noirs, attendait la naissance de ses bébés dragonneaux. Elle était assise, les ailes grandes ouvertes sur ses cinq œufs, les yeux fermés, un sourire flottant sur son visage. Elle couvait, se concentrait et rêvait à ses bébés qui allaient tous être les plus beaux, les plus intelligents des dragonneaux. Ce matin-là, poutch, poutch, clong-clong, ça cognait, ça gigotait, ça couinait ! Les œufs dansaient. Ils roulaient les uns vers les autres. « Ça y est, le grand jour est arrivé, la naissance est proche », pensa Mme Foufou, car elle avait lu dans *J'attends mon dragonneau,* du docteur Flammy, grand spécialiste des bébés dragons, que, quand les œufs s'agitaient, c'était signe qu'ils allaient éclore !
Alors, ce matin-là, elle dit à M. Foufou :
– Chéri, ne pars pas chasser trop loin... Tes fils vont bientôt naître.
M. et Mme Foufou s'installèrent, les ailes repliées, les yeux fixés sur les œufs. Ils étaient un peu surpris. Sur les cinq œufs, un seul restait totalement immobile. Planté dans la terre, il ne bougeait pas.

Mme Foufou s'approcha, renifla, colla son oreille de dragonne contre la paroi. Et pourtant, oui, un petit cœur battait à l'intérieur. L'œuf était bien habité.
Elle le lécha avec sa grande langue, pour le réveiller, et M. Foufou souffla longuement dessus.
Mais rien n'y fit. L'œuf restait toujours obstinément immobile.

Quelques heures après, quatre petits dragons percèrent, l'un après l'autre, la coquille avec le diamant, le petit morceau dur situé à l'extrémité de leur corne, qui permet à tous les bébés de sortir de l'œuf. Il en sortit de ravissantes petites boules d'écailles vert et jaune, les yeux encore recouverts d'un voile blanc, qui déployèrent aussitôt leurs ailes en dentelle grise.
– Comme ils sont beaux, comme ils sont intelligents, comme ils sont foufous ! s'écria M. Foufou en lançant par les naseaux une flamme en forme de cœur.
– Nous les appellerons Teddy, Bobby, Billy et Rocky, déclara Mme Foufou, qui avait vu beaucoup de films américains pendant qu'elle couvait ses œufs.
M. Foufou fronçait les sourcils.
Le cinquième œuf était toujours immobile ! « Qu'attend-il pour sortir, celui-ci ? pensa-t-il en lançant une flamme en forme de point d'interrogation. Je dois commencer à apprendre la vie à mes bébés dragons ! »
Le petit dragonneau ne sortit qu'une heure après les autres. Il fit exploser maladroitement sa coquille à grands coups de pattes pataudes. Poutch ! Vlan ! Il en sortit un petit dragonneau aux ailes minuscules, avec un œil à moitié fermé et un sourire un peu bêta.
« Mon Dieu, qu'il est bêta-pataud-corniaud ! » pensa M. Foufou, qui ne put lancer par les naseaux qu'un minuscule nuage en forme de crotte de bique.
– Nous l'appellerons Isidore, car il est différent des autres, décréta Mme Foufou aussitôt.
Mais, chez les dragons, on ne perd pas de temps à réfléchir. L'école commence immédiatement après la naissance.
M. Foufou, lui, s'exclama :
– Allez, allez, maintenant que vous êtes tous nés, hop, en rang, les dragonneaux ! Allez, allez, on se dépêche ! Je vais vous

apprendre à devenir un dragon en cinq leçons, comme il est écrit dans mon livre.
– Par quoi on commence, papa ? demanda Rocky.
– On va apprendre à marcher, à se défendre, à se battre, puis à voler, et enfin... enfin... à cracher des flammes, répondit le papa. Premier cours : la marche !
Les cinq dragonneaux étaient tous en rang d'oignons.
Il y avait là Teddy, Bobby, Billy, Rocky. Et Isidore, bien sûr.
M. Foufou se mit à faire quelques pas, le dos droit, en donnant le bon exemple, avec ses grosses papattes de dragon griffues par terre.
– Les griffes vous servent à vous agripper au sol, n'oubliez pas !
Les cinq dragonneaux suivirent, Teddy, dos droit, Bobby, la patte alerte, Billy qui tremblait un peu, Rocky qui se mit à courir aussitôt.
Isidore, lui, s'emmêla les pattes au premier pas. Ses quatre frères hurlèrent de rire en frappant leurs ailes :
– Comme il a l'air idiot-bêta-corniaud !
La deuxième leçon consistait à apprendre à se défendre. Teddy, Billy Bobby et Rocky ouvrirent grand la gueule en montrant leurs crocs et roulèrent leurs yeux dans leurs orbites.
– Bravo ! s'écria Mme Foufou.
Mais Isidore ouvrit un tout petit peu la gueule et glapit un petit cri ridicule.
– Euh... pas mal, mentit Mme Foufou.
Mais tous ses frères chantèrent :
– Qu'il est bêta-pataud-corniaud !
Et Isidore replia un peu plus ses ailes à l'intérieur.
Pour apprendre à voler, ce fut le même fiasco. Et pour ce qui était d'apprendre à se battre, Isidore s'écroula avant même que Rocky ne lui donne un coup de patte ! M. et Mme Foufou étaient désespérés... C'est pourquoi, quand arriva la cinquième et dernière leçon, le cours de « lancer de flammes », M. Foufou soupira très fort en regardant Isidore. Tout le monde savait que le lancer de flammes était l'exercice le plus difficile à réaliser pour un dragon. Comment cet idiot-bêta-corniaud eût-il pu y arriver ?

– Bon... Tout le monde en rang ! s'écria M. Foufou.
Isidore, comme tous les autres jours, traîna la patte pour rejoindre ses frères.
Et pourtant, ce jour-là... Teddy, Bobby, Rocky et Billy, les uns derrière les autres, ne parvinrent qu'à crachoter une petite crotte de nuage gris sans feu.
Quand arriva son tour, le dragonneau idiot-bête-corniaud Isidore s'approcha doucement, les yeux brillants, et il ouvrit la bouche... Et alors là... Surprise ! Il cracha le plus beau jet de flammes qu'on eût pu imaginer. Une flamme en forme d'éclair. Bobby, Rocky, Billy, Teddy, sidérés, ne pipèrent mot.
Alors, Isidore cracha une flamme en forme de pipe, puis une flamme en forme de dragon ! Puis une flamme en forme de princesse ! Ses flammes étaient de plus en plus belles. Elles étaient magnifiques, sublimes.
Tous ses frères, ses parents, bouche bée, applaudissaient de toutes leurs ailes.
– Maman, maman ! Regarde les flammes d'Isidore ! cria enfin Teddy.
– Mais, tu es doué ! Tu sais faire de très belles choses ! s'exclama Mme Foufou, ses yeux verts remplis de larmes.
Tout le monde était étonné. Isidore le premier. Ainsi, il n'était pas si bête ! Du coup, il déploya ses ailes, il ouvrit son œil à moitié fermé, fit un joli sourire.
– Maman, maman ! Isidore est beau ! hurla Teddy.
Alors, Isidore parla pour la première fois :
– Plus tard, dit-il, je combattrai le chevalier, et j'épouserai la princesse.
Eh bien, le crois-tu, personne ne se moqua de lui.
Ce jour-là, le fameux cinquième jour, le jour où devait se terminer l'école pour les dragonneaux, M. Foufou prit la parole :
– Les enfants, Isidore nous a donné une leçon... Une sixième leçon ! On ne doit pas juger quelqu'un, se dire qu'il est bête, corniaud, idiot, pataud et crétin, avant d'avoir pris le temps de le regarder et de l'écouter. Et puis, tout le monde a un talent caché, tout le monde est fort en quelque chose.

Ils jugèrent que, somme toute, c'était une leçon très importante. Aussi fondamentale que d'apprendre à marcher, à voler, à manger.
– Cette sixième leçon, nous l'appellerons : la leçon d'Isidore ! déclara M. Foufou.
Et il en fut fait ainsi.

Petite histoire d’Aglaë qui piquait parce qu’elle avait peur

Où l’on apprend que l’on peut avoir envie de piquer, de faire du mal… parce qu’on a peur des autres

On dit que les guêpes sont méchantes, qu’elles piquent quand ça leur chante, par pur esprit de malice. On dit qu’elles ne font rien que nous gâcher la vie, quand elles dansent la valse autour d’une belle tranche de melon ou d’un poulet froid, bref, d’un bon pique-nique.
Aglaë était une de ces guêpes très énervantes. Il faut dire qu’elle était née vraiment de très très petit poids : un demi de quart de sixième de micron de centième de milligramme. Se voyant ainsi perdue au milieu des sien(ne) s, les grandes guêpes plus costaudes, Aglaë faisait des complexes. Elle avait beau faire de la gymnastique, rouler des biceps et essayer de « bzzzhurler » pour se faire entendre – c’est ainsi que l’on dit en langage de guêpe –, ça ne marchait pas. Elle avait peur de tout !

Et, quand elle avait peur, elle se mettait à picoter à gauche et à droite, à tort et à travers. Un peu partout – c'est ainsi que font ceux qui se croient tout faibles, qu'ils soient insectes, animaux, êtres humains, robots ou autres vilains picoteurs !
Donc, Aglaë sortait son petit dard pour se défendre. Ne pense pas que ça l'amusait : dès qu'elle enfonçait son petit dard, son cœur faisait de grands bonds dans sa poitrine.
– Je déteste ça ! Je déteste ça ! Mais comment faire autrement, quand vous voulez survivre ? grommelait-elle en levant les ailes au ciel, comme une grande tragédienne de théâtre. Faut bien vivre... Ou survivre.

Elle agissait ainsi sur les petits enfants qui cherchaient parfois à l'assassiner, non par méchanceté, mais pour se défendre, parce qu'ils avaient peur d'elle. C'est fou tout le mal qu'on peut se faire les uns les autres, tout ça parce qu'on a peur, non ?
Alors, quand elle voyait une ombre de menotte se profiler (tu imagines quel effet ça a sur une petite guêpe, une main d'enfant !) ou un peton tout grassouillet menacer de l'aplatir comme une crêpe, la petite Aglaë sortait son minuscule dard. Et vlan ! En plein dans la chair ! Et ouille ! Ainsi hurlaient les enfants, brûlés par le dard d'Aglaë.
Mais Aglaë ne se contentait pas de faire mal aux enfants, elle piquait tout le monde : les mouches qui volaient près d'elle, les pétales des fleurs agitées par le vent, les morceaux de nuage qui lui rentraient dans les narines, les sauterelles qui survenaient brusquement à sa hauteur, les bourdons qui bourdonnaient très fort et menaçaient de voler le suc de ses fleurs. Et même les autres guêpes qui l'embêtaient. Et ça, ça n'était pas possible dans le monde animal. Alors, ses parents l'emmenèrent voir le très sage scorpion Pique-Pique, un docteur spécialisé en piqûres d'insectes. Il la regarda droit dans les yeux, puis prit la tête d'Aglaë entre ses pinces.
– N'aie pas peur de tout comme ça ! Ça n'est pas parce que tu es née toute petite que tu dois continuer à piquer, lui dit-il. Tu sais, tout le monde ne cherche pas à t'assassiner ! Les enfants sont des petits êtres remuants et maladroits. Ils mettent leurs mains n'importe où... Et surtout, ils ont peur de toi !

Et le grand sorcier Pique-Pique lui chuchota cette profonde vérité à l'oreille :
– Tu sais… ceux qui sont méchants envers les autres sont ceux qui ont le plus peur ; c'est la peur qui dicte la méchanceté. Dans le monde des humains, certains ont peur de ceux qui ont une couleur de peau différente de la leur, alors ils cherchent à les tuer.
Aglaë fut très étonnée d'entendre cela, et surtout de savoir que des petits enfants de 20 kilos de chair fraîche avaient peur d'une minuscule « crotte de guêpe » comme elle !
– Ça alors ! (Et elle frappa son petit front de guêpe.) Tout le monde a peur de tout le monde, en somme.
Ça lui servit de leçon : comme elle savait que les petits enfants étaient effrayés, comme elle, et n'étaient pas méchants, elle cessa à jamais de piquer à tort et à travers, un morceau de bras, une paume de main, un petit peton grassouillet… La peur de l'autre était quelque chose de contagieux comme une mauvaise maladie et se répandait à la vitesse de l'éclair comme la grippe !
Alors, elle cessa de piquer les rayons de soleil, les morceaux de nuage et les pétales de fleurs. Elle laissa pousser ses cheveux, ses mini-poils, sa robe rayée, calma ses énervements et chantonna : « *Peace* ! Paix ! Cool ! Cool, les mecs ! »
Elle se mit à piquer uniquement quand sa vie était en danger, quand on la poursuivait avec un tesson de bouteille, par exemple, quand on faisait de grands gestes inconsidérés de la main, quand on la prenait pour une vulgaire mouche.
Quand un enfant cueillait une rose, sans regarder, ou des framboises, alors qu'elle était dedans, bien sûr, elle piquait aussi pour survivre. Parce qu'elle se sentait très faible et qu'elle avait très peur, comme un petit enfant perdu dans une grande forêt noire.
C'est la même chose avec les gens qui ont l'habitude de se moquer. Ils font cela parce qu'ils se sentent faibles, parce qu'ils ont l'impression de peser un tout petit poids sur la balance. Ceux-là, mieux vaut les laisser tranquilles et ne pas chercher à les piquer aussi… Sinon, c'est la bagarre assurée ! Et chacun se met à avoir peur de l'autre. Alors, si quelqu'un, grand ou petit, cherche à t'envoyer des piques, à se moquer de toi, à te picoter, pense à la petite Aglaë ! Dis-toi qu'il a peut-être plus peur que toi…

Mimi le petit fantôme timide

Où l'on apprend que les gens peuvent nous croire prétentieux, froids, hautains, pas sympas, alors que nous sommes tout simplement timides

Certains châteaux sont si vastes, avec leurs multiples corridors, leurs salons, salles de bal et bibliothèques... qu'un seul fantôme ne suffit pas à les hanter. Ainsi, en Écosse, j'ai connu un château habité par sept petits fantômes et leur amie la chouette. Oui, sept ! Ils s'appelaient Prosper, Galicie, Nestor, Oscar, Brouzy, Babeth et Mimi. Ces fantômes étaient de vrais chenapans, qui ne pensaient qu'à rigoler et pas du tout à hanter. Tout ce qui leur plaisait, c'était se réunir, manger du saucisson et faire des blagues idiotes aux châtelains. Ils lançaient des peaux de banane sur leurs pas, se jetaient des chauves-souris à la figure les uns les autres en criant « Attrape-la, celle-là ! » et chatouillaient les pieds des gens dans leur sommeil.
Alors, M. et Mme Châtelain se tordaient de rire dans leur grand lit tout froid. Parfois, le mari secouait sa femme : « Pourquoi ris-tu ? » Et la femme rigolait : « Oh, je ne sais pas, mais c'était si drôle, dans mon rêve ! »

Toutes les nuits, les six coquins se retrouvaient dans la salle d'armes, à minuit, avec leurs blagues stupides et leurs mots d'esprit. Six ? Oui, car le septième, Mimi, le grand timide de cette histoire, se cachait dans un couloir, recroquevillé sur lui-même jusqu'à devenir un courant d'air glacial, un souffle de narine, une crotte de dentifrice. Il aurait tant aimé se joindre aux autres... Mais quand il entendait les ricanements des six petits rigolos, il avait l'impression qu'on se moquait de lui. Leurs gloussements, en passant de couloir en couloir, de hall en corridor, se transformaient à ses oreilles en vilaines chauves-souris à dents métalliques. C'est souvent en cela que se transforment des ricanements pas gentils, et les rires de moqueries : des bombes à neutrons qui torpillent votre cœur de fantôme. Un jour, une de ces bombes ricanantes avait fondu sur lui, et Mimi avait pensé : « C'est normal, on se moque de moi, je suis nul. » Il l'avait répété à la chouette Irma qui, elle, lui avait dit : « Allez, mon garçon, un peu de courage ! Va les rejoindre, ils ne sont pas méchants ! »

Pour s'occuper, il hantait lui aussi, mais très timidement... La seule impression qu'il laissait aux autres, c'était une petite piqûre de moustique, un prout de fourmi... Alors, les châtelains claquaient dans leurs mains, fronçaient le bout de leur nez puis se retournaient dans leur lit en ronflant. Et Mimi pensait : « Je ne suis pas doué... Incapable de hanter correctement ! » Cela ne facilitait pas son entrée dans le monde, car il avait, du coup, encore plus de mal à approcher les autres fantômes. Il soupirait... Il aurait tant aimé se joindre à eux. Mais il avait si peur d'être rejeté ! Rien qu'à imaginer cela, Mimi se sentait s'évanouir comme une fumée de cigarette.
Et pourtant... Si les autres petits fantômes n'invitaient pas Mimi à les rejoindre, c'est parce qu'ils pensaient que Mimi ne les aimait pas, et même qu'il les méprisait ! « Ce Mimi, pensaient les autres, quel prétentieux ! Il est glacial, quand il passe près de nous. »
Il faut te dire que les gens timides, qui ne se mêlent pas aux autres, ont parfois l'air très froids, hautains, prétentieux. Mais à l'intérieur, ils sont tout tendres et tout chauds. Et cela, personne ne le sait.

Mimi ne savait plus où se cacher pour échapper aux ricanements des petits fantômes... Et puis, un jour... Un jour, la famille de châtelains rapporta du magasin d'antiquités une superbe armure – celle du chevalier Lancelot, avec un heaume, un casque, une belle cotte de maille, tout ce qu'il fallait pour décorer un château. Tout le monde applaudit à l'arrivée de cette armure. Surtout Mimi.
– Quel formidable endroit pour se cacher ! dit-il à son amie la chouette Irma.
Irma leva son aile droite pour l'avertir :
– Si tu entres là-dedans, tu auras bien du mal à en sortir, mon grand.
Pourtant, Mimi ne l'écouta pas. Le soir venu, il se faufila à l'intérieur de l'armure. C'était un formidable poste d'observation. Grâce aux deux trous pour les yeux dans le casque, il pouvait voir sans être vu.
Il pouvait surtout observer ses copains les fantômes rigolos et ricanants. « C'est drôlement pratique, une carapace, pensait Mimi. Les crabes et les escargots ont bien de la chance d'avoir une cachette sur le dos ! »
– Oui, mais eux sont nés comme cela... Toi, il faudra bien que tu sortes de là un jour, disait la chouette Irma.
Pour l'instant, bien à l'abri dans sa petite maison, Mimi entendait, de loin, les blagues de ses petits copains : « Quel est le comble pour un électricien ? C'est de péter un plomb ! » Ahaha ! « Quel est le comble pour un boulanger ? C'est d'avoir du pain sur la planche ! » « Quel est le comble pour un fantôme ? C'est d'être dans les nuages ! » Trop drôle. « Qu'est-ce qu'un fantôme qui sent mauvais ? C'est une mauvaise haleine ! »
Et ça le faisait rire, Mimi ! Quand il gloussait, l'armure tremblait, grinçait : han, han, han ! Un vrai gros ricanement d'ogre ! Les autres petits fantômes grognaient :
– Il se moque de nous ? Quel prétentieux, ce Mimi, décidément ! Il est méchant.
Mimi, en entendant cela, fut très surpris.
– C'est incroyable, chuchota-t-il à Irma. Ils pensent que je me moque d'eux, mais moi, j'ai peur qu'ils ne se moquent de moi.

– C'est ce qu'on appelle un malentendu, et ça arrive souvent, dit la chouette Irma. Un malentendu, c'est comme un brouillard, un sale petit vent qui brouille tout. Sors de ton armure, bougre d'âne !
Mais il est difficile de quitter une maison aimée... Tous les jours, Mimi se disait : « Aujourd'hui, c'est décidé, je quitte l'armure... » Et tous les jours, il remettait sa décision au lendemain sous des prétextes divers (« Oh, j'ai mal dormi », « J'ai mauvaise mine », « Je dois me reposer pour hanter cette nuit ») et se ratatinait de plus en plus.
Un soir, la chouette Irma lui hurla dans le casque :
– Hé, le fantôme ! Tu rétrécis ! Ouais, je t'assure, la solitude, ça te fait rapetisser !
Est-ce que c'était une blague ? C'est vrai que Mimi n'arrivait plus, maintenant, à hauteur du casque. Il était obligé de se tenir sur la pointe des pieds... Allait-il rétrécir comme un mouchoir ?

Une nuit de pleine lune, il sortit en catimini de l'armure, houps, d'un seul coup, par les narines du chevalier.
Il sauta sur ses deux pattes et fit une petite cabriole, à cause de la liberté. Aussitôt, il retrouva une taille normale.
Au début, il tremblait, car quitter une armure comme celle de Lancelot et se retrouver nu comme un ver, ça n'était pas facile du tout ! Alors, devant les six chenapans réunis dans la salle de bal, il prit une grande respiration et hurla :
– C'est moi Mimi, je suis super-timide. Je vous aime. Je pète de trouille à l'intérieur, et j'essaie de ne pas m'évanouir. Je me sens minus comme un prout de fumée à côté de vous.
Eh bien, personne ne rit. Et quand il tendit à chacun un petit cadeau enrubanné – c'était un mot d'esprit, une petite blague qu'il avait passé du temps à imaginer, dans le secret de son armure –, personne ne rit non plus.
– Oh, z'adore les cadeaux, z'est zuper ! cria Babeth la fantômette.
– Depuis le temps qu'on a envie de te voir ! lança Prosper.
– C'est toi, le fameux, le grand Mimi ?
– Mimi la Star ! On a toujours pensé que tu te moquais de nous... Viens manger un bout de saucisson et boire un coup de cidre, t'es tout maigrichon ! T'as besoin de te requinquer.

La chouette Irma avait raison. Mimi s'était fait des idées fausses, et tout le monde l'attendait...
Jamais, jamais, Mimi ne regretta un seul jour d'avoir quitté son armure qui, au fond, ne le protégeait pas du tout.
« Irma avait raison. Les armures et les carapaces, ça fait rétrécir à l'intérieur, ça empêche de s'ouvrir et de respirer. Les armures et les carapaces, c'est comme les boucliers faits pour faire la guerre. Mais moi, je ne suis pas un crabe, et je ne suis pas un chevalier. Je ne pince pas, je ne tue pas. Et je veux des copains ! »
Parfois, les sept petits fantômes se souvenaient, ensemble, de la rencontre avec Mimi.
– Vos ricanements étaient comme des chauves-souris, comme des bombes à neutrons, disait Mimi.
– Ton rire était comme un terrifiant ricanement d'ogre, répondaient ses copains.
Du jour au lendemain, Mimi cessa de se comporter comme une mauvaise fumée de cigarette. Au contraire, il se sentit s'épaissir, au fond de lui, comme du coton bien épais, bien moelleux. Comme s'il avait bu une potion magique. Il devint alors un fantôme très doué – c'en était fini des piqûres de moustique et de puceron. En le voyant arriver, les châtelains couraient, affolés, dans tous les sens, en criant :
– J'ai vu un fantôme, les gars ! Un vrai ! Un solide ! Et là, je vous assure, c'était pas de la rigolade !

La vallée des fées et la vallée des sorcières

Où l'on apprend qu'il suffit d'un tout petit bisou pour transformer tout un groupe de sorcières en jolies fées. Parce que l'amour est contagieux comme un joli microbe...

Il y a très longtemps, les fées et les sorcières habitaient le même pays ; elles étaient voisines. Pourtant, elles ne se voyaient jamais. Et tu sais pourquoi ? Parce que Marie-Rose, la reine des fées, avait exigé que l'on élève un mur immense pour les séparer.
– Chez les sorcières, disait la reine des fées, tout est noir, méchant et puant. Elles se curent le nez, elles sentent mauvais des pieds et elles crachent par terre. À force de les côtoyer, nous risquons, nous, les fées, d'être contaminées, d'avoir un menton en galoche et des verrues poilues sur la joue.
Depuis ce jour-là, les fées habitaient dans la vallée des fées – rose, parfumée, remplie de petits rires légers –, et les sorcières dans la vallée des sorcières, pleine de gris, de goudron, et de godillots qui sentent la gadoue.
Tout le monde était fort content, même les sorcières.

– Quand on est rien qu'entre nous, avait dit Craspouilla, la chef des sorcières, de sa voix ricanante, on est encore plus fortes, plus sales, plus dégoûtantes. Encore plus sorcières !
Et elle avait fait un gros prout en ricanant. Quelle horreur !
Tu imagines bien qu'aucune fée, jamais, ne glissait un bout d'aile chez les sorcières, et aucune sorcière n'introduisait le moindre orteil griffu chez les petites fées. On surveillait de très près, également, les éventuelles lettres, les colis, les messages, et tout ce qui pouvait passer d'un côté à l'autre du mur.
Qui sait si les sorcières n'allaient pas introduire une de leurs horribles potions magiques qui vous transforment en crapauds roses et coassants ?
Qui sait si les petites fées n'allaient pas envoyer de la poudre parfumée pour transformer les sorcières en angelots roses ? Berk !
Et les jours passaient ainsi, dans ces deux mondes qui ne se rencontraient jamais… Sauf que…
Sauf que les enfants-fées, eux, tu le sais, sont très curieux ! Même chez les petites fées, on aime voir la crasse, la gadoue et les gros mots.
Parfois, après l'école, les enfants-fées s'envolaient le long du mur, jusqu'au trentième étage, là où il y avait une petite fente dans le mur. Alors, par la fissure, les enfants-fées contemplaient le spectacle horrible des sorcières mangeant leurs crottes de nez, agitant leurs cheveux pleins de poux ou tirant sur leurs poils de menton en hurlant ! Le pire est que des odeurs de pipi de chauve-souris s'échappaient aussi de la fissure dans le mur.
Quel spectacle répugnant ! La plupart des fées regardaient d'un air dégoûté, avant de s'enfuir devant l'odeur pestilentielle. Toutes sauf… Plume, qui les contemplait pendant de longues minutes chaque jour, l'œil collé à la fente.
« Pauvres sorcières, pensait-elle. À force de vivre entre elles, dans le noir et dans la puanteur, elles ne savent plus ce que sont les choses agréables. Elles ne savent même plus que le bonheur existe, c'est pourquoi leur méchanceté augmente au fil des jours. » Plume avait raison : la méchanceté est contagieuse comme la gentillesse.

Plume pensait que si on leur envoyait un peu de bonheur, un soupçon de gentillesse, un effluve de rose..., elles seraient bien plus heureuses. La petite fée eut une idée : elle allait se faire petite, si petite... qu'elle pourrait s'introduire par la fente du mur. Ainsi, elle diffuserait de la poudre de bonheur un peu partout dans le village.
Alors, pendant toute une soirée, dans le secret de sa petite chambre, Plume lut et relut *Le Grand Livre des petites fées*. Et, enfin, au chapitre « Rétrécissements et agrandissements », elle trouva la formule magique qui la transformerait en un être aussi petit qu'une mouche, une mouche-bisou ! Aussitôt, elle se plaça devant son miroir, agita sa petite baguette, ferma les yeux et dit :
– Sois une plume ! Rétrécis ! Encore et encore ! Abracadabra !
Et ziiiip, le temps d'un quart de seconde, elle diminua jusqu'à atteindre la taille d'une grosse mouche rose... Elle avait réussi. Elle s'était transformée en « bisou d'amour » !

Plume s'envola par la fenêtre de sa chambre. Il n'y avait pas de temps à perdre. Elle devait sauver les sorcières, avant que ses parents ne s'inquiètent de son absence. Hop ! Elle gagna rapidement, de la force de ses minuscules ailes, le trentième étage et se faufila par la fente du mur. Une grosse fumée noirâtre dégringola sur ses petites ailes. Plume manqua de s'évanouir. Berk, quelle puanteur de l'autre côté du mur ! Et c'était normal : Marie-Crassouille, une horrible sorcière, était en train de nettoyer ses bottines avec du caca de chat noir (ça porte malheur). Tout en bouchant son minuscule nez, Plume s'approcha doucement de la joue de Marie-Crassouille. Furieuse, l'horrible sorcière hurla :
– Arrière, sale mouche ! Tu pues la rose et le bisou !
Mais Plume lui fit un petit bisou dans le cou, et alors... l'horrible bonne femme se mit à rosir, et à chantonner. Miraculeusement, son nez se retroussa, ses cheveux prirent une jolie teinte or. Le miracle avait lieu : elle devenait jolie.
Ce fut ensuite au tour de Germaine-Qui-Pue, puis de Georgette-l'Atroce d'être contaminées par la mouche-bisou... Plume regardait et se frottait les mains.

Mais, très rapidement, l'affolement gagna la vallée des sorcières. On murmurait que les ennemis avaient envoyé un virus d'amour et qu'elles allaient toutes mourir belles comme des princesses dans d'atroces odeurs de rose...
– Il faut tuer cette mouche ! Rendez-vous dans la cour carrée du château des Sorts, hurla Craspouilla. Nous allons tenter de mitonner une potion magique contre cet atroce bisou d'amour.
Plume n'était pas très rassurée. Elle vit une armée de sorcières, galoche en avant, se diriger vers la grande cour. Son petit cœur faisait des bonds dans sa poitrine. « Au secours, pensa-t-elle. Je dois rentrer à la maison, maintenant ! Sinon, papa et maman vont me chercher dans ma chambre. »
Elle se faufila par la petite fente, mais, comme elle était très, très curieuse, elle continua à regarder... Et là, ce qu'elle vit l'étonna beaucoup ! Dans la cour carrée, les quatre gentilles sorcières, tout sourire, parlaient très aimablement aux autres, leur souriaient... Du coup, les vilaines, en les regardant, se mirent aussi à sourire, à rosir, et à chantonner !
Et leur visage se transformait de la même façon : nez moins crochu, menton plus droit, yeux brillants et joli sourire. À la fin, tout le monde se mit à danser, à rire, et il ne fut plus question, même une seconde, de la potion magique anti-bisou d'amour !
« C'est incroyable, c'est magique ! pensa Plume. Elles se font du bien les unes aux autres. Elles n'ont pas eu besoin de mon bisou d'amour pour se transformer ! » C'était comme si la magie s'était poursuivie sans elle... Et n'était-ce pas normal ? Quand on est doux et gentil, on crée de la douceur autour de soi... Et il n'est pas besoin de baguette magique pour cela.
Le soir venu, le mur, bizarrement, tomba de lui-même. Vlan ! Au début, les petites fées effrayées tentèrent de s'échapper en se bouchant le nez. Mais elles s'aperçurent que les sorcières avaient changé... Et que cela sentait la rose partout !
– Quel miracle ! s'écria Marie-Rose, la reine des fées. Les sorcières sont devenues comme nous... Sans que nous ayons utilisé nos pouvoirs !
La petite Plume décida de garder le secret. Elle, elle savait simplement que l'on peut changer les autres pourvu que l'on s'en donne le temps et les moyens ; pourvu qu'on leur donne

un peu d'amour, de l'amitié, ne serait-ce qu'à travers une minuscule fente…

« Le bonheur est contagieux comme un rhume. La bonne et la mauvaise humeur aussi, songea Plume. Au début, on est deux, trois, quatre… à être heureux. Et puis ensuite, trente, quarante, cinquante… »

Et elle pensa que l'histoire était fort bien comme cela ; et que si les sorcières avaient eu l'idée de glisser un mauvais sort par la fissure du mur, peut-être que toutes les petites fées, les unes après les autres, seraient devenues puantes et ricanantes ; qu'elles se seraient mises à se curer le nez comme des malpropres… Brr, je préfère n'y pas trop penser…

Les caprices de la Lune

Où l'on apprend que les gens capricieux et coléreux sont trop gâtés par les autres. Pour les rendre plus gentils, il ne faut pas répondre à tous leurs caprices !

Lève les yeux au ciel et regarde la Lune. Elle est belle, n'est-ce pas ? Elle te semble si calme, tranquillement endormie... Et pourtant... Il y a très longtemps, dans le ciel, les jours où la Lune était pleine comme une grosse boule d'or, elle se mettait à devenir folle. Oui, complètement toquée. Capricieuse, coléreuse, insupportable !

Ça commençait par un énorme hurlement dans le ciel : « Ahahahahahahaaaaa ! » Un cri plein de hargne et de colère. « J'en ai maaaaarre ! » hurlait la Lune. Puis elle plaçait ses petites mains boudinées sur son gros ventre et disait : « J'ai mal aux fesses ! Non. J'ai mal à la tête, non j'ai mal au ventre, oh là, y a quelqu'un ? » Elle montrait ses dents et, derrière l'or de sa robe, on devinait des gros trous noirs de colère. Parfois, pour couronner le tout, elle se mettait à chanter, horriblement faux, des airs d'opéra comique. C'était atroce.

Le Soleil se bouchait les oreilles avec des morceaux de nuage, les vents filaient à toute allure de l'autre côté du globe. Seules

les étoiles s'empressaient, tournaient sur elles-mêmes, dans leur petite jupe dorée. La Lune était devenue leur princesse, leur reine, et le but de leur petite vie d'étoiles, c'était d'exécuter le moindre de ses désirs.
Alors, elles n'en étaient pas si malheureuses.
– Assez de tout ce noir ! hurlait la Lune. Je m'ennuie, amusez-moi, les filles !
Elles se mettaient aussitôt à faire des entrechats, ces danseuses étoiles, elles se tenaient l'une l'autre par les rayons, cabriolaient sur elles-mêmes. Certaines faisaient la roue, d'autres posaient des petits chapeaux de clown sur leur petite tête ou marchaient comme des funambules, du bout de leurs petits pieds, tout au-dessus du vide.
La Lune ouvrait un œil : « Bof », criait : « Remboursez, c'est nul ! »
Parfois, elle hurlait : « J'ai soif ! Un Coca et une énorme montagne de pop-corn, s'iou plaît. » Alors, elle mastiquait bruyamment, faisait un rototo en plein dans le ciel. « J'ai chaud ! Fait trop chaud, je veux un ventilateur ! »
Empressée, l'étoile du berger clignotait, pour kidnapper un petit zéphyr de nuit. On le plaçait alors sous le menton de la Lune, qui fermait les yeux, riait de sa voix grasse : « Oh oh, coquinou, il me chatouille, le coquin ! » Puis, deux minutes après, elle hurlait à nouveau : « Je gèle ! Trop froid ! Ça est, j'ai un rhube ! » Et elle faisait mine d'éternuer très bruyamment : « Atchoum ! Vous êtes tous nuls ! »

Tu as bien compris : plus elle obtenait, plus elle réclamait.
Et plus folle elle devenait ! Maintenant, même en forme de croissant, elle réclamait : « Je veux un ragoût de chauve-souris ! Un vampire pour me raconter des histoires de sorcières ! Une sorcière sur un balai ! Un crapaud de lune pour m'écouter. Plus vite ! Plus vite ! Allez, allez ! »
Les petites étoiles tremblaient, tournaient sur elles-mêmes, effrayées. Car les caprices devenaient de plus en plus difficiles à satisfaire. Le jour où la Lune réclama en hurlant qu'elle voulait « le Soleil, là tout de suite, pour prendre un thé au lait », une petite étoile timide se rendit à l'autre bout du ciel pour essayer de le tirer par les rayons.

– Soleil, Soleil ! Debout ! La Lune te réclame.
Le Soleil enfonça les rayons dans ses oreilles et glissa la tête sous son nuage.
– Dis à cette vieille folle que si elle ne nous laisse pas dormir, je ne pourrai plus briller et alors... ça sera le désastre.
Et c'était vrai... De jour en jour, la situation empirait. Le matin, le Soleil avait des poches sous les yeux et il bâillait à longueur de journée, n'ayant plus de force pour lutter contre la grisaille du ciel. Quant au petit marchand de sable, il s'enfonçait de gros morceaux de nuage dans les oreilles pour ne rien entendre... Mais il était extrêmement fatigué, travaillait mal et jetait son sable n'importe où. Cela le mettait très en colère : les petits marchands de sable aiment le travail bien fait...
Il voyait bien que, sur Terre, les enfants sautaient sur leur matelas comme des diables. Tout ça pour une Lune qui déraille ? Ah ça non, alors ! La colère grondait chez le petit marchand et montait comme montent les vagues. Il se retint de crier jusqu'au jour où... un soir d'orage, il enleva les morceaux de nuage de ses oreilles et arracha un éclair qui passait près de lui.
Cela fit un énorme, un énorme bruit, comme si le ciel se déchirait en deux.
Il s'en servit comme d'un porte-voix.
– Ça suffit ! cria le gentil marchand à l'adresse de la Lune. Tu vas arrêter, maintenant ! Tes désirs ne sont pas des ordres ! Tu es capricieuse ! Tu n'auras jamais de fraises, jamais de lapin aux pruneaux, et personne ne fera de spectacle pour toi !
La Lune était si surprise que son cœur se mit à battre très vite. Elle crut qu'elle allait mourir.
Elle ouvrit la bouche et les yeux, tout ronds, tout ronds... Le petit marchand en profita. Il attrapa une poignée de sable et la lui fourra prestement dans le bec. Et voilà !
La Lune tomba aussitôt dans le plus profond sommeil, en ronflant terriblement faux.
– Avec ce que je lui ai donné, annonça le petit marchand, elle va dormir vingt-sept jours et vingt-sept nuits.
Et il jeta une pluie très, très fine de sable rose sur les petites étoiles.

– Je vous ordonne à tous de vous reposer. Vous en avez besoin. Et, surtout..., quand elle se réveillera, je vous interdis de réaliser ses désirs. Faites-le pour elle. On n'est pas heureux quand on est un tyran. Être un tyran ne rend pas heureux, croyez-moi. Elle sera bien plus heureuse si vous lui dites « non » de temps en temps. Sinon, elle va manger le ciel, et se manger elle-même !

Et le petit marchand de sable repartit sur son nuage.

Cette nuit-là, dans le ciel, tout le monde se pelotonna sur lui-même. Les petits enfants, les petites étoiles..., tout le monde dormit énormément.

Ce petit marchand de sable était un vrai sage. Quand, un mois plus tard, la Lune se réveilla, elle s'étira longuement, réclama un café, bâilla très, très fort. Mais aussitôt elle entendit : « Chut, chut, tout le monde dort. Rendors-toi. C'est la nuit, il ne faut pas réveiller les autres. » Elle se rendormit et oublia.

Les nuits où elle est toute ronde, il lui arrive pourtant d'avoir encore des noirceurs et des colères, de réclamer un petit soleil qui lui raconte une histoire, ou un petit vampire pour la bercer. Mais les étoiles font la sourde oreille et continuent à discuter entre elles. Ou bien, l'une d'elles chantonne doucement dans le ciel « Do, do, l'enfant do », et la Lune se calme.

Alors, les caprices de la Lune se perdent dans le noir de la nuit, sa voix baisse tout doucement, on entend murmurer : « Du pop-corn, s'il vous plaît les filles, et un tout petit caféééé », et elle s'endort en ronflant, mais pas trop fort, ses petites mains serrées sur son ventre tout rond. Elle est tellement plus heureuse et plus tranquille ainsi...

Les bisous des autres

Quand on parle de bisous, on a l'impression qu'ils sont tous pareils. Mais ça n'est pas vrai ! Ils sont comme les gâteaux et les bonbons : remplis de choses très différentes...

– Il y a les bisous pointus, faits avec un bec d'oiseau et un œil sur la montre, comme une hirondelle à moitié partie pour l'Afrique. Ce sont des bisous de maman pressée, le matin. On essaie de la retenir, mais maman a déjà enfilé sa paire d'ailes. Elle dit : « Je dois partir, tu sais, je dois partir. » Alors, ce bisou de bec d'oiseau, tu le mets dans ta mémoire, dans ton cœur. Tu le sortiras à la sieste.

– Il y a des bisous sucrés, collants, pleins de confiture de sentiments, qui vous collent la bouche et vous empêchent de parler. Ce sont les bisous qui disent : « Mon amourmonamourmonamour, parspas, parspas, neparspas ! » Ce sont les bisous des mamans qui n'arrivent pas à partir, le matin.

– Des bisous tout ronds, comme des pièces de un euro, qui sentent le métal et vous murmurent : « Travaille bien, hein ! Rapporte des bonnes notes ! » Parce que dans bisous, il y a « sous ».

– Tu connais les bisous sans bisous ? Ce sont ceux des papas avec les garçons. Ils ébouriffent les cheveux, donnent une tape sur l'épaule. Regarde bien les yeux qui brillent : le bisou s'est réfugié là. Et ça se voit.

– Il y a les bisous secs, secs, secs, ceux que tu fais quand on t'a offert un bouquet de fleurs séchées, un tableau en étain, un cadeau raté. Ils sont pointus et déçus, comme une aiguille. Ou un flocon de neige. Parfois, on t'en fait aussi, quand tu n'as pas été très gentil. Là, tu peux toujours regarder les yeux : il n'y a rien qui brille dedans.
– Il y a des bisous qui claquent bruyamment. Chpok, smak, à droite à gauche, mais ça ne veut pas dire qu'on vous aime beaucoup. Parfois, il y a des grandes personnes qui font beaucoup de bruit pour rien, et beaucoup de baisers pour ne rien dire. Ce sont elles qui vous hurlent « ma petite biche », « ma petite poupée d'amour ».
– Les bisous timides mais concentrés, du bout des lèvres, sont comme une plume de poussin. C'est peut-être que la personne a peur du bisou. C'est peut-être aussi qu'elle t'aime et qu'elle n'ose pas le dire. Regarde les yeux : ils sont souvent fermés.
– Je connais aussi les bisous qui éclatent comme des bulles de Malabar, et qui restent collés sur les joues, le nez, le menton, comme des traces roses de rouge à lèvres. (Et alors il faut se cacher pour les effacer, du revers de la chemise, sans en laisser une seule trace.)
– Il y a les bisous carnivores, quand on vous lèche l'oreille ou qu'on vous la mordille. On vous dit : « Tu es à croquer », « On en mangerait de ces joues-là ! », « Miam, comme c'est bon de t'embrasser ». On imagine nos joues dans des assiettes, avec des bisous comme des enzymes gloutons, les joues dévorées et toutes creuses. Ces bisous qui dévorent font peur, on finit par les éviter.
– Des bisous d'amoureux, de bouche à bouche. Ce sont des bisous magiques, parce qu'ils peuvent vous transformer en n'importe quoi. En crapaud, en prince charmant, en rose, en fée.
– Il y a aussi les bisous qu'on se donne à la fin des vacances. Des bisous pleins de nostalgie, de tristesse, qui veulent dire : « On était bien en vacances, et maintenant, on doit se quitter, c'est bête, la vie. Tu te souviens des bons bains de mer et des châteaux sur la plage ? » Ce sont des bisous horriblement lourds, comme un pot de Nutella qu'on aurait avalé d'un coup.

Ça fait mal au ventre, ça tord les boyaux. À ce moment-là, parfois, on se met à pleurer, sans même savoir pourquoi. Moi, je vais te dire : c'est l'autre qui avait envie de pleurer, et qui a refilé son microbe de bisou.
– Des bisous avec le corps, parce qu'avec les bras, c'est drôlement mieux parce que ça tient chaud. Et peut-être que c'est ça, le vrai bisou. Sans bruit, comme un poussin tout chaud.
– Moi, ceux que je préfère, ce sont les bisous effervescents. Sucrés, acidulés, ils explosent si tendrement, dans un « poutch ! », sans rien exiger, sans laisser aucune trace sur le visage.
Juste le souvenir d'une aile d'oiseau, à peine.

CÔTÉ PARENTS

Mieux comprendre les autres

Il n'est pas trop tôt pour leur apprendre que les autres portent souvent un masque, qu'il faut aller voir derrière les apparences, souvent, pour comprendre les gens.

Les enfants vivent souvent dans un monde tout blanc ou tout noir, un monde caricatural, fait d'oppositions violentes. Les méchants sont maigres et laids comme ceux que l'on voit dans les films de Walt Disney. La sorcière est maigre, le nez pointu, les mains anguleuses. Les gentils sont beaux (comme Cendrillon), blonds, aux yeux bleus, avec un teint de porcelaine... Ils sont donc très faciles à repérer.

D'ailleurs, quand un petit enfant regarde un dessin animé, si cette opposition n'est pas suffisamment marquée, il vous demandera : « Où il est, dis, le méchant ? » Car cette opposition les rassure, leur donne des repères, à la fois sur l'autre (le monde est fait de gentils et de méchants bien reconnaissables) et sur lui-même : je fais partie des gentils, et pas des méchants ou des fous !

Et pourtant... Dans la vraie vie, les méchants n'ont pas un signe sur le front. D'aucuns disent : « L'habit ne fait pas le moine » – il faut voir derrière les apparences. N'est-ce pas à nous, adultes, de les placer doucement dans cette réalité-là ? On peut commencer à leur enseigner des bribes de psychologie dès 5-6 ans, ce qui peut être franchement utile pour vivre dans notre univers où, sur Internet, on risque de se retrouver à dialoguer avec des correspondants travestis... C'est pourquoi nous vous proposons ces petites leçons de psychologie qui s'adressent aux enfants.

Comment leur parler des méchants ?

– On peut avoir l'air méchant – crier – parce qu'on est fatigué.

Vous avez remarqué. Pour un enfant, quelqu'un de « méchant » est quelqu'un qui crie, s'énerve, fronce les sourcils. Tous les enfants le constatent, avec les maîtresses, et aussi avec leur maman. Il y a des jours où l'on est plus fatigué que d'autres, des jours où l'on a mal dormi. Les mamans se mettent alors à crier, les maîtresses aussi se fâchent et les pères élèvent leur grosse voix. Il faut les comprendre, ils sont fatigués. Ça n'est pas pour autant qu'on est « méchant ».

– On peut avoir l'air méchant parce qu'on se sent faible.

Alors, on cherche à se protéger comme un petit animal tout nu qui recherche une carapace. Quand on est un enfant, on prend des airs de petit dur ! On utilise ses poings pour se battre.

Quand on est adulte, c'est parfois la même chose. Tu vois, dans la cour de récréation, il peut y avoir des enfants qui jouent aux « petits chefs », mais au fond, c'est parce qu'ils ont besoin d'une armure de petit chef, comme ils se serviraient d'une épée pour se défendre. À l'intérieur, parfois, ils se sentent tout mous et tout faibles ! Les animaux qui piquent, comme les guêpes, par exemple, peuvent faire du mal uniquement parce qu'ils se sentent menacés. Ils ont peur qu'on les enferme, qu'on leur tape dessus.

– On peut être méchant parce qu'on est considéré comme un moins-que-rien.

Dans l'histoire du petit hippocampe (voir p. 105), le poisson-pierre explique que, s'il a le cœur et le corps empoisonnés, c'est parce que personne ne lui a jamais vraiment parlé. Il s'est senti tellement seul, abandonné, qu'il est devenu méchant. Mais il a suffi que le petit hippocampe lui adresse la parole, vienne le voir tous les jours, pour que tout son poison dans le cœur s'échappe. C'est ainsi que l'on n'est pas méchant à vie. On peut aussi redevenir gentil.

– On peut être méchant parce que l'on a mal, que l'on souffre !

Karaba, la vilaine sorcière de *Kirikou*, souffre depuis de longues années d'une épine plantée dans la colonne vertébrale. Le « bon gros méchant » aussi. Quand on est très mal, ou quand on a très mal dans le cœur, on n'arrive pas à être gentil. C'est comme si tout le mal qu'on ressentait, on avait envie de le donner aux autres pour s'en débarrasser. Mais bien sûr, ça ne marche pas...

Car quand on voit que les autres ne nous aiment pas, ça fait encore plus de mal !

– On peut être méchant parce qu'on nous a dit qu'on l'était !

« Tu es vilain », « Tu es méchant »... On nous l'a dit, et répété mille et mille fois. Alors, on ne sait plus ce que c'est qu'être doux et gentil. Il suffit que quelqu'un arrive et dise : « Toi, tu es gentil », quelqu'un qui n'a pas peur, qui s'occupe bien de nous, pour nous rendre tout doux. L'amour et la confiance des autres peuvent nous transformer en de vrais gentils.

Timides ou sûrs d'eux

Il y a des gens qui rient fort, qui parlent fort, qui racontent des tas de choses. On aimerait parfois être à leur place ! Mais à l'intérieur d'eux, tu sais, il peut y avoir aussi beaucoup de peurs. Ils ont tellement peur des autres, comme le petit fantôme trouillard, qu'ils se glissent dans une armure qui leur donne un air effrayant, et qui déforme même leur voix !

Il y a des gens qui sont tellement timides qu'ils en ont l'air grognons, ratatinés et recroquevillés sur eux-mêmes pendant la récréation. Ils n'arrivent pas à regarder les autres, ils n'arrivent pas à leur sourire. Ils restent dans leur coin. Alors, on pense qu'ils ne nous aiment pas... mais c'est tout le contraire ! On les laisse de côté en se disant : « Il me fait la tête, il n'est pas gentil. » Alors qu'il faudrait leur sourire et être gentils avec eux pour les faire sortir de leur armure et de leur carapace.

Comprendre les gens prétentieux et arrogants

Les gens qui ont l'air prétentieux, c'est-à-dire qui font comme s'ils savaient mieux que toi, qui disent : « Moi, mon papa, c'est le plus fort, c'est le meilleur », « Ma maison, elle est drôlement plus belle que la tienne », souvent, ne sont pas si gâtés que ça.

Vois l'histoire de la petite poule Liza : elle n'arrive pas à se faire des amis, parce qu'elle se vante toujours beaucoup trop. Elle croit qu'on l'aimerait plus si elle était riche, belle, etc., mais ça n'est pas toujours le cas ! Se vanter, ça n'est pas la meilleure solution pour se faire des amis.

Qu'est-ce que tu préfères, toi ? Être ami avec quelqu'un d'arrogant, de vantard, ou bien avec quelqu'un qui dit la vérité sur lui-même ? qui est sincère ?

Comprendre les gens tristes

Enfin, parfois, on peut être triste, triste, triste… et même avoir l'air un peu méchant… Parce qu'on n'a pas assez d'attentions, de mots doux et de câlins de la part des autres. Ça arrive à beaucoup d'adultes, et à des enfants aussi.

Cela arrive aussi aux gens qui donnent beaucoup, et qui ont l'impression de ne rien recevoir. As-tu déjà imaginé que le Père Noël puisse souffrir de donner plein de cadeaux et de ne jamais en recevoir ? Même un tout petit cadeau, c'est important, cela prouve que l'on tient à quelqu'un.

Quelques phrases clés

★ « Parfois, certaines personnes ont l'air méchant, elles ne sourient pas, mais c'est parce qu'elles sont tristes, ou bien fatiguées. »

★ « Il arrive que l'on prenne un masque de méchant, de quelqu'un de dur, parce qu'on a peur des autres. Mais ça n'est qu'un masque. »

★ « Certains sont timides, et ils tournent la tête. Parfois, on a l'impression qu'ils ne nous aiment pas. En fait, ce n'est pas ça du tout ! Ils attendent qu'on leur dise bonjour. Ils attendent qu'on aille vers eux ! »

★ « Quand quelqu'un fait la tête, ne sourit pas, essaie tout de même de voir s'il n'est pas gentil. Peut-être a-t-il besoin de toi, peut-être est-il triste ? Tu peux lui dire aussi : Je te trouve gentil, tu veux être mon ami ? Et peut-être deviendrez-vous les meilleurs copains du monde… »

Vivre ensemble : les copains, l'amitié, l'amour

L'homme tout blanc qui voulait attraper des couleurs

Un jour, dans un obscur petit village,
Un homme tout blanc, et très seul,
Qui ne voyait jamais personne,
S'accouda au bar d'un comptoir tout gris.
Il était incroyablement blanc,
De la racine des cheveux aux chaussures.
Peut-être était-il tombé dans un seau de plâtre ?
Peut-être n'avait-il mangé que du chocolat blanc ?
Peut-être était-il resté tout seul dans le noir ?
Sans voir le soleil,
Sans voir personne ?
Parfois, on devient blanc, à cause de trop de noir.
À cause de trop de solitude.
Alors, on voudrait sortir de chez soi,
Pour prendre un peu de couleurs.
Mais quand cet homme blanc sortait dans la rue,
Tous les gens se détournaient de lui,
Comme s'ils avaient croisé un squelette,
Car personne ne voyait jamais rien d'autre
Que son extrême blancheur.
On disait de lui
En le montrant du bout du doigt :

« Ce type-là, qu'est-ce qu'il est blanc ! »
En oubliant qu'il pouvait être, par exemple,
Sympathique, gentil, chaleureux,
Ou même coléreux et insupportable.
Ça faisait plutôt froid dans le dos,
Comme quand on rencontre
Quelqu'un de très gros, ou de très maigre.
Parfois, on le regardait avec pitié, on lui disait :
« Monsieur, vous êtes malade ? Vous avez la grippe ? »
Mais lui répondait : « Non, je vais bien »,
En pâlissant à en devenir transparent,
Sous l'effet de la parole de l'autre.

Il se sentait si blanc qu'il entra dans ce bar gris.
– Que désirez-vous, monsieur ?
Demanda la jeune fille du bar,
Les yeux éblouis devant tant de blancheur.
– Je voudrais
Un bon bol de couleurs,
Demanda l'homme très blanc,
Tout doucement, en chuchotant,
Car il avait honte.
« C'est une bonne idée, approuva en silence la jeune fille,
Qu'est-ce que je suis contente. »
Elle parlait dans sa tête, car c'était toujours ainsi avec l'homme blanc : on avait peur de le tuer avec un peu trop de gaieté, un peu trop de paroles, et avec un sourire un peu trop vif.
On avait envie de le prendre dans ses bras, mais on craignait aussi de le briser.
Elle lui servit un bon bol de couleurs mélangées :
Rouge jus de radis pour les lèvres,
Bleu comme un steak très peu cuit
Pour les yeux,
Rose clair comme un teint abricot
Pour la peau,
Et brun pain un peu trop cuit
Pour les cheveux.
Et elle le lui donna avec infiniment de gentillesse,

De pitié, d'amitié et de tendresse,
Tout ça mélangé ensemble,
Tout ça sans dire un mot,
Mais parfois la tendresse ne passe pas par les mots.
L'homme tout blanc but goulûment,
Essuya sa bouche
Et commença à bouger.
Le mouvement partit du bout de ses orteils et de ses doigts,
envahit ses bras comme de l'électricité, puis ses jambes.
Ses joues rosirent, ses yeux prirent une jolie teinte bleue.
– Ah ! sourit-il, ça fait drôlement du bien !
– Ça, je vous crois, répondit la serveuse
En essuyant un verre avec son torchon.
Elle ne sut quoi dire, mais sourit à nouveau.

Et l'homme lui sourit en retour.
En souriant, son teint se sublima en un ton de pêche bien mûre.
Ses lèvres devinrent vraiment pourpres,
Et toutes ses couleurs étincelèrent.
Plusieurs clients arrivèrent près du comptoir.
En cinq minutes, soudain, il y eut foule,
Et l'homme n'était plus ni blanc ni seul.
– Bonjour, monsieur, lui dit-on.
Vous en avez de belles couleurs.
– Ça gaze, mon vieux ?
L'homme tout blanc apprit à parler aux autres.
La vie, pensa-t-il, est pleine d'imprévus,
Pleine de sourires et pleine de couleurs.
Encore faut-il décider de ne plus être
Ni tout seul ni tout triste,
Mais gorgé de couleurs,
De vitamines
Et du sourire des autres.
Il se sentait tout à fait enivré,
Comme s'il avait bu deux ou trois bouteilles
De gros rouge qui tache.
Il fit venir la jeune fille.
– Votre bol de couleurs était

Un vrai délice.
Elle rougit sous le compliment, et ses yeux devinrent plus bleus.
– Quand j'étais tout blanc, je n'étais pas vraiment vivant,
Ça, maintenant, je le sais.
Maintenant, grâce à vous, je parle, je chante !
Je suis heureux.
Et il se jura, au grand jamais,
De n'être plus jamais blanc.
Ni seul.

CÔTÉ PARENTS

Sortez-le de son égocentrisme !

Personne ne peut vivre sans les autres, exclu d'un groupe. Dès l'âge de 18 mois, les enfants ne peuvent se contenter de vivre dans le cocon douillet de leurs parents, d'où la nécessité de ne pas les maintenir dans une ambiance fusionnelle sous l'emprise de la famille, mais de les ouvrir en permanence à ce qui les entoure.

Bien sûr, il faut leur garantir une sécurité de base, ce dont les parents doivent seuls s'acquitter, mais cela ne doit en aucun cas remplacer le contact avec l'extérieur et les copains. Tout ce qui permet de sortir de la sphère parentale est bon à prendre. « La structuration de l'identité se fait là, dans le va-et-vient entre la maison et l'extérieur, entre le soi et l'autre que soi », explique la psychanalyste Danièle Brun, auteur de *La Passion de l'amitié*[1]. Entre la ressemblance et la différence. On pioche un peu de l'un, un peu de l'autre… Et on devient soi.

Cela dit, les relations avec les pairs sont parfois orageuses. Et les enfants peuvent nous sembler très égocentriques, car le « souci de l'autre » n'est pas chose innée, il faut du temps pour qu'il se développe. Il n'y a qu'à voir les « guéguerres » autour de râteaux ou de pelles dans les squares, les enfants refusant farouchement de prêter ne serait-ce que cinq minutes leur précieux ustensile, comme s'il s'agissait d'une lutte pour leur survie en société ! Les enfants sont par nature égocentriques – ils se sentent vulnérables, pas encore « pleins d'eux-mêmes ». Contrairement aux clichés, les enfants uniques ne sont pas toujours les pires égoïstes ! Pour une bonne raison : leur place n'a pas été menacée par un tiers, contrairement aux enfants de famille nombreuse. Ils n'ont pas à être défensifs sur ce terrain-là.

Comment lui dire l'intérêt d'être à plusieurs ?

Quand on reste seul, on se vide petit à petit – c'est l'histoire de l'homme tout blanc et tout seul. On a besoin des autres pour

1. Odile Jacob, 2005.

se nourrir, tout comme on a besoin de nourrir les autres ; on a besoin des autres pour construire un monde agréable, sinon, on passe les uns devant les autres comme des bulles de savon qui ne se touchent jamais ! Les autres sont comme des vitamines ! Ils nous rendent heureux. Seul, à broyer du noir, dans son coin, on peut avoir le cœur empoisonné, comme le poisson-pierre qui s'empoisonne parce qu'on le prend pour un gros caillou (voir p. 105).

Comment l'inciter à être moins égoïste ?

Il est inutile de moraliser, d'en faire trop, d'insister : « C'est vilain d'être égoïste », « Il faut prêter, tu devrais »... Essayons plutôt de l'éclairer sur l'intérêt des œuvres collectives. Revenez sur la planète des bulles de savon (voir p. 143). Seuls, nous ne sommes que des bulles sans intérêt. Mais à plusieurs, on peut fabriquer des papillons, des choux-fleurs, des constructions incroyables.

« Regarde ce que vous allez pouvoir faire ensemble, à vous deux ! » En lui racontant ce que nous, petits, avons fait à plusieurs. L'école maternelle y contribue souvent : bonhomme en pâte à papier monumental, poème collectif, chorale... Les belles parties de foot ont lieu aussi à vingt-deux joueurs. Et pendant les anniversaires, le fameux « dessin à plusieurs » que l'on scotche sur le mur est un bel exemple de réussite collective. C'est encore plus vrai pour les jeux de sable, l'été ! Les enfants, seuls, construisent des petits trous et s'ébattent dans ce que les psys appellent le « pulsionnel ». Mais à plusieurs, on peut s'offrir de beaux châteaux, de belles constructions. Vous pouvez aussi mitonner une recette de cuisine un samedi ou un dimanche matin, en famille – une galette des rois, un gâteau –, l'un casse les œufs, l'autre étale la pâte, le dernier passe un coup de pinceau, en attribuant à chacun un rôle bien précis. Au moment de déguster le plat, on revient sur l'intérêt de l'œuvre collective...

Quelques phrases clés

★ « À deux, à trois, à plusieurs, on est drôlement forts pour faire ce que l'on veut. »

★ « Les églises, les cathédrales... Cela n'aurait pu être fait par une seule personne. Il faut tout un travail d'équipe, et même pendant des années, pour arriver à cette beauté ! »

★ « Ça fait bien plus plaisir de regarder un film en groupe que tout seul dans son coin. On peut parler, rire ensemble, échanger des impressions sur le film... »

★ « Les autres sont comme des vitamines. On a l'impression parfois de perdre un peu quand on donne quelque chose aux autres, mais c'est tout le contraire. »

Myrtille la petite araignée solitaire et têtue

Dans un grand château, vivait une petite araignée solitaire et têtue. On l'appelait Myrtille, à cause de sa tête grosse, ronde et noire. Myrtille aimait : les pucerons dodus, le silence et l'art des cathédrales. Elle n'aimait pas : le bavardage, le football et le camping à plusieurs sous une même toile.

« Hé ! Tu te prends pour qui, la Miss ! lui disaient les autres. Si tu continues comme ça, tu vas l'avoir aussi grosse qu'un melon, ta caboche ! »

Myrtille n'écoutait pas les ricanements. Elle passait son temps à mesurer l'espace avec ses grandes pattes décimètres et à faire sa gymnastique matinale, afin de gonfler ses biceps. Elle avait un projet secret : tisser, avec ses longues pattes maigrichonnes, une sublime cathédrale en fil qui ferait la moitié de la salle, une toile que tout le monde admirerait. Car, sais-tu, le drame des araignées, c'est d'entendre un « Berk ! Une toile d'araignée ! Passe-moi le balai, que je te dégage ça vite fait ». Toutes ces heures passées à filer qui finissent à la poubelle ! C'est un peu comme si un enfant avait consacré de longs moments à dessiner et qu'un adulte froissait le papier entre ses mains et hop ! le jetait à la corbeille. C'est terrible pour les araignées, car les toiles sont

faites avec du fil de soie le plus pur, qui vient de l'intérieur de soi...
Myrtille, elle, rêvait d'entendre : « Oh, mais regardez cette dentelle ! Je n'en ai jamais vu d'aussi grande, d'aussi belle, d'aussi fine ! » Comme les artistes, Myrtille avait envie, pour une fois, de fabriquer quelque chose qui dure pour toujours. C'est pourquoi elle musclait ses longues pattes d'araignée, tous les matins. Et une, et deux, et une, et deux !
Un beau jour, elle se mit à l'ouvrage : avec son fil de soie, et ses huit pattes aussi fines que des aiguilles à tricoter. Elle tricota, tricota. Toute la journée, toute la nuit. Et encore la journée d'après, et toutes les nuits qui suivirent pendant une semaine.
Tandis qu'elle tricotait, les cernes sous ses yeux s'agrandissaient. Les autres araignées, qui n'avaient pas les idées de Myrtille, mais s'ennuyaient dans leur coin, lui disaient :
– Hé, la Miss, on va venir t'aider ! Tu n'y arriveras pas seule.
– Non, merci, disait Myrtille, qui voulait tous les bravos pour elle toute seule. Car elle imaginait la stupéfaction et le bonheur des spectateurs de sa toile : « Quelle cathédrale superbe ! Et c'est l'œuvre de Miss Myrtille ! »
Alors, malgré la fatigue, elle continuait à agiter ses longues pattes, et à suivre son fil de soie.
Les autres araignées la regardaient avec leurs dix yeux de travers. Elles n'avaient pas trop d'idées, mais elles avaient de la force, avec leurs petites pattes, et avaient aussi envie de participer, vois-tu.
Un matin, toutes les petites araignées arrivèrent en file indienne vers Miss Myrtille (qui était en train de faire sa gymnastique matinale). Et une, et deux, et une, et deux. Elle ne s'arrêta pas pour les écouter, car son temps était compté : elle ne pensait qu'à sa cathédrale de dentelle.
– Tu sais, moi, je sais faire du fil rosé, lui dit l'araignée rose de Chine (elle salua sur ses grandes pattes et fit un pas de côté).
La vieille araignée, avec son triple menton, prit ensuite la parole :

– Ma spécialité, c'est le fil torsadé et tremblotant, car je le roule trois fois sur ma langue avant qu'il ne sorte – et il est bien plus beau comme cela (elle rajusta ses cinq paires de lunettes sur ses cinq paires d'yeux).
– Moi, je sais broder des *s*, et aussi des *z*, zozota une petite araignée avec une petite langue rose qui sortait comme celle d'un serpent.
– Et moi, je sais faire de la dentelle comme celle que l'on trouve dans les palais d'Afrique, dit une araignée marocaine, arrivée là dans une grande malle de voyage.
– À nous toutes, conclut la vieille araignée d'une voix tremblante, on en ferait du beau boulot ! Tu imagines : une toile en fil rose, torsadé, brillant, fluo, avec des *s* partout.
– Laissez-moi tranquille avec vos fils ! bougonna Myrtille d'une voix faible. Je n'ai pas de temps à perdre.

Mais Myrtille se fatiguait de plus en plus. Il était très compliqué de filer, de se nourrir tout en même temps, et d'échapper aux ennemis. Elle n'arrivait même plus à attraper les pucerons dodus qu'elle aimait. Elle faiblissait, commençait à s'emmêler les grandes pattes.
Et son visage était chiffonné de fatigue.
Un jour, elle s'endormit dans sa toile, elle tomba et cassa une de ses pattes. Ce jour-là, elle eut très mal. Elle se sentit très seule dans sa moitié de cathédrale, elle pleura, pleura, pleura... Et, avec les larmes, le fil de soie colla, colla, colla ! Cela fit comme de la colle blanche, où ses longues pattes s'engluèrent sans qu'elle ait la force d'en sortir.
Elle resta collée un jour entier dans sa toile. Elle aurait tant voulu que quelqu'un lui tende la patte, la tire de là et lui dise : « Parfois, on a besoin des autres ! On serait tellement plus fortes, toutes ensemble. » Alors elle se décida, un matin. Elle appela au secours les autres araignées, puis leur proposa de participer : « Je reste le chef, hein ? C'est moi qui commande. Mais vous allez m'aider, hein ? »
Tu devines la suite ? Chacune mit la main à la pâte et la cathédrale de fils s'éleva à la vitesse de l'éclair. Le portail était rose, les tours étaient en *s*, l'intérieur ouvragé comme les palais marocains, avec des petits fils torsadés partout.

Myrtille, elle, n'utilisait plus trop ses biceps... Juste son cerveau pour dire : « Un peu plus de *s* à droite, un peu plus de torsades à gauche... »
Après avoir fini l'ouvrage, les petites araignées fermèrent leurs yeux, la petite qui zozotait rentra sa langue rose, la vieille replia ses cinq paires de lunettes, et toutes se glissèrent à l'intérieur de la cathédrale, sur les petits bancs de prière. Elles dormirent, je crois, une bonne semaine. C'est la première fois, de toute l'histoire animale, que l'on vit des insectes hiberner ainsi.
Un matin, elles furent réveillées par des cris de joie. Par des « Oh là là ! », « Mais c'est magnifique ! »...
Elles ouvrirent les yeux et aperçurent trois petits enfants, qui les fixaient, les yeux brillants et pleins de larmes. Myrtille frotta ses yeux : c'était bien ça. Les enfants admiraient la toile d'araignée !
Myrtille regarda ses copines. Chacune tamponnait ses petits yeux de ses pattes. On aurait cru des bébés araignées le jour de Noël.
Et Myrtille sentit alors des petites bulles de bonheur la parcourir, du bout de ses pattes jusqu'au front – à moins que ce ne soit l'inverse. Elle était fière, et heureuse. Car les bravos, les mercis étaient multipliés ! Elle les lisait aussi dans les yeux de ses copines, et cela faisait ainsi dix mille fois plus de bravos, dix mille fois plus de mercis ! Et toutes se mirent à applaudir avec leurs grandes pattes – et Myrtille encore plus fort que les autres, grâce à ses biceps. Et tout cela résonna dans la cathédrale, de façon superbe.
Depuis ce jour, les araignées se sont installées dans la cathédrale. Myrtille aime toujours la solitude, les pucerons dodus et l'art, elle a élu domicile dans l'une des tours, où elle continue à tisser des plans pour d'autres constructions – une école pour bébés araignées.
Souvent, ensemble, elles parlent de l'histoire de la cathédrale.
– Sans vous, je serais morte dans ma colle de soie. Comme j'étais bête, dit Myrtille.
Alors, la vieille araignée rajuste ses dix paires de lunettes.
– Tu étais têtue ! Toi, tu as des idées merveilleuses, lui dit-elle d'une voix tremblante, mais nous toutes avons un petit talent

– pour dessiner, tisser, faire de la couleur, des *s*, des torsades… À nous toutes, on peut créer des choses merveilleuses.
Cette histoire s'est passée il y a très longtemps… Aujourd'hui, les araignées ont vieilli et portent toutes cinq paires de lunettes, mais la cathédrale de fils est toujours là. Personne n'a jamais songé à la détruire…

Le Soleil et son ami le papillon monarque

Ce matin-là, quand le Soleil se leva, il se sentit à la fois brûlant et grelottant avec une grosse boule dans la gorge. Il étouffait. D'habitude, il donnait chaud aux autres ; mais ce matin-là, curieusement, il se brûlait lui-même et c'était, ma foi, très désagréable. Il essaya de déplier un rayon hors de son gros matelas de nuages, mais le rayon grinça comme un vieux volet rouillé. « J'ai sans doute un tchoum qui coule, se dit-il, je bouillassonne ! » Le Soleil aimait bien inventer de nouveaux mots, c'était son côté aristocratique. Il se prenait pour le roi des mots.

Il faut dire que, vivant tout seul, il n'avait pas besoin de se faire comprendre des autres ! Alors, à quoi bon utiliser des mots que tout le monde connaissait ? La solitude, ça oui, il connaissait. Il lui arrivait d'ouvrir la bouche, en plein milieu du ciel, et de hurler : « Je suis seul et je m'ennuie !!! Qui veut jouer avec moi ? » Mais personne ne lui répondait, même avec trois points d'exclamation.

Il se sentait si seul depuis quelques jours, qu'il se demandait si cela valait vraiment le coup de se lever le matin. « Et si je restais orangé-couché dans mon lit d'or ? se demandait le Soleil. Peut-être quelqu'un se rendrait-il compte que je ne suis pas là, et peut-être ferait-il attention à moi ? Et alors je me

ferais des copains ? » Mais le pauvre savait bien que personne ne viendrait, car il rôtissait comme un poulet quiconque s'approchait de lui. Ne suffisait-il pas qu'il regarde la rosée pour qu'elle s'évapore ?
Et ce matin-là, avec la maladie du tchoum qui coule et une grosse boule dans la gorge, il se sentait encore plus mal. Il essaya de se tenir tant bien que mal dans le ciel, jusqu'à ce qu'il aperçût une hirondelle-médecin de garde (les hirondelles en ce temps-là étaient toutes des docteurs).
– SOS ! Médecin ! hurla-t-il. J'ai un tchoum qui coule, peut-être un virus de la grrrrelotte, et quelque chose qui me strangulationne au niveau de la gorge. Il faut m'ausculationner ! Ohé, tête de moineau ! cria-t-il.
Mais l'hirondelle ne voulait pas se faire rôtir. Elle piailla de loin :
– Écartez-vous des ouragans et des tornades. Et surtout, restez couché !
– Je suis déjà levé ! hurla le Soleil. Empotée ! Idiote ! Crétine ! Tu n'es pas un bon médecin !
Ce qu'aurait voulu le Soleil, vois-tu, c'était peut-être juste un gros câlin, ou même quelqu'un qui l'écoute parler de son tchoum qui coule, d'un tout petit peu plus près. Mais pas quelqu'un qui cherche à se débarrasser de lui.
Il sentait une énorme colère monter en lui, ce qui valait toujours mieux que la tristesse. Car au moins la colère, on peut la diriger vers les autres, et ça donne l'impression d'être moins seul. Alors que la tristesse vous enfonce dans un nuage comme dans une chute sans fin. « La colère, pensa-t-il, c'est la tristesse des puissants. » Décidément, ce soleil-ci aimait beaucoup, beaucoup les mots.

Amitié avec les petits nuages

Plus il se brûlait lui-même, moins il chauffait les autres.
Alors, sur terre, le froid apparut et s'amplifia. C'était terrible.
Il y avait partout des épidémies de rhumes et d'otites. Les petits enfants tombaient malades les uns après les autres, car ils

n'avaient pas eu le temps d'enfiler leur pull-over. Les doudous grelottaient au fond de leur lit.
De son côté, le Soleil avait toujours la fièvre, et il étouffait toujours.
Pour se rafraîchir, il prit l'habitude de repérer les petits nuages qui venaient s'ébrouer au-dessus de lui. « Venez-vous doucheletter, disait-il, les petits cotons ! » Et il aimait ces moments de fraîcheur. Il aimait beaucoup les nuages. Aussi, ce matin-là, quand un petit nuage de coton blanc, fin comme de la gaze, s'approcha de lui timidement, le Soleil lui dit :
– Salut, Nuage Blanc. Viens jouer avec moi ! Tu serais un petit Indien, et moi un chef sioux. Et c'est moi qui commande, hein ?
Nuage Blanc accepta, car il était jeune et, comme tous les nuages, éperdu d'admiration pour le Soleil. Ensemble, ils jouèrent à « un, deux, trois, soleil », à saute-mouton, puis le Soleil lui demanda des imitations :
– Allez, vas-y, transforme-toi ! J'adore les nuages qui se métamorphosent.
Il lui venait des idées farfelues, au Soleil :
– Fais-moi une baleine !
Et hop, Nuage Blanc faisait le gros dos et égrenait un petit jet d'eau et des gouttelettes.
– Une pâquerette ! Une vieille paire de tennis qui pue ! Un guili, un prout ! Un gros caca de chien !... Oh, oh, riait le Soleil, c'est dégoûtationnant ! Oh, oh, comme tu es drôle !
Tout cela distrayait fort le Soleil qui, pendant quelques minutes, sentait l'écharpe autour de sa gorge se desserrer un peu.
Nuage Blanc obéissait sagement à tous les caprices du Soleil. Mais, bizarrement, plus il s'exécutait, plus le Soleil était exigeant :
– Dessine-moi une histoire d'amour, un bisou dans le cou, deux mains qui se serrent, un gros câlin, un énorme amour qui étouffe.
– Oui, oui, oui, chuchotait le Nuage. Minute, j'arrive !
Mais ce que le Soleil préférait, c'était la rosée, et surtout, les larmes. Ah, les larmes ! Il en réclamait tout le temps, et il était si exigeant que celles de Nuage Blanc ne lui plaisaient jamais.
– Je t'ai demandé des larmes, pas des oignons ! hurlait-il à Nuage Blanc.

Et il s'énervait :
– Trop rond ! Trop triangulaire ! Pas assez émouvationnant !
Et Nuage Blanc soupirait... Ce qui le fatiguait, ça n'était pas cette gymnastique permanente, ni même le fait que le Soleil le réveille à n'importe quel moment dans le ciel pour le tyranniser. Ce qui l'épuisait, c'était les demandes d'affection du Soleil. Car c'était un peu comme une maman qui lui aurait demandé : « Allez, viens, embrasse-moi ! Plus fort que ça ! Pourquoi tu ne me fais jamais de bisous ou de câlins ? » Et ça, ça vous donne envie de filer dans votre chambre – surtout quand vous êtes un nuage par nature infidèle et poussé par le vent.
Nuage Blanc avait, au fond de lui, envie de se sauver à l'autre bout du ciel. Alors, un matin, après s'être métamorphosé en gros bisou baveux à la demande du Soleil, Nuage Blanc prit son courage à deux mains et marmonna :
– Bon... maintenant... ciao, je m'en vais...
– Pas question ! cria le Soleil. Tu veux rire ?
Mais en regardant droit dans les yeux de Nuage Blanc, il vit qu'il ne plaisantait pas.
– Non, je t'en supplie ! Tu me plais ! Marions-nous pour la vie ! On fera des arcs-en-ciel superbes !
– Je m'en vais, reprit Nuage Blanc. Tu me dévores. Tu m'aimes mal, tu m'aimes mal. J'étouffe.
– Ne pars pas, mon chéri ! Reste, imbécile ! Tu es nul ! Tu ne sais même pas pleurer ! Tu es un oignon. Berk, je t'aime, je te déteste ! Je t'ordonne de rester ! J'étouffe ! Aaargh !
Mais le Nuage partit, laissant derrière lui une traînée de mauvaise conscience toute grise, dont le Soleil avala un tout petit morceau, comme souvenir.
Ce soir-là, quand la Lune arriva, le Soleil dégringola dans l'horizon comme une pierre qui tombe. Il était si malheureux qu'il pensa ne jamais pouvoir se réveiller.

Un petit papillon pour compagnon

Le lendemain, pourtant, à son lever, avant même d'ouvrir les yeux, il sentit un petit froufroutant très rafraîchissant

au-dessous de lui. « Est-ce que j'hallurêve encore ? » se demanda-t-il. Il leva une paupière, puis une autre, baissa un œil.
Et soudain, il le vit : c'était un petit papillon aux ailes fines comme du papier. Il le reconnut aussitôt. « Un monarque, c'est un monarque ! pensa aussitôt le Soleil. Un monarque qui rencontre le roi du ciel. Joli, joli. »
Tout monarque qu'il était, le petit papillon avait la goutte au nez.
– Atchoum ! éternua le papillon. Gesbère gue je ne vous dérange bas ? Ge begsguse, je suis enrhubé. Gé vroid, ge gèle. Il vait zagrément vroid sur derre. Une vraie ébidémie de rhubes.
– Non, non, penses-tu, tu ne me déranges pas, chuchota le Soleil.
Il avait envie, devant cette visite inespérée d'un ravissant petit monarque, de sauter en l'air, de remercier le ciel, d'acclamer le papillon, mais il se retenait.
Il avait trop peur encore de se laisser aller à des émotions trop violentes, comme la colère ou l'amour – quelque chose qui aurait fait fuir le fragile papillon. Il déplia un rayon, puis un deuxième, comme on s'étire tout doucement au fond de sa couette. Et il savourait le spectacle du petit papillon qui venait réchauffer ses pieds glacés sur ses rayons brûlants.
– Attention, dit le Soleil. Tes ailes sont fines, et je peux provoquer des « ouille » au second degré, et même des cancers des ailes très mélanomiens. C'est connu.
– Oh, ne crains rien, je zuis zolide ! Je n'ai jamais eu aucun « ouille », même au premier degré.
C'était un papillon bavard, qui comprenait parfaitement le langage du Soleil. Celui-ci attendit que le papillon ait fini de se prélasser dans sa chaleur, et savoura aussi le petit air si agréable qui le parcourait de la tête aux pieds grâce aux battements d'ailes de l'insecte. L'opération dura ainsi une vingtaine de minutes, puis le papillon le salua.
– Tu reviendras demain ? demanda le Soleil. Pour soigner ton tchoum qui coule ?
– Bourgoi ba, répondit le papillon. Un bedi bain de zoleil chague jour, za vait du bien au djoum gui goule.
– Et tu me fais du bien à moi aussi, dit le Soleil. Tu sais, en ce moment, j'ai trop chaud, et tu m'aèrapouffe drôlement.

– Alors, si on se fait du bien tous les deux, sans se forcer, c'est parfait, dit le papillon. Ça veut dire qu'on peut être de vrais amis.

Tous les jours, le petit papillon se laissait entraîner par un coup de vent, une légère brise.
Dès qu'il arrivait, le Soleil se sentait mieux. Il avait moins chaud et surtout, le morceau de nuage coincé dans sa gorge s'affinait jusqu'à disparaître. Le petit papillon restait environ trente minutes, à bavarder et papillonner. Ils découvrirent qu'ils aimaient tous les deux les roses.
– Moi, ce que j'aime surtout, dit le Soleil, c'est le matin, quand je volumassionne-j'allume le bouton du four et que je commence à chauffer : je les vois toutes ouvrir délicatement leurs pétales, comme on ouvre les doigts de la main. Et je me dis : « C'est moi le chef ! » Quand je vois le monde s'ouvrir, alors ça me rend tout-puissant, ça me fait palpiter, moi aussi. Et j'ai l'impression que tout le monde me salue et m'aime.
– Woaw, c'est génialissime d'être le roi du ciel ! s'exclama le papillon. Tu es chef de tout le monde !
« Oui, chef de tout le monde... Et ami de personne », pensa le Soleil.
– Moi, reprit le papillon, c'est différent de toi. J'ai le nez collé sur les petites choses. Je ne vois pas la rosée, mais je patauge dedans. Les roses, je les vois de si près que je suis capable de reconnaître leurs fronces. Surtout celles de la rose que j'aime.
– Moi, ce que j'aime surtout, disait le Soleil, c'est la rosée. Mais ça m'est interdit d'aimer la rosée. Dès que j'ouvre un œil et que je déplie mes rayons, elle s'évanouissèche. J'aimerais bien être ami avec la rosée. Mais la rosée ne m'aime pas.
Alors le papillon racontait au Soleil ses bains de rosée, les petits pieds frais, le bout des ailes qu'il trempait dans la rosée, la rosée qui fait comme un miroir... Le Soleil fermait les yeux et était heureux pour son ami.
– Raconte-moi encore des histoires de la Terre, disait le Soleil. Les poignées de main, les guilis, les baisers, les pâquerettes.

– Et toi, raconte-moi des histoires de ciel, disait le papillon. Des histoires de nuages blancs et gris. Dis-moi, la Lune, elle est sympa ? Même quand elle est pleine ?
Ainsi passaient leurs journées. À se raconter l'un l'autre les histoires de la Terre et du ciel.

L'amour des fleurs

Le papillon allait mieux. Grâce au Soleil, de jour en jour, il éternuait moins, il avait repris du rose aux joues et du marron chocolat sur les ailes. Il avait moins froid, le Soleil avait moins chaud.
Tous les jours, il demandait au petit papillon comment allait son tchoum. Mais ça n'était pas par souci pour sa santé... C'était par inquiétude pour lui-même. Le Soleil ne savait pas s'il avait vraiment envie que le papillon guérisse. Car si son tchoum disparaissait, allait-il encore prendre la peine de venir le voir ?
Alors, il lui disait :
– Quand tu seras guéri, dis-moi, tu viendras quand même me voir ? Ici, tu peux respirer l'air pur des montagnes, et non pas le pipicacapétrole de la Terre.
– Oui, oui, répondait le papillon. Je reviendrai. Mais, vois-tu, j'ai besoin de me nourrir. Je ne suis pas en vacances ! Toi, tu te couches, tu te lèves... Tes mouvements sont ordonnés, tu sais où tu vas, et surtout t'as ta place réservée, comme au parking. C'est cool. Moi, je palpite, je bats des ailes, je bouge. Tu sais ce que l'on dit chez les papillons ? « Si tu bouges plus, t'es foutu. » Et c'est vrai. Si on arrête de battre des ailes, on se retrouve en un rien de temps dans le filet d'un gamin, épinglé sur un tableau au milieu du salon...
Le petit papillon reprit sa respiration, il avait l'œil dans le vague.
– Et surtout, on a besoin des fleurs. Tout le temps des fleurs. Toi, t'as besoin de personne... Nous, sans les fleurs, sans l'amour des fleurs, on meurt.

Le Soleil soupirait, hochait sa bonne grosse tête brûlante. Il avait envie de hurler : « Tu crois que je n'ai besoin de personne ? C'est faux, imbécile, crétin ! Butor ! J'ai besoin de toi ! J'ai besoin de câlins-mots ! Je brûle d'aimer ! Ne me laisse pas seul ! » Mais il ne disait rien de tout cela. Il avait tellement peur, en se rappelant Nuage Blanc, que le monarque ne le quitte. Il avait appris qu'il ne fallait pas trop demander... Ni trop s'énerver.
Alors, il se tut, il replia ses rayons un peu rapidement, et sur Terre, ce jour-là, il fit un peu plus froid.
– Allez, ciao, dit le papillon. J'ai faim, et j'ai besoin d'une fleur. Et puis ma rose, tu sais, elle a besoin de moi.
Et il partit très vite.
Car maintenant, le papillon ne s'attardait plus. Il était pressé, stressé, battait plus vite.
– Je vieillis, souffla-t-il, et mes ailes battent la chamade. Et puis, je suis tristouillounet aussi. Tu vois, sourit tristement le papillon. Je parle comme toi, maintenant !
– Quand on est amis, on partage tout. Peut-être que je t'ai donné aussi mon tchoum de tristesse ? interrogea le Soleil. Je m'en excuse.
– Non, non, c'est pas ça, soupira encore le papillon. C'est ma fleur. Ma fleur me fait mourir.
Et le papillon parlait encore et encore de sa fleur. Il n'arrêtait pas d'en parler, car quand on a des soucis, on aime en parler à un ami.
– Je ne peux pas faire autrement que parler d'elle, c'est plus fort que moi. J'espère que je ne t'ennuie pas, dit le papillon.
– Non, au contraire, ça me fait du bien. Parle, parle ! Ça me fait plaisir de t'être utile, et aussi ça me fait oublier mon mal.
Alors, le papillon reprenait :
– Tu vois, je vais te dire mon secret... Il y a quelques jours, je suis resté trop longtemps, sans bouger, dans le cœur d'une rose. C'était une erreur. Quand on butine le cœur d'une rose, on y laisse une trace, un peu comme une empreinte digitale. Cela veut dire que l'on s'attache. Et je suis resté un peu trop longtemps dans ma rose. Mon empreinte était très forte, on s'est trop attachés. Maintenant, elle va se faner... Et je suis... Je suis...

Le papillon leva les ailes et s'arrêta. Il n'y avait pas de mots, même pas parmi les super-mots inventés par le Soleil, pour dire la tristesse de voir quelqu'un se faner.
– Je sais ce que c'est, répondit le Soleil. Un jour, moi aussi, j'ai été tout émulsionné à cause du départ d'un Nuage. Mais je l'avais mal aimé. Je ne l'avais pas respecté. Depuis, j'ai appris. Tu es arrivé.
– Ma rose, reprit le papillon, est toute ridée et toute froncée, elle va mourir. J'ai envie de lui dire : « Reste, reste ! Ne tombe pas. » Mais quoi... Est-ce qu'on peut empêcher les gens de partir ? Ses pétales vont tomber un à un sur le sol et je n'y pourrai rien.
Le papillon détourna la tête mais ne pleura pas.
Le Soleil déplia un peu plus ses rayons pour faire chaud au cœur du papillon. Il était triste à cause du chagrin de son ami. Il pensa que la souffrance du papillon était la sienne : « Je suis ridé, moi aussi. Mais tu m'as laissé ton empreinte, même si ça ne se voit pas. Et le jour où tu partiras, je risque de tomber comme ta fleur. »

Le lendemain, le Soleil attendit, attendit, guetta... Mais le papillon ne vint pas.
Il vit passer, pendant toute la journée, il les compta, deux cents hirondelles, trois ouragans au loin et cinquante-neuf nuages à proximité. Il eut même l'impression de reconnaître Nuage Blanc, tout au loin, qui s'était transformé en gros matou silencieux et renfrogné. Allait-il le rappeler ? Non.
Nuage Blanc n'allait pas remplacer le petit monarque. Personne n'allait jamais remplacer le papillon.
Il attendit jusqu'au dernier rayon, et tomba dans l'horizon. Il pensa : « Demain, je ne me lève pas. »
Mais le lendemain, il dut bien se lever. Les soleils se lèvent toujours, n'est-ce pas.
Le petit papillon n'arrivait toujours pas.
Le lendemain, enfin, juste avant de se coucher, il sentit cette petite brise, et son cœur de soleil se remit à battre.
– Mon papillonounou, dit-il. Mon papounet.
En ouvrant les yeux, il vit que le petit monarque avait des cernes énormes sur ses ailes, et il battait encore plus vite qu'avant.

– Ah, c'est toi ! fit le Soleil d'un air dégagé. Tu as encore six minutes, après je tombe. C'est la saison.
– Ma rose est tombée hier, dit le papillon, hors d'haleine. Et je t'ai apporté un peu de mes larmes, toi qui aimes tant la rosée, pour que tu voies à quoi ça ressemble.
– Oh ! s'exclama le Soleil. C'est beau ! Ça, ce sont de vraies larmes de cœur, et pas des pleurs d'oignon ! Un jour, un Nuage a essayé de me faire des larmes. Mais c'était mochi-mochou vomitou.
Il était si ému qu'il en devenait bavard et racontait n'importe quoi.
– Tes larmes, elles sont drôlement vraies.
– Écoute-moi bien, chuchota le papillon d'une voix terriblement faible. Ouvre grand tes oreilles de chef. Toi, tu as des milliards d'années à vivre encore, et moi, juste quelques heures encore. C'est comme ça et pas autrement. Sans doute n'y as-tu jamais pensé.
– Tu me prends pour un écervelas ? fit le Soleil, amer. Bien sûr, que j'y ai pensé.
– Je ne sais pas si je pourrai venir. Je ne sais pas. Je n'ai plus la force du tout.
Le Soleil se sentit fondre de douceur.
– Si tu n'as plus de force, utilise une hirondelle, trouve un avion, un cerf-volant... Je ne sais pas, moi... ou bien... je pourrais me coucher toute la journée. Ainsi, tu auras beaucoup moins haut à voler. On trouvera une solution...
– Tu n'y penses pas, répondit le papillon. Tu ne vas pas te transformer en planète morte pour moi ? Ce que j'aime en toi, c'est que tu sois soleil. Alors, ne meurs pas !
Le Soleil se sentait mal. Le bout de nuage recommença à enfler dans sa gorge.
– Je me restrangulationne, dit-il au papillon. Je ne devrais pas te le dire, mais tu vas me manquer.
– Je dirai à mes copains enrhumés de venir te voir. Je te promets...
– Oui, mais ça ne sera pas toi. Toi, c'est toi. On était faits pour s'entendre. Un monarque et un roi, tu penses...

– Oui, on s'est bien entendus, on était de bons copains, dit simplement le papillon, avant de tomber derrière l'horizon, à la manière d'un soleil.
Le papillon ne revint jamais.
Le Soleil poussa loin, très loin sa première larme.
Ce qui en sortit, ce fut le morceau de nuage dans sa gorge, c'était magnifique et ça faisait du bien. Ce petit morceau de coton se transforma aussitôt en aile de papillon blanche, à côté de lui. Mais il conserva en lui l'empreinte de la trompe du petit papillon. Et cette empreinte-là, ce petit pas gravé dans son cœur, était formidable, car elle l'empêchait de se sentir seul.
Il se sentait maintenant relié à la Terre par un fil invisible, un peu comme un cerf-volant.
Il savait qu'on l'aimait, qu'il était utile aux fleurs ; qu'il pouvait faire vivre les papillons, qui eux-mêmes le faisaient vivre aussi.
Il recommença à chauffer à sa puissance maximale, en se disant qu'un jour ou l'autre, il aurait à nouveau un ami : une hirondelle, un nuage... La Lune, pourquoi pas ? Tout était possible. Il ferma les yeux. Et il sentit, tout autour de lui, une minuscule petite brise, qui faisait le tour de ses rayons, l'un après l'autre. C'était le souvenir du petit papillon, qui le faisait respirer. Et ça, ça ne mourrait jamais.

CÔTÉ PARENTS

L'amitié

Le premier copain est bien plus qu'une source de plaisir. C'est une « porte d'entrée » dans le monde. Il permet de sortir du cocon familial et de s'émanciper… Et puis, il rassure les parents ! D'ailleurs, à peine les enfants ont-ils posé un peton dans la classe qu'on les mitraille souvent de ces questions ô combien rassurantes pour nous : « Tu t'es fait un ami ? Comment s'appelle ta petite copine ? »

Pourquoi l'amitié est-elle si importante ?

– Elle rend plus fort

D'après le psychosociologue Francesco Alberoni (auteur de *L'Amitié*, Éd. Pocket), les pics d'amitié se situent à 3 ans, à l'entrée à l'école maternelle, et à 6, avant de pénétrer dans la cour des grands ; et ce n'est pas un hasard. Ce sont deux moments intenses de « passages de seuil », de solitude et d'épreuve. On est bien mieux armé à deux… « Le copain peut aider à pénétrer des territoires que l'on n'ose franchir seul », souligne Alberoni, qui évoque même le « repère », la « réassurance ». « Les enfants n'ont ni la force ni l'autonomie suffisantes pour construire seuls un monde nouveau. »

– Elle permet de compenser des faiblesses

Le meilleur ami peut être considéré comme un « doudou transitionnel », qui aide l'enfant à renforcer un narcissisme défaillant. « Il restaure un peu la fusion maternelle perdue », c'est pourquoi les enfants fonctionnent souvent plus par tandem que par « bande de potes ».

Certains se choisissent parce qu'ils se ressemblent – c'est alors une relation en miroir, ce qui peut se produire chez deux enfants porteurs de lunettes, par exemple, ou souffrant d'un petit surpoids. Parfois, au contraire, il y a compensation, comme dans l'histoire du papillon et du soleil ou de la tortue et du serpent (voir p. 84 et 99). Exemple classique : le petit timide qui s'acoquine avec la « tête brûlée » de la classe...

– Elle est « pure »

Entre frères et sœurs, les relations sont toujours empreintes de rivalité, de jalousie... « alors qu'avec un copain, c'est rien que du bonheur. On n'est pas jaloux de lui », note la psychologue Béatrice Copper-Royer[1]. Bien au contraire, il peut aider aussi à passer le cap, difficile, de la naissance d'un petit frère ou d'une petite sœur. « On voit souvent, à ce moment-là, de fortes amitiés naître, poursuit la psy. Et pour certains enfants, c'est une vraie bouée de sauvetage. »

– Elle renforce l'identité sexuelle

C'est bien la raison pour laquelle on « copine » la plupart du temps avec des enfants du même sexe... Les jeux sont, d'ailleurs, sensiblement différents : « Les petites filles sont, traditionnellement, beaucoup plus centrées sur le langage et verbalisent beaucoup plus, explique la psychanalyste Danièle Brun. Elles scénarisent beaucoup plus leurs jeux. On joue à la marchande, on joue à prendre le train ou à s'habiller pour une soirée... C'est tout cela, l'intérêt des "jeux sociaux", en particulier avec les Barbie ou avec les Bratz, même chez les toutes petites de 3-4 ans. Au contraire, les garçons se réunissent en bandes de copains, pour faire un foot, organiser une partie de ballon... Chez eux, on fonctionne plus dans le faire, moins dans le "dire", et on évolue dans une situation de compétition. »

– Elle permet de découvrir d'autres mondes

Quoi de plus réjouissant, à 4-5 ans, que d'aller dormir chez un copain ? « C'est toujours jubilatoire, et très important pour eux. C'est une façon de visiter le vaste monde, tout en conjurant la peur de la séparation, analyse Béatrice Copper-Royer. On quitte les parents, certes... mais dans un environnement sécurisant. C'est la première grande aventure. Bien plus exotique que d'aller

1. Auteur de *Premiers émois, premières amours, Quelle place pour les parents ?*, Albin Michel, 2007.

passer la soirée "simplement" chez tantine ou chez mamie ! » Attention pourtant à ne pas lui accorder ce privilège trop tôt : « Avant 5 ans, c'est inutile d'accepter, car un enfant de cet âge est en proie aux cauchemars et terreurs nocturnes. Il serait dommage de saborder ces premières expériences amicales », souligne Béatrice Copper-Royer.

Il n'a pas de copain : pourquoi ?

– Ce peut être un signe de décalage de maturité par rapport aux autres. Sur le plan affectif ou intellectuel, il est hypermature ou immature : « Les enfants précoces ont des difficultés à nouer des relations avec les copains du même âge », souligne Béatrice Copper-Royer.

– Il manque peut-être un peu de confiance et d'estime de lui ? La faculté de se faire des copains est liée à un sentiment de sécurité intérieure « béton ». Un exemple : ceux qui mordent et agressent les autres ont souvent peur d'être « engloutis » dans le groupe. Alors ils s'expriment de façon plus violente.

– Enfin, d'autres s'inspirent tout bonnement du modèle familial. Une famille qui vit repliée sur elle-même est beaucoup moins « incitatrice » que celles plus portées à fréquenter souvent des amis.

Comment l'aider ?

– En évitant de vouloir trop en faire ! L'image de la « mère totalitaire » : celle qui surveille tout, qui contrôle les amitiés, qui veut connaître les parents, etc., ça risque d'être inhibant.

– Multipliez les contacts en dehors de l'école : inscriptions dans un cours de judo, de desssin, etc. Bien sûr, organisez des goûters où il choisira lui-même ses convives. Il préfère le petit Ferdinand insolent au calme Matteo ? Et alors ?

– Faites intervenir le père dans l'éducation de l'enfant, un grand « booster de sociabilité », disent les psys, un pont entre l'intérieur et l'extérieur.

– S'il manque de confiance en lui, évitez la surprotection compatissante, du style : « Mon pauvre chéri... Tu n'as pas encore de copains. C'est dur, la vie... » Ce qui le conforterait dans son rôle de perdant – l'image qu'il a de lui en ce moment.

– Enfin, ne vous affolez pas : être renvoyé à sa propre solitude pendant quelque temps, même quand on est un enfant, n'est pas en soi un drame. C'est pendant ces périodes de crise que l'on grandit, que l'on mûrit...

– En revanche, ne prenez pas à la légère un chagrin d'amitié, ou l'exclusion d'un groupe. « Tout chagrin d'amitié est toujours douloureux pour un enfant, surtout s'il réactive d'autres types d'exclusion vécus dans la famille », explique Béatrice Copper-Royer.

Quelques phrases clés

★ (On lui raconte sa propre expérience) : « Tu sais, moi aussi, je me souviens de m'être sentie très seule telle année, dans telle classe... »

★ « Souvent, les copains arrivent à des moments où on ne s'y attend pas du tout. »

★ (S'il est le petit nouveau dans une nouvelle école) : « Au début, les gens nous semblent toujours beaucoup moins sympathiques que ceux que l'on a connus. C'est une illusion. Dès que l'on commence à discuter avec eux, ils nous semblent moins étrangers, plus proches. »

★ « On ne doit pas aimer quelqu'un au point de s'oublier soi-même. Même si on aime beaucoup un copain, on ne doit jamais être son esclave, ou exécuter ses mille volontés. »

★ « On ne peut pas tout le temps voir son copain. Il y a un temps pour être avec ses parents, un temps pour les amis, un temps pour rester seul. »

Bébert le jeune serpent et la vieille tortue

Sur un bateau à moteur, un bébé serpent, du nom de Bébert, un caméléon très vieux et trois gros lézards verts se rendaient à Paris. Ils étaient enfermés dans la cale, dans une cage, et devaient être vendus à une animalerie.
Mais le petit serpent, profitant d'une escale sur une île, se coula entre deux barreaux et s'enfuit.
– Je vous ouvre la porte ? chuchota-t-il à ses amis prisonniers.
– Non, dit un gros lézard. Je vais crever de froid et de solitude sur cette île.
– Reste avec nous, jeunot, lança le vieux caméléon. Tu ne sais pas ce qui t'attend. Nous, les reptiles, on a besoin de chaleur.
– Rien ne vaut d'être libre, répondit fièrement le serpent.
Le vieux caméléon soupira, mais le jeune serpent gagna le ponton et se retrouva sur le sable. Libre ! Pendant quelques minutes, il entendit les marchands l'appeler, puis fouiller le sol avec leur bâton. Et puis le bateau à moteur vrombit à nouveau, laissant une traînée blanche sur la mer, qui rétrécit jusqu'à devenir un minuscule flocon blanc.
« Ouh là, se dit alors Bébert. Je suis seul, maintenant. »
C'est alors qu'il se mit à avoir très froid dans le corps. Ça le parcourut d'un bout à l'autre, comme un sursaut, et cela dura un quart de seconde. C'était un mélange de peur et d'ennui, à l'intérieur.

Car l'île était petite et il semblait n'y avoir personne.
« Ouh là, tsssss, répéta-t-il encore. (Quand il était nerveux, il clignait de l'œil et sortait sa langue en disant Ouh là tssss.) Va falloir que je me fasse des copains. »
Il faut dire que c'était un serpent très bavard, qui ne pouvait pas s'arrêter cinq minutes de parler. Alors il se mit à crier :
– Ouh, il y a quelqu'un sur cette île ?
Le vent lui répondit dans un grondement : « Chutttttt. »
Les vagues lancèrent : « Ffffffrrr... » Elles s'enfuirent l'une après l'autre.
Le petit serpent se durcit un peu et poursuivit sa route.
Il rencontra alors une feuille de palmier, qui atterrit presque sur son nez.
– Oh là, toi, qui es-tu ? demanda le serpent.
Silence. La feuille le méprisa.
Il se glissa dessous – c'était chaud – mais silencieux.
– Tu seras ma couverture pour la nuit, décréta-t-il. Tu veux bien ?
Aucune réponse.
Alors, le petit serpent sortit à nouveau de sa couverture. Au cours de sa promenade, il rencontra un morceau de bois mort et une noix de coco qui, quand il l'approcha, roula dans la direction opposée d'un air renfrogné. À croire que tout le monde le fuyait !
La nuit tombait lentement sur cette petite île, d'abord sur les rochers, tout au fond. Il poursuivit sa route, en chantant pour se donner du courage. Pendant un instant, il pensa qu'il était bien pire d'être enfermé sur cette île que dans n'importe quelle cage de n'importe quelle animalerie au monde. Il envia le sort de ses camarades prisonniers qui pouvaient néanmoins se parler les uns les autres et, quand il pensa à eux, il en eut les larmes aux yeux.
Quand il se rappela le vieux caméléon et son conseil (« Reste, petit, on a besoin de chaleur »), il comprit de quelle chaleur il s'agissait. Car lui, il avait besoin de la chaleur des autres, et d'un autre animal qui lui aurait dit : « Salut ! Tu viens jouer avec moi ? »

Mais un serpent ne pleure pas. Pleurer, il savait, c'était la fin pour les serpents, car alors, ils se gondolent de la tête au bout de la queue, ils se vident, et ils ne peuvent plus du tout avancer. Alors, il se mit à chantonner des slogans de publicité et des petites comptines :
« Le bonheur, c'est simple comme un coup de fil », « Mal à la gorge ? Sucez un comprimé de citronnelle et ça ira mieux ! »,
« Un kilomètre à pied, ça use, ça use, ça use les serpents... »,
« Changez de peau, respirez l'air frais, partez ailleurs ! », « Pas de petit déj sans chicorée »...
Et, en chantant, il se sentait un tout petit peu moins seul.
– Chuttt, c'est fini, ce boucan ? bougonna une voix très près de lui.
Une voix ? Une voix ?... Quelqu'un parlait ! Son petit cœur tressauta de joie. Dans le noir luisait une énorme carapace de tortue, d'où dépassait un minuscule petit bout de tête plissé, comme un poing de chiffon.
– Quelle chance ! s'écria-t-il. Une tortue verte ? Mais c'est génial ! Je suis un reptile, moi aussi ! Comment tu t'appelles, hein ? Comment ? Lisa, Mona, Monica ? Georgette ? Moi, c'est Bébert. Nous sommes de la même famille. On va s'entendre.
– Tu veux rire, jeunot ! répondit la tortue verte. Nous n'avons pas élevé les cochons ensemble. Tu es un serpent, et tu vas me piquer. Alors, passe ton chemin. Et elle ramena ses pattes et sa tête dans sa carapace, et sortit un écriteau : « *Closed* ».
Le jeune serpent en eut la gorge étranglée, comme si quelqu'un y avait fait un nœud.
– Jouons ensemble, soyons copains. Je m'ennuie, ici. Je suis tout seul. Il n'y a pas âme qui vive... Alors, serpent, tortue, on s'en fiche.
– Nous ne pouvons pas être copains, dit la tortue. Nous sommes trop différents, tu vas me mordre et peut-être même me gober. Et sur cette île, on est toujours seul, sache-le. Suis mon exemple, fais de la méditation et de la gymnastique. Tu te sentiras plus près des nuages.
Le petit serpent resta là, assommé par cette vérité. Ainsi, il y avait des gens qui n'avaient besoin de personne ? Qui préféraient rester seuls, en pleine île déserte ? Non, ça n'était pas possible.

Il fit « toc toc » avec le bout de sa tête sur la carapace.
– Ouvre-moi ! Je te jure... Je ne te ferai pas de mal. Je n'aime pas piquer. J'ai juste envie... de rigoler, de tailler une bavette, comme on dit vulgairement. Depuis ce matin, j'ai essayé de faire copain avec une feuille de palmier, avec une noix de coco... et... avec le soleil, le vent, les vagues, mais ça ne parle pas !
La tortue, du fond de sa carapace, entendit la voix étranglée du serpent et, comme elle était vieille et sage, elle pensa que, s'il commençait à pleurer, il allait se gondoler de bout en bout. Alors elle sortit sa tête et lui dit :
– Tu vois cette petite pierre blanche, là-bas ? Parle-moi de là si tu veux, je t'écouterai. Mais ne franchis pas cette limite !
Alors, le petit serpent se mit à raconter son évasion, les cages avec ses copains. La tortue ne répondait rien. Elle ne bougeait pas.
– Tu dors ? Hé, tu dors ? demanda Bébert.
– Non, je t'écoute. Tu devrais apprendre à regarder un peu mieux les autres, lui dit la tortue, avec un brin de sévérité. Quand je dors, mon cœur bat très, très lentement, à travers ma carapace. Quand je t'écoute, il bat un peu plus vite. Quand je ris, les écailles de ma carapace frémissent légèrement, et elles se dilatent franchement quand j'éclate de rire. Maintenant, j'ai envie de dormir. Bonne nuit, à demain.
– À demain, à demain ! chantonna le petit serpent, qui se réfugia sous sa feuille de palmier.
Comme ce « à demain » sonnait bien à ses oreilles !
Ils étaient très différents. La tortue était pleine de rides, le serpent n'en avait pas une. La tortue, en compagnie du serpent, se mit à devenir un tout petit peu plus bavarde – à peine. Elle lui disait bonjour le matin. Et elle enseigna un peu le yoga et la méditation au serpent à qui cela fit le plus grand bien.
– Le yoga, disait-elle, c'est de la gymnastique qui aide, quand on se sent trop seul et pris de panique. Or il y a toujours un moment où on se sent seul. Grâce au yoga, disait-elle encore, tu comprends le langage du vent, des vagues et des nuages... C'est pourquoi je tiens le coup ici.
– Oui, mais ils ne te répondent jamais, non ?

– Non, répondit la tortue.
Un jour, la tortue dit :
– La vie est plus agréable depuis que tu es là.
– Hein ?
Le petit serpent n'en revenait pas.
– Tu as dit que tu m'aimais ?
La carapace frémit légèrement.
– Je n'ai jamais dit ça, jeunot ! J'ai dit « plus agréable ». Tu rêves ?
Les jours passèrent comme cela. Le serpent et la tortue avaient appris à s'aider l'un l'autre. Le petit serpent économisait son venin pour apporter à manger et écarter les ennemis, et, quand il y avait la tempête, la tortue accueillait le petit serpent dans sa maison. Le petit serpent adorait ça : il se coulait tout doucement dedans, il mettait sa tête contre le cou de la tortue, et tous les deux se réchauffaient l'un l'autre.
Parfois, le petit serpent faisait de l'humour :
– Bouh, ça cocotte, ça sent le renfermé ! T'as pété, ou quoi ? Aère un peu !
– Oooooh, disait la tortue. Tu exagères, tout de même.
Et parfois, la tortue le taquinait :
– Tu sais, c'est simple... Si tu voulais être propriétaire, il te suffirait d'un coup de venin, là, sur une de mes rides, et hop !
– Quelle bonne idée ! Un simple coup de venin, et cette superbe petite maison est à moi, sans rien payer ! Sans passer devant le notaire ! rigolait le serpent. Je vais y penser, tiens !
Et tous les deux s'endormaient, l'un bercé contre l'autre.
La tortue racontait des histoires au serpent, mais très, très lentement. Les histoires du soir duraient parfois six heures – la nuit entière –, et la fin, elle la racontait au moment du lever du soleil. Mais le petit serpent dormait depuis longtemps, déjà. Il aimait passionnément se sentir enfermé dans cette carapace. « C'est comme une cage, mais une cage d'amitié », disait-il.
Parfois, la tortue, qui avait 163 ans, lui disait :
– Un jour, il faudra juste que tu t'habitues à vivre seul. Il n'y a pas d'autre tortue de Floride sur cette île, et je suis beaucoup, beaucoup plus vieille que toi.

– Et alors ? Et alors ? disait le serpent, qui se sentait repris par une vague de froid. C'est pas vieux, 163 ans ! T'as toute la vie devant toi, non ?
– Et alors, poursuivait la tortue, quand je ne serai plus là, tu garderas ma carapace, et tu auras beaucoup de place pour faire ton yoga et ta gymnastique. Tu te raconteras aussi mes histoires. Tu n'es pas à l'abri d'un moment de panique ou de solitude.
– Ouh là ! faisait le serpent. On a encore le temps. Alors en attendant, raconte-moi encore une histoire qui dure six heures, et jouons encore !
Et la tortue reprenait une de ses histoires de guerre.
Et le petit serpent pensait à ses compagnons, les gros lézards et aussi le vieux caméléon. Et il se disait : « Ici, j'ai tout. J'ai la chaleur, j'ai une maison, j'ai des histoires pour dormir le soir, et j'ai surtout, surtout, une très grande amie. »

Lire aussi

« Côté parents : l'amitié », p. 95.

Histoire d'Ernest le petit hippocampe et de son copain Glop

Ernest le petit hippocampe faisait la joie des enfants de l'Aquarium, avec sa queue en tire-bouchon (chose très rare chez les hippocampes) et ses yeux bleus comme la mer. Il était si précieux, si rare, que les directeurs de l'Aquarium l'avaient installé dans le « bocal du Pacifique », le plus bel aquarium, garni de végétation multicolore, d'un trésor dans une malle et de coquillages dans lesquels il pouvait jouer à cache-cache.
Mais Ernest s'ennuyait. Et il n'avait personne avec qui jouer à cache-cache ! Il faut dire qu'il n'avait pour toute compagnie que quelques spirographes peureux, des poissons tout fins qui ressemblaient à des vers de terre avec une tête grosse comme une tête d'épingle, armée de deux gros yeux globuleux. Ils sortaient leur tête du sable le matin, chuchotaient « Blop-jour », puis la rentraient le soir en articulant « Blop-soir ». Ça n'était pas ce dont Ernest rêvait comme partie de cache-cache !
Oh, bien sûr, il y avait les enfants, qui tapotaient à la vitre, tout excités, et qui hurlaient : « J'ai vu un hippocampe ! Regardez ! Il a une queue en tire-bouchon ! »

Mais l'hippocampe restait là, immobile. S'il avait parlé l'humain, il aurait dit : « Ouais, et alors ? C'est mon cœur qui tire-bouchonne, tellement je me sens seul. Il y a une vitre qui nous sépare. » Et l'amitié, pensait-il, ne pouvait naître à travers une vitre.
Pendant quelques jours, Ernest tenta de passer le temps en enroulant sa queue en tire-bouchon autour d'une brindille, puis en se penchant, la tête en bas, en faisant des ronds dans l'eau qui ressemblaient à de la fumée, ou à des petits chapeaux melons... Il faisait le poirier, il faisait des galipettes, et il était devenu très doué en gymnastique. De temps en temps, un des spirographes, chatouillé par la curiosité, sortait la tête, l'agitait dans tous les sens, disait « Blop-vo ! », « Super-blop ! ». Un autre applaudissait, mais dès qu'Ernest lui adressait la parole, hop, c'en était fini. Il replongeait la tête dans le sable.

À force de vivre avec les spirographes, le petit hippocampe était devenu lui-même peureux (il n'y a rien de plus contagieux que la peur). Quand un enfant frappait à la vitre, il ne s'approchait plus en tournant sur lui-même, en enroulant et en déroulant sa queue, mais il se cachait dans les brindilles. De là, il voyait les énormes visages des petits garçons et des petites filles, le nez écrasé contre la vitre, qui s'écriaient : « Zut alors, il est où, le petit cochon-hippo, avec la queue en tire-bouchon ? » Mais Ernest ne montrait pas le bout de son nez, ou de sa queue. Il avait perdu l'envie de se montrer. Il se disait : « À quoi bon ? » Il resta là quelques jours, calfeutré, en ne sortant que pour grignoter à la surface quelques petites miettes déshydratées, proposées par les animaliers. Et puis, le quatrième jour, en redescendant, il effectua quelques cabrioles et, tout en bas, il vit une grosse pierre grise et brune, très moche. De cette pierre s'échappaient quelques bulles.
C'était un caillou qui respirait. Quelle surprise !
– Blop ? répondit l'hippocampe. Qui es-tu, toi ? Tu joues à cache-cache ?
– Je suis un poisson-pierre, ça se voit pas ? bougonna le poisson-pierre. 'Tention à toi, gamin. Je suis plein de poison. Si tu m'touches, tu meurs.

– Un poisson-pierre ?
Ernest fit une galipette arrière, car sa maman l'avait mis en garde contre ces poissons si dangereux, remplis de poison. Il suffisait de les toucher du bout d'une nageoire pour être tué sur le coup. Et pourtant, en parlant à ce poisson, il sentit son cœur se détire-bouchonner ! Il avait envie de parler, de rire, de chantonner, de se pendre la tête en bas.
– Je ne savais pas que tu étais là.
– C'est normal, je suis un poisson-pierre. Tout le monde me prend pour une chose, un gros caillou. Alors, ça me rend malheureux, c'est pourquoi j'ai le cœur rempli de poison, bougonna encore le poisson-pierre. Alors fais gaffe, petit. Si j'étais toi, je prendrais mes jambes à mon cou. Enfin, façon de parler...
Mais Ernest n'avait pas du tout envie de s'enfuir, alors qu'il venait juste d'entamer une conversation avec un copain. Il avait tant de questions à lui poser ! « Ça fait quoi, d'être un caillou, ça fait quoi de tuer des gens ? Est-ce que tu aimes vraiment tuer ? »
Le poisson-pierre s'agita un peu (c'est-à-dire que l'on vit une petite dizaine de bulles s'échapper de son cœur).
– Je vais t'expliquer, moi, ce qui se passe. Plus on me fuit, plus mon cœur se remplit de poison. Si je suis devenu mauvais, c'est parce qu'on m'a pris pour un caillou, pour un caca, pour un moins-que-rien. Quand on te fait comprendre que tu n'existes pas, alors tu deviens méchant. Et tu n'y peux rien.
Ernest l'hippocampe réfléchit à tout ça. Et il pensa que, à force de ne parler à personne, son cœur s'était tire-bouchonné, et qu'il avait failli lui aussi se transformer en tire-bouchon, c'est-à-dire en objet sans vie.
– Si tu veux, on est copains, proposa Ernest. Je t'appellerai Glop. Moi, je suis Ernest.
– C'est comme tu veux, gamin. Fais attention en remontant, ne te prends pas la queue dans mes écailles, si tu me touches, tu meurs. Ciao, gamin.
Alors, tous les jours, il allait voir le poisson-pierre. Ils discutaient, enchaînaient des « blop » suivis de « glop », des « blop-glop », des « il est beau, le coquillage jaune », « tu

préfères le rouge ou le bleu, les goûts et les couleurs, ça ne se discute pas, gamin », « Les spirographes, ils ne connaissent pas l'amitié, eux »...

Le poisson-pierre racontait que, dans l'océan Indien, il avait déjà provoqué d'horribles brûlures de pied. Et il riait et ça tressautait.
– C'est bizarre, répondait Ernest l'hippocampe. Quand tu ris, tu ne ressembles plus du tout à un caillou.
– Eh non, je ressemble à une vache qui rit ! Ahah !
Et Ernest l'hippocampe, en regardant rire son vieux copain, se demandait comment il avait pu, un jour, le prendre pour une grosse pierre.
Ce qui était encore plus curieux, c'était que, désormais, tout le monde remarquait l'existence de Glop – les enfants, mais aussi les adultes écrasaient le nez contre la vitre en disant : « Regarde ! Il y a un hippocampe ! Et là, regarde, un poisson-pierre ! » Et tous les soirs, Ernest faisait une petite galipette pour repartir, sa queue en tire-bouchon bien relevée, pour ne pas effleurer son copain Glop et mourir empoisonné.

Un dimanche, il se passa quelque chose d'étonnant. Ernest arriva avec un petit cadeau pour Glop. Oh, c'était trois fois rien, un petit bouquet de lichens et d'algues, qu'il transportait dans sa queue en tire-bouchon. Mais, soudain, il se prit la queue dans une brindille, laissa tomber son bouquet dans l'eau. Aussitôt, il plongea et cabriola pour le récupérer, s'approcha de Glop un peu trop près... Et hop... atterrit sur son dos. « Au secours ! »
En touchant Glop, Ernest eut vraiment très peur de mourir. Il tomba, comme une pierre... Mais il ne sentit rien du tout, rien, dans son cœur. Aucune brûlure, rien ! Alors, du bout de son nez jusqu'au bout de sa queue en tire-bouchon, un immense éclair de joie le parcourut. Il sauta en l'air.
– Tu n'es pas empoisonné ! Je t'ai touché, et je ne suis pas mort ! Regarde !
Glop le regardait avec un grand sourire, ce qui le rendait presque beau, sous ses écailles brunes. Ernest crut qu'il allait pleurer d'émotion.

– Tu n'es plus dangereux ! cria à nouveau Ernest. Tu te rends compte ?
Et ils se mirent à danser ensemble.
– Peut-être que je n'ai plus de poison dans mon cœur, gamin, répondit le poisson-pierre. Mais tu sais pourquoi ? Parce que tu m'as prouvé que j'étais vraiment vivant. Tu ne m'as pas pris pour un gros caca ! Et tu sais aussi, gamin, c'est d'être seul au monde qui me pourrissait le sang. Merci, gamin.
Ernest, avec sa queue en tire-bouchon, plongea en spirale au niveau de Glop et lui fit un bisou du bout de son nez, bien appuyé, un vrai gros bisou baveux sur les écailles.
Ce jour-là, tous les spirographes, curieux, sortirent la tête de l'eau en même temps, comme six bougies plantées sur un gâteau d'anniversaire en hurlant : « Youp-blop ! Blop-vo ! Super-blop ! » Depuis, tout le monde vit très heureux dans le bocal du Pacifique. Même les spirographes, ces chipies, ne se cachent plus dans le sable que pour y dormir.

Lire aussi

« Côté parents : l'amitié », p. 95.

La machine à photocopier les bébés

Il y a très, très longtemps, il y avait dans le ciel une drôle de petite planète, où le ministre des Bébés était un monsieur un peu fou, le docteur Zinzin. Ce savant, qui aimait énormément les voitures de course, les microscopes électroniques et les nouvelles machines en général, avait décidé qu'il allait créer un monde très beau, très pur, très propre. Et, pour cela, il allait fabriquer des enfants très beaux, très purs, très propres. C'était très simple : il suffisait pour les parents de choisir leur premier bébé (l'aîné) dans un catalogue, un peu comme tu choisis un jouet à Noël. Chaque catalogue vous proposait beaucoup de modèles souriants et potelés. Il y en avait pour tous les goûts et les parents passaient un certain temps, le soir, à réfléchir, stylo en main, le nez sur le catalogue. Comment allait-on le choisir ? Avec des cheveux roux, des yeux verts et des cheveux bouclés ? Grand, petit ? Calme et gentil, coléreux, sportif ?

– Allez, disait la maman. Il faut choisir aujourd'hui, sinon nous ne l'aurons jamais pour Noël. Toutes mes copines vont me piquer le plus bel exemplaire. Les Duchemin ont déjà commandé le leur la semaine dernière. Si ça continue, nous n'aurons plus que le deuxième choix.

– Que dirais-tu, disait alors le papa, d'un petit roux aux yeux verts et aux dents blanches, qui apprend le piano à 3 ans, joue

au football comme Zidane et devient plus tard chercheur en physique nucléaire ?
– Ça me va. Sauf que je le préférerais brun aux yeux bleus, répondait la maman. Et n'oublie pas de cocher l'option spéciale : va sur le pot à 3 mois. Je ne veux pas passer ma vie dans les couches.
Il fallait en effet décider à l'avance de tout ce qui allait se passer plus tard. « Finies, les surprises ! Vous serez satisfait de votre bébé. Il sera semblable en tout point à ce que vous aviez imaginé », promettait la publicité des catalogues.
Seul petit problème : chaque famille n'avait droit qu'à un seul bébé, car la fabrication d'un être humain est extrêmement coûteuse. « Mieux vaut un beau bébé gentil et calme que deux bébés grognons et insupportables », disait la publicité. Et le docteur Zinzin, lui, pensait que beaucoup de guerres et de disputes découlaient de la jalousie entre frères et sœurs… et que c'était beaucoup mieux ainsi.
Oui, mais voilà… Deux ou trois ans après avoir reçu leur unique bébé, tous les parents désirèrent un petit frère ou une petite sœur ! Ils téléphonaient alors au docteur Zinzin. « Impossible, leur répondait froidement le ministre des Bébés. Vous n'aviez droit qu'à un exemplaire unique. » Et il leur raccrochait au nez. La déception des parents était terrible ! À l'exception des chanceux, qui gagnaient à la tombola, au loto ou à la fête de l'école, et repartaient avec un bébé tout neuf en cadeau, les familles n'avaient que des enfants uniques.

La plus belle invention de tous les temps

C'est à cette époque que le ministre des Bébés conçut une machine extraordinaire : la « photocopieuse d'enfants ». Il suffisait d'installer un bébé à plat ventre, tout en haut d'une sorte de toboggan, et, après un éclair de lumière suivi d'un grand « Cling – Dong – Pouizzz » et une attente de cinq minutes, on voyait ressortir deux bébés identiques au bas du toboggan ! La première fois, c'est à la télévision que cette

machine à photocopier fut présentée. Le docteur Zinzin était fou de joie.
– C'est la plus belle invention de tous les temps ! déclara-t-il. Les parents pourront avoir autant d'enfants qu'ils le voudront. Et comme ils seront tous pareils, adieu la jalousie ! Tout le monde s'entendra merveilleusement bien, et si l'on va jusqu'au chiffre 11, on pourra même constituer une équipe de foot ! Ahaha !
– Et peut-on photocopier d'autres choses ? demanda le journaliste de la télévision.
Le docteur Zinzin prit l'air gourmand – celui d'un enfant devant un éclair au chocolat.
– On peut TOUT photocopier ! répondit-il. Une femme de ménage dévouée, un enfant doué en calcul, un bon gâteau au chocolat réussi, un petit chien savant !
Et il leva le doigt d'un air fou.
– Dans quelque temps, je photocopierai notre planète !
Et il chuchota :
– Je compte procéder aussi à ma propre photocopie... hihi !
Et il ajouta :
– Je vais également autoriser les parents à se photocopier eux-mêmes. Ainsi, ils n'auront plus besoin de chercher une nounou pour garder leurs enfants ! Une maman se rendra au travail, et l'autre restera à la maison...
– C'est formidable ! Extraordinaire ! Vive le docteur Zinzin ! applaudirent les parents devant leur poste de télévision.

« Un bébé rose et gentil, s'il vous plaît ! »

Tu imagines bien la suite... Tout le monde se précipita pour essayer cette machine à photocopier ! Par paresse, pour leur premier enfant, les parents se contentaient de choisir sur un modèle déjà existant. On guettait les petits bébés roses et joufflus, gentils, et pas trop pleurnicheurs.
– Tu me prêtes ton bébé ? demandait une maman à une autre. Il est gentil, il ne crie pas et ne bave pas trop. Je vais en faire une photocopie.

– D'accord, mais tu me le rends vite, hein ?
La fabrication des familles nombreuses était encore plus simple : il suffisait de placer l'aîné sur le toboggan magique et hop, cling-dong-pouizz ! cinq minutes après, le numéro 2, strictement identique au premier, sortait de l'autre côté, en poussant le même cri, avec le même sourire – même chose pour le numéro 3… Et hop, en vingt minutes, cinq enfants !
Au moment de la naissance, un médecin attrapait le bébé gigoteur et vérifiait que la copie était bien conforme en tout point à l'original. « C'est parfait ! disait-il. C'est vraiment son frère. Douze grains de beauté, une petite tache derrière la nuque, deux pieds potelés. Félicitations aux heureux parents. »
Et les parents repartaient, souriants, avec deux bébés – et parfois, trois, quatre, six, huit, neuf… Il y avait des familles d'enfants blonds aux yeux noisette et aux taches de rousseur, avec un caractère gentil et bavard, des familles de bruns aux yeux verts et tempérament rêveur. On nageait dans un océan de « pareil ». D'autant plus que tous les enfants faisaient la même chose au même moment.
Quand un frère numéro 1 réclamait une crêpe, on entendait « moi aussi », « moi aussi », « moi aussi » multiplié par neuf, et il fallait neuf crêpes en une seconde, sinon le deuxième piquait une crise, donc le troisième aussi, et tout le monde se mettait à piquer une crise de colère. Jusqu'au premier qui repiquait une crise de sanglots parce qu'il avait fini sa crêpe numéro 1 et en réclamait une autre, comme son frère numéro 5 qui venait de la recevoir. Et cela redéclenchait une crise… C'était la même chose pour les activités. Si vous aviez coché « activité : piano » sur le catalogue pour votre premier bébé, vous deviez tous les emmener au même moment, chez le même professeur, prendre leur cours en même temps, à la même minute ! À la maison, ils voulaient tous faire du piano en même temps – il fallait donc acheter et caser neuf pianos dans le même appartement ! À l'école, les classes étaient remplies d'enfants qui se ressemblaient absolument tous, qui levaient la main en même temps, parlaient en même temps et disaient exactement les mêmes erreurs ! À la piscine, quand l'un des frères refusait de plonger du grand plongeoir de trois mètres, les autres refusaient

aussi de plonger, et tous hurlaient les mêmes cris au même moment.
À la maison, les mamans étaient sur les nerfs, car les enfants avaient les mêmes maladies au même moment, les mêmes caprices (« Je veux une Danette à la vanille et rien d'autre ! »), et les mêmes crises à table. En rentrant de l'école, quand le numéro 1 disait : « Il sent drôlement bon, ton gâteau ! », ce qui faisait plaisir à maman, le numéro 2 répétait, jusqu'au numéro 4 ou 5. À l'inverse, pour le chou-fleur ou les épinards, c'était : « Berk, le chou-fleur... Berk, le chou-fleur... Berk... » Et ils allaient tous jeter leur assiette de chou-fleur dans la poubelle, à la queue leu leu, du numéro 1 au numéro 5.
Le plus compliqué, c'était pour le pipi et le caca.
Quand l'aîné disait : « J'ai envie de faire pipi », tous les enfants criaient : « Moi aussi, moi aussi j'ai envie », « Je veux faire caca », « Moi aussi je veux faire caca », « ... caca », jusqu'au petit dernier qui faisait caca. Pour les parents, c'était vraiment terrible : il fallait installer neuf pots car ils ne pouvaient pas passer l'un après l'autre, puisqu'ils faisaient leurs besoins tous en même temps. Pour le pipi, ça allait encore, on pouvait aller sur le bidet, mais pour le reste...
Après quelques mois vécus avec ces « enfants photocopiés », ces histoires de pipi-caca, de cours de piano, les mamans piquèrent une vraie grosse crise de fatigue. Et les papas descendirent dans la rue en hurlant : « Nous voulons des enfants... différents ! Nous voulons des enfants différents ! Être pareil, c'est Zinzin. À bas le docteur Zinzin, démission ! »
Le docteur Zinzin était très surpris :
– Vos enfants sont gentils ? Ils s'entendent bien ? Ils jouent ensemble ?
– Non ! dit une maman. Ils vivent les uns à côté des autres, mais ils ne jouent pas ensemble. Ils ne se regardent même pas. C'est comme s'ils se voyaient dans un miroir. Ça n'a aucun intérêt.
À cette époque-là, le docteur Zinzin fut remplacé par un autre ministre des Bébés, nettement plus raisonnable, qui proposa aux parents de s'inspirer des bonnes vieilles méthodes pour faire des bébés. Et tout le monde recommença à se faire des

câlins, gouzis, bisous-bisous... Et le bébé passait neuf mois dans le ventre de sa mère, à se préparer, dans le plus grand secret !
On redécouvrit l'immense plaisir de voir naître un bébé tout à fait différent, un bébé que l'on n'avait ni prévu, ni même imaginé dans ses rêves ! C'était comme un cadeau de la vie. Au début, bien sûr, cela donna un petit coup au cœur aux parents – car il fallut se réhabituer à la surprise. À la naissance, dans les hôpitaux et dans les cliniques, les parents écarquillaient les yeux : « Oh, il a un petit bout de nez rond ! Comme il est mignon ! » « Oh, il a un petit grain de beauté sur le bout du nez, comme c'est chou ! » Et c'était ça, la différence. Un bébé était un être unique, différent de tous les autres, qui ne ressemblait à personne.
Dans tout le système solaire, sur toutes les planètes, y compris sur la planète Terre, on adopta cette façon de faire les bébés. Plus personne ne voulait entendre parler des machines à photocopier les bébés. Alors, on les piétina, on les détruisit, jusqu'au dernier boulon, et on les jeta du haut de la planète. Quel intérêt aurait-on eu à vivre dans un océan de pareil ? Avec les mêmes têtes ? les mêmes paroles ?
De ces terribles machines à photocopier, il ne reste aujourd'hui que le souvenir... Bien ancré au fond de chacun de nous.
C'est peut-être la raison pour laquelle, aujourd'hui encore, les enfants ne supportent pas qu'on les « copie ». Quand tu vois ton petit frère te copier, ou ta copine faire le même dessin que toi, quand ta maman ne t'habille qu'avec les vêtements déjà portés de ta grande sœur, il te vient des énervements tout à l'intérieur de toi. Des énervements, un peu de colère, et parfois un peu de peur aussi, car nous sommes uniques – et nous voulons qu'on le reconnaisse ! Si nous sommes identiques à quelqu'un d'autre, est-ce que nous ne cessons pas un peu d'exister ?
Certains disent que le professeur Zinzin s'est passé plusieurs fois dans la machine à photocopier et qu'un de ses exemplaires court toujours sur la planète Terre. Ça, c'est possible... Mais on ne le laissera pas faire, n'est-ce pas ?

CÔTÉ PARENTS

Tous différents !

À entendre les psys, notre société évolue en ce moment dans une sorte de peur de la différence, de « phobie des ruptures ». Il faudrait que nous soyons tous pareils, que nous ayons le même âge, le même comportement, que nous soyons tous chaussés de baskets, que nous portions les mêmes marques et que nous buvions tous du Coca-Cola. Certains élèvent les enfants de la même manière, craignant de les voir souffrir s'ils s'aperçoivent… qu'ils sont différents des autres. Mais ne sommes-nous pas, chacun d'entre nous, des individus radicalement, essentiellement différents ?

C'est assez grave d'élever les enfants dans ce souci de conformité. L'école aussi se plie à cela ; quel parent n'a pas aujourd'hui la crainte, en livrant son enfant à l'école, de le voir calibré comme dans un cageot de tomates ? de le voir entrer dans un moule ? Le « formatage » est un grand trait de notre époque. C'est ce que donnent à voir des études (comme celle de l'Inserm) sur la délinquance ou l'échec scolaire dès le plus jeune âge ! Trop calmes ? Ils seront épinglés comme introvertis. Agités ? On les taxe d'hyperactifs. Comme si tout ce qui débordait d'une prétendue et supposée norme (l'« enfant parfait », vif, mais qui n'embête pas les autres) était fatalement suspect… Bref, comme si l'enfant différent était névrosé.

Quant aux parents, baignés dans un univers de compétition dans l'entreprise et dans la société en général, anxieux devant l'avenir de leurs enfants, ils pensent : « Je veux que mon enfant ait tous les atouts en main pour réussir ! » C'est pourquoi ils ne supportent pas non plus les « particularités ». Au lieu de les exploiter, ils cherchent à rendre l'enfant conforme à ce que la société attend : bon en maths, rapide, super-doué en français, etc. C'est ainsi que la peur de l'avenir nous rend frileux… Et prompts à transformer nos enfants en clones et en petits caméléons. Cette attitude ne fait qu'encourager les sentiments d'intolérance à la différence… Et de racisme.

Aidez-le à être lui-même

Il faudrait apprendre à chacun de nos enfants que, justement, ce qui nous plaît en lui, c'est qu'il est différent de l'autre, c'est ce qui fait qu'il existe, lui. Et qu'il est unique comme un trésor peut l'être. « Bien traiter un enfant, explique la psychologue Patricia Chalon[1], c'est être à l'affût de la différence, à l'écoute de l'enfant dans ce qu'il a d'unique. » Alors, ne dites pas « les grands », « les petits », « les filles, les garçons ». Et réservez-lui des petits moments rien qu'à lui (ne serait-ce que pour accompagner Pierre au tennis, aller chercher Emma à la danse...). Les moments seul à seul sont importants.

Incitez-le à avoir des passions

C'est en ce sens qu'il vaut mieux le pousser à « devenir ce qu'il est », à faire vraiment ce qu'il aime. C'est ce qui nous séduit, que ce soit chez un enfant ou un adulte, le fait qu'il soit « plein de lui », c'est-à-dire empli de ce désir d'être lui-même. C'est aussi ce qui nous plaît chez les adultes passionnés – les passionnés sont passionnants, c'est bien connu.

L'histoire du petit caméléon (voir p. 000) est une démonstration par l'absurde de ce qu'il faut éviter de faire pour avoir des copains ! Séduire l'autre en lui ressemblant... n'a jamais aidé personne à se faire des copains.

On ne peut pas plaire à tout le monde

Il est préférable d'avoir quelques amis, que l'on a choisis, plutôt que s'entendre avec tout le monde. Les amis sont aussi révélateurs de nos choix de vie. Expliquez pourquoi vous vous entendez bien avec vos amis, expliquez la différence entre simple connaissance, copain, ami...

---

1. Auteur de *De la bienveillance à la bien-traitance*, Marabout 2007.

Quelques phrases clés

★ « Ne cherche pas à ressembler aux autres. »
★ « Je n'aime qu'une personne : c'est toi ! »
★ « Ça, c'est une couleur qui te va très bien, à toi. »
★ « Tu es vraiment très fort en… calcul, en dessin, en musique… »

Le petit caméléon qui cherchait un copain

– Mère, je suis seul, je m'ennuie ! dit le jeune caméléon.
– Trouve donc un copain, répondit sa maman, occupée à gober une mouche.
– Ah bon ? Pourquoi ?
– Quand on a un vrai copain, même si c'est une brindille ou une vieille mouche crevée, on s'amuse toujours. Vous pourriez jouer à mesurer la taille de vos langues. C'est rigolo.
– Oui, mais comment se faire un copain ? interrogea le jeune caméléon.
– Il suffit d'être comme les autres, car les autres détestent ceux qui ne leur ressemblent pas, répondit sa mère. Les autres n'aiment que ceux qui leur ressemblent. Pour nous, caméléons, c'est très facile. Si tu croises un lapin, tu deviens lapin, si tu croises un puceron, tu deviens puceron, tout comme lui. Tu penses comme lui, tu ris comme lui, et vous devenez copains comme cochons. Moi, un jour, j'ai croisé ton père, je suis devenue comme lui.
– Et alors ?
La maman caméléon soupira et bâilla à s'en décrocher la mâchoire.

Le jeune caméléon s'en fut. Le premier être vivant qu'il rencontra fut un lièvre.

Il s'approcha de lui et prit sa jolie couleur rousse. Et comme il était très doué, il attrapa des moustaches, de longues oreilles et de longues dents de lapin.
– Tiens donc ! fit le lièvre, intrigué. Qui es-tu, toi ?
– Ben... un lièvre, pardi ! répondit le caméléon. Tu veux être mon copain ? On fait la course ?
– Bof, grimaça le lièvre. C'est tout ce que tu me proposes ? Tu n'as pas beaucoup d'imagination. Si au moins tu avais été une tortue...
Et il détala.
Le caméléon soupira et continua son chemin. Il se trouva bientôt nez à nez avec une tortue. Il fit un gros effort de concentration, s'approcha d'elle, devint vert et ridé, avec une carapace ! C'était un caméléon vraiment très doué.
– Tiens, tiens, tiens... Qui es-tu donc ? demanda la tortue.
– Je suis très, très lente, j'ai des rides partout, j'ai l'air renfrogné et je suis très vieille. Bref, je suis toi.
– Espèce d'insolent, fit la tortue en rentrant sa tête et ses pattes dans sa carapace. Allez, file, malpoli, sinon je t'écrase comme une mouche ! Et puis, qu'est-ce que tu es vieille et laide !
Le jeune caméléon était triste. Il avait voulu être tout sauf malpoli ! Il avait simplement voulu être comme elle ! Il marcha tout droit devant lui et goba cinq mouches d'affilée, pour se donner du cœur au ventre. « Contrairement à ce que dit maman, pensa-t-il, ça n'est pas facile de se faire des copains. Et pas facile non plus d'être comme les autres. »
Soudain, devant lui, sur la route, il aperçut un chapeau à carreaux en tweed anglais. Il s'approcha et, à son contact, acquit de superbes carreaux.
– Aow, qui es-tu ? demanda le chapeau en tweed.
– Je suis comme toi, tu vois, je suis en tweed, répondit le jeune caméléon. Si je m'installe près de toi, on sera deux chapeaux en tweed et ça sera rigolo.
– Ça m'étonnerait, répondit le chapeau. Je trouve qu'il n'y a rien de plus ennuyeux au monde qu'un chapeau en tweed qui couvre les oreilles. Je ne sors que quand il fait froid, j'entends des idioties toute l'année en anglais, en plus, et quand il fait beau, on m'oublie facilement pendant des mois en haut d'un

placard. Alors franchement, je n'ai pas envie de me voir en double. Tu peux aller ton chemin, mon vieux. Ce qui peut m'arriver de mieux, c'est de croiser un lièvre, qui me ferait battre le cœur tout en haut de ses oreilles. Ou bien une tortue, qui m'adopterait comme protège-carapace et me ferait goûter la douceur de vivre. Alors, bye bye...
Le jeune caméléon se sentit vraiment très découragé. Il pensa que, décidément, sa maman n'avait pas tout à fait raison quand elle disait qu'il fallait être « comme son copain ». Il traîna des pattes en poursuivant sa route.
Il rencontra un renard... et devint roux comme lui. Et comme c'était un super-caméléon très doué, qui apprenait de mieux en mieux, il eut même l'œil mielleux et le sourire en coin des renards futés, les oreilles qui frétillent.
Le vrai renard s'approcha.
– Hmm, j'ai faim-faim-faim. Mon ventre gargouille, je dévorerais un bœuf, fit le renard. Qui es-tu, toi, jeune monstre roux à chair tendre ?
– Tu ne vois pas ? dit finement le caméléon. Je suis un renard comme toi. Un peu plus petit, mais renard tout de même. Je suis futé, intelligent, mais je ne mange que des poules, des cochons, des galettes... En aucun cas d'autres renards. Ne me dis pas que toi, tu croques des gens de ta famille ?
– Mmmm...
Le renard réfléchit deux secondes en plissant les yeux, observa ses oreilles frétillantes, son air mielleux, son sourire en coin, et fit la grimace.
– Je ne suis pas sûr que tu sois un vrai renard. Mais dans le doute, je m'en vais. Je ne pourrais jamais me pardonner d'avoir croqué quelqu'un de ma famille. Je t'aurais sur la conscience toute la vie. Ça, non. Ciao.
Le petit caméléon souffla et reprit la route.
Il avait, en devenant comme les autres, échappé à la mort. Mais pas à l'ennui. Et surtout, il ne s'était pas fait le moindre copain, même en cherchant à devenir comme les autres !
Alors, il se concentra très, très fort... Il essaya de rentrer en lui-même, et il eut l'impression de pénétrer dans un labyrinthe, derrière l'un de ses yeux globuleux. C'était, à l'intérieur, fait de

chemins tortueux, de sentiers retors. Et soudain, il sentit une chaleur l'envahir. Il rougissait ! Et là, tout au milieu de la route, il entendit :
– Oh, mais regardez-moi ce rouge ! Ça alors ! C'est qui, ce superbe animal rouge ?
– Oui, un rouge un peu vif, mais pas mal, admirent les coquelicots, un peu boudeurs et jaloux.
– C'est assez original, fit un jeune perroquet.
Alors, il s'adressa au caméléon :
– Tu es perdu ? Tu veux qu'on t'aide ?
– Non, je ne suis pas perdu. Au contraire, au contraire ! répondit le caméléon. Je suis un caméléon et rien d'autre. Vous voulez jouer à gobe-mouches ? C'est le jeu préféré des caméléons.
– Ah oui, ça oui ! s'exclama le perroquet.
C'est ainsi que le petit caméléon retourna chez lui, en compagnie d'un perroquet, de quelques coquelicots qui gambadent, d'une hirondelle, de la tortue qui avait adopté le chapeau en tweed, et de quelques mouches crevées. Le lièvre était déjà parti très loin.
Le caméléon garda une bonne leçon de son aventure... Il se dit qu'être complètement comme les autres, ça n'aidait pas du tout à se faire des copains. Mais ça l'aiderait, de temps en temps, à échapper au renard, au loup ou aux autres animaux qui voulaient le dévorer... Un peu comme les poissons prennent la couleur de la rocaille ou des pierres pour échapper à ceux qui veulent les manger. Dans tous les autres cas, quand sa vie ne serait pas en danger, il resterait lui-même.
C'est depuis ce jour-là que, de temps en temps, il arrive au caméléon de devenir rouge cerise. On appelle ça une « crise de caméléon ». Une petite colère, si tu veux. Une façon de dire aux autres : « Hé, oh, moi aussi, j'existe ! Regardez-moi ! Moi, je suis comme ça et pas autrement. » Et dans ces cas-là, il est vraiment lui-même...

Le petit papillon amoureux d'une rose

Je vais te raconter l'histoire d'Aristide, le papillon jaune qui était amoureux d'une rose. On dit que les roses sont fragiles ? Les papillons aussi le sont ! Surtout Aristide...
Pendant des années, Aristide avait été malmené par les tornades, les ouragans, le tonnerre, les éclairs... enfin, bref, tous les caprices de la météo. Mais ces jours-ci, c'est une rose qui jouait à l'ascenseur avec son cœur. C'était comme si elle appuyait sur un bouton pour l'envoyer en haut, en bas, en haut, en bas...
Cinquième, dixième, quinzième étage... Et tu sais pourquoi, n'est-ce pas ? Parce qu'elle se moquait un peu de lui !
Quand elle boudait et fronçait les pétales comme des sourcils, il se sentait dégringoler au rez-de-chaussée. Boum.
Mais quand elle le regardait en papillotant des cils, alors là, son cœur filait tout droit au quinzième étage ! Ziiii !

Le pire, c'est que tout cela ne déplaisait pas trop au papillon. Tu sais, faire du manège toute la journée, des loopings et de la grande roue, ça n'est pas si désagréable. Ça fait même oublier que la rosée du matin est trop fraîche, ou le ciel trop gris. « Le gris ? Je déteste cette couleur, pensait le papillon, je n'aime que le rose. » C'est la raison pour laquelle il venait, tous les jours, saluer son amie la rose.
– Bonjour, dit, ce matin-là, le papillon à la fleur.
Silence.
– Bon-on-jour, la ro-se ! fredonna le papillon têtu.
Il faut les connaître, les roses. Elles ne vous saluent pas droit dans les yeux. Parfois, elles regardent bien à côté, en coulisse, pour vous faire croire que vous n'existez pas, et parfois, elles vous lorgnent derrière leurs cils, histoire de dire : « Tu n'es qu'une crotte. »
Mais le petit papillon restait là, les ailes battantes.
Elle lui plaisait tant, la rose, avec son petit liseré sombre qui cernait chacun de ses pétales. Ça lui donnait l'air fatigué en permanence.
« Une charmante, une exquise fatiguée », pensait le papillon.
Ce liseré sombre, comme de l'encre, permettait à la rose d'écrire des petits mots en brun sombre. Il lui suffisait de se plisser pour parler. Souvent, c'était « Chutt », « Zutt », « Krott ». Plus rarement, c'était « SALUT », « HELLO TOI ».

Ce matin-là, elle écrivit, du fond de son cœur de rose, « *Ciao* », ce qui signifie « au revoir » en italien.
– Sois pas timide, chuchota le papillon, un peu bêtement.
Quand on aime quelqu'un très fort, on pense parfois que, obligatoirement, l'autre doit nous aimer. Mais c'est faux !
Là, le papillon aurait dû repartir d'un coup d'ailes. Et l'histoire s'arrêter. Mais, plus la rose se fermait, plus le papillon s'agitait au-dessus d'elle. Comme pour remplir le silence.
– Brr, dit-il, la rosée était gelée ce matin, tu ne trouves pas ?
– Ça m'a réveillé tôt, ouh là là, dit-il. Quelle douche froide !
– Tu sais combien j'ai bu de nectars aujourd'hui ? Hein, dis un peu, dis !
« SUFFIT », « STOP », « BYE BYE », écrivit la rose.

– Pourquoi stop ? Pourquoi bye ? T'as pas envie de parler, dis, la rose ?

Tous les jours, pour se faire remarquer d'elle, pour être un héros aux yeux de la rose, il s'inventait des nouvelles actions d'éclat. Il était sorti en deux dixièmes de seconde de sa chrysalide, il connaissait toutes les fleurs du jardin, il pouvait battre des records de battements d'ailes cent fois sans s'arrêter, en avant, en arrière, sur le côté.
Ce matin-là, le silence de la rose rendait le papillon un peu plus bête encore.
– Je ne t'ai pas dit la grande nouvelle ! fit-il. Hier, j'ai été filmé. Eh oui, filmé ! Un type avec une barbe de trois jours et des lunettes noires. Je suis sûr que c'était pour le grand cinéma. Du coup, j'ai fait des efforts de salsa. T'aurais vu ça !
– Comme ça, disait-il, et il se dandina à gauche et à droite.
– Tu veux que je te montre ?
« SUFFIT ! OUSTE ! » écrivit la rose.
– Ah, c'est sûr, je pourrais faire de la figuration, et peut-être même plus. T'as vu le film *Microcosmos*, hein ? Les histoires d'insectes qui se font des bisous sur les branches d'arbre ou dans les fleurs ? Qui boivent d'ÉNOOOOOOOOOORMES gouttes d'eau ?
La rose sortit un de ses yeux de côté, ceux qui savent si bien dire « Crotte ». Pire qu'une épine qui vient s'enfoncer dans le cœur. Et elle éleva la voix :
– Tu vois, là-bas, les petites pâquerettes ? Va donc leur conter fleurette. Elles, elles adorent être tutoyées.
Et elle regarda une autre fois par-dessous.
– La vie est courte et tu m'ennuies.
Cette fois-ci, le cœur du papillon tomba d'un seul coup au sixième sous-sol, avec odeur désagréable de parking et de pots d'échappement.
Il en devint tout gris et tout triste, sans doute à cause de la pollution intérieure.
Il avait l'impression qu'un petit enfant était en train de déchirer son aile de papillon très doucement, le plus doucement du monde, en tirant la langue. Le papillon partit

dans l'air glacé. Et il se promit d'oublier la rose, jusqu'à la dernière de ses fronces.

La leçon du limaçon

C'est alors qu'il entendit une voix. Une voix venant de très, très bas.

– Hé, toi ! Tu t'y prends mal, fit le limaçon.

Le papillon le gratifia, à son tour, d'un regard par-dessous, qui disait « crotte ». Au moins la rose lui avait-elle appris ça : le mépris ! Quand on vous en donne, vous en donnez aussi... C'est logique et mathématique. Mais le limaçon l'ignora superbement.

– Cache-toi un peu plus, tais-toi un peu plus, dit-il. Comment veux-tu qu'elle ait envie de te voir, si tu papillonnes sans cesse autour d'elle ? C'est impossible ! Fais-toi petit comme le silence. Fais-toi plus petit et vole plus haut !

Là, le papillon écarta bien ses oreilles – je veux dire ses ailes.

– Si tu disparais, elle pensera à toi, elle te rêvera, doucement. Tu peux lui écrire, aussi. Les petits mots doux, ça fait grandir le désir, bien mieux que les bavardages. Écrire, c'est parler de loin, parler à côté. Ça plaît aux roses. Elle pensera à toi. Elle te rêvera, doucement. Tu seras différent. Alors, quand tu viendras, avec beaucoup de douceur, laisse-lui poser une question. Et réponds-lui un peu à côté, comme elle te regarde de côté.

– Ça veut dire quoi « répondre à côté » ? interrogea le papillon, qui disait tout ce qui lui passait par la tête et sans réfléchir.

– Par exemple, « le ciel est recouvert d'une sorte de coton », « la rosée est comme du thé ce matin ». Parfois, répondre à côté, c'est aussi ne rien dire. Prends modèle sur ta manière de voler et virevolter. Et ton silence sera plein de mystère.

– Et alors ? demanda le papillon bavard. Alors quoi ? C'est quoi cette embrouille ?

– Alors, peut-être verras-tu ses pétales frémir, un tout petit peu s'ouvrir. C'est adorable de voir ainsi le cœur de l'autre. Et alors tu sauras qu'elle a envie de te voir, de t'entendre.

Le papillon demanda :

– Comment un limaçon fait-il pour aussi bien connaître les roses ?
– Simple question de bon sens, répondit le limaçon. Allez, ciao, l'ami. N'oublie pas que tu as la chance d'être un papillon. Moi, je ne suis qu'un asticot.
Et il fila d'un seul coup dans la terre.
Alors, le papillon partit. Et il écrivit à la rose.
Il écrivit de petites poésies, des haïkus, mini-mini-messages de trois lignes que lui avait enseignés un de ses cousins éloignés du Japon.
« Vous êtes le cœur du monde », écrivait-il. « J'aime votre odeur de bisou », osait-il, plus hardi.
Quand elle recevait ces messages, le cœur de la rose vibrait.
Elle aurait pu lui répondre, mais à quoi bon ?
C'était si bon d'être aimée, en silence.
La rose s'aperçut qu'il était délicieux d'attendre quelqu'un, même si ça faisait froncer un peu plus le cœur, même si ça faisait vieillir plus vite. Au moins se sentait-elle vivre, et respirer. « Avant, pensait la rose, je cherchais à me protéger tout le temps, pour m'épargner quelques fronces autour des pétales. Maintenant, je vis. »
Après quelques jours de silence, le papillon revint vers elle.
La rose avait écrit : « Enfin, toi ! Toi ! »
Le petit papillon resta un moment interdit. Son cœur partit directement au vingt-cinquième étage. Il avait envie de la serrer dans ses ailes.
Mais il se souvenait des paroles de l'asticot. Il dit simplement :
– Le cœur du pistil est comme une framboise.
Et, tandis qu'il regardait en coulisse, avec son regard « de côté », il constata que la rose était toute froncée, tout autour du cœur. Il sentit l'aile de son cœur se déchirer.
– Comme tu as l'air fatiguée, dit le papillon.
– Peut-être, souffla la rose. Ça me fait comme des mailles autour du cœur. Parfois, j'ai l'impression de suffoquer.
Le cœur du papillon, lui, se mit à faire des sauts de puce d'ascenseur, mais il n'y avait rien à faire.
– Tu sais, c'est pas grave, dit la rose. Je t'ai un peu attendu, ça m'a donné un peu d'encre dans le cœur, ainsi je peux t'écrire plus.

La rose battit des cils.
– J'aime tes petits mots doux.
Et aussi :
– Tu es un écrivain très doué. Je ne t'oublierai jamais.
Les ailes du papillon battirent si vite, si vite, qu'il crut que son cœur allait exploser. Hop, tour infernale, direction cinquantième étage.
Il avait envie de dire : « Arrêtez ! Le manège va trop vite ! On peut revenir en arrière ? »
Mais c'était peine perdue.
– Reste avec moi, un tout petit peu, et raconte-moi, dit la rose.
Alors, il raconta, son envol vers le soleil, la douce caresse de la chaleur, le vol des hirondelles. Pendant que le papillon ouvrait ses ailes, comme un livre d'histoires, la fleur refermait petit à petit ses pétales.
« Le couple est une drôle de chose, pensa le papillon. Il y en a toujours un qui parle plus que l'autre, l'un qui aime plus que l'autre. »
« Je t'ai tellement attendu, je t'aime tant, écrivit encore la rose. Avant, il suffisait que j'appuie sur un bouton comme on appelle un ascenseur ! Maintenant, je t'attends et dans cette attente il y a beaucoup de désir. Nous, les roses, on est compliquées. Le désir n'a que faire d'histoires de télécommande et d'ascenseur. Tu n'es pas un ascenseur, et mon cœur n'est pas une télécommande ! »
Le papillon se demanda si elle ne perdait pas un peu la tête, cette rose. Est-ce que les roses souffraient aussi de maladies du cerveau ?
Est-ce qu'elle était si vieille que cela ?
Il n'osait pas lui poser la question.
– Parle encore, haleta la rose. Parle jusqu'à ma dernière fronce. Je te paierai en pétales, je te couvrirai de pétales, fit-elle encore, car elle perdait vraiment la boule.
À mesure que la voix du papillon s'affirmait, la sienne diminuait.
Il parla encore et encore, jusqu'au moment où les pétales brunirent, se recroquevillèrent et tombèrent, un à un, comme des prunes trop mûres.

Le papillon attrapa le dernier au vol, juste avant qu'il ne se pose sur le sol. « Maintenant, songea le papillon, j'ai trois ailes. Deux ailes pour voler, et une autre pour me souvenir. »
Une aile faite de silence, de rêveries ; de mots en attente, faits pour être cuisinés, brassés, transformés en nectar de rose. Et le papillon amoureux pensa que, peut-être, ce jour-là, avec cette aile-là, il était devenu un écrivain.

CÔTÉ PARENTS

••••••• Amoureux, amoureuses... •••••••••

Récupérer un vieux pansement pour soigner une écorchure de sa « fiancée » dans la cour de récré, dessiner des petits cœurs à son aimé en première section de maternelle, jouer nus au papa et à la maman un peu plus tard... Les idylles des petits, dès 3-4 ans, sont loin d'être rares ! Rien à voir avec l'amitié, assurent les psychanalystes. Il s'agit bel et bien de sentiments amoureux. De quoi désarçonner les parents, qui s'interrogent : « Est-ce bien normal ? » Mais oui ! Tout simplement parce que, entre 3 et 6 ans, en plein complexe d'Œdipe, on joue et rejoue les scènes amoureuses avec une intense curiosité sexuelle. C'est encore d'Œdipe qu'il s'agit : « Tomber amoureux, chez les enfants, c'est déplacer dans le champ amical ce que l'on vit dans la famille, avec papa et maman... Et ça permet de jouer librement, et légèrement, avec ses émotions, par ailleurs un peu lourdes à supporter. D'où le bénéfice de la situation », analyse la psychanalyste Danièle Brun, auteur de *La Passion de l'amitié*[1]. Mais s'il y a pulsion sexuelle infantile, il n'y a bien évidemment pas de sexualité à proprement parler chez les enfants.

« Les adultes fantasment volontiers sur les relations entre fille et garçon. En réalité, explique la psychanalyste Catherine Mathelin-Vanier, c'est un vrai amour, mais pas érotisé de la même manière. Les enfants se font plaisir en se donnant la main, en se regardant dans le blanc des yeux, en se tapant dans le dos. » Évitons, donc, de faire intrusion dans leur jardin secret et de coller des mots d'adulte sur les sentiments des enfants : « fiancé », « petit gendre », « amoureux »... « Il y a une tendance, aujourd'hui, à vouloir faire grandir les enfants beaucoup trop vite, poursuit Catherine Mathelin-Vanier. On leur prête les sentiments des adultes... alors que c'est faux ! »

1. *Op. cit.*

On préfère

– Être discret, sans leur voler leur belle histoire.

– Être précis, et relier la sexualité au sentiment amoureux. Le mieux : que le père explique à son fils, et la mère à sa fille... Mais si l'un des deux se sent terriblement gêné, il est préférable qu'il joue franc-jeu : « Va en parler avec ton père, je ne suis pas très à l'aise avec ces questions. » Cela vaut mieux que d'exprimer une gêne pudibonde devant l'enfant.

Quand l'enfant atteint 8 ans, l'âge de raison, on peut commencer à préciser que l'on peut faire l'amour sans forcément faire un bébé.

Il regarde ailleurs, sifflote ou se rend à l'autre bout de la pièce pour ranger ses affaires ? C'est sa manière à lui de réagir, et d'exprimer une éventuelle gêne. Poursuivez, car, sans en avoir l'air, il vous écoute attentivement.

– En cas de chagrin d'amour – cela peut arriver –, ne minimisez pas, même à 6-7 ans. Dites-lui : « Je comprends que tu sois triste, c'est comme ça dans la vie. Il y a des moments plus difficiles. »

Quelques phrases clés

★ « Il y a les amours des enfants, et les amours des grands. C'est du vrai amour dans les deux cas, mais différent. »

★ « Quand on est petit, on ne fait que s'embrasser, se tenir par la main. Plus tard, vers 13-14 ans, arrive un moment où le corps change beaucoup. C'est à ce moment-là que l'on peut avoir des désirs de grand. Mais il faut encore attendre. »

★ « Je sais que tu l'aimes beaucoup, mais ça n'est pas une raison pour faire tout ce qu'il (elle) veut. Reste toi-même. C'est ainsi que l'on t'aime le mieux. »

★ « C'est bien d'être amoureux, mais il ne faut pas être trop encombrant. On ne force pas quelqu'un à embrasser, à aimer. Il faut respecter l'autre, et ce qu'il a dans la tête. Essaie de ne pas te montrer trop étouffant. On peut dire les choses doucement, comme une caresse sucrée, comme de la barbe à papa ! »

Le respect et la politesse

Le virus de la fantômite

Un jour, sur Terre, il y a très longtemps, il se produisit quelque chose de très, très bizarre : les êtres humains, sans crier gare, soudain, se fantômisaient. Oui, tu as bien lu : ils se transformaient en fantômes !
En plein milieu d'une conversation, d'un bain moussant, d'un repas à table ou d'un pique-nique, en grignotant des chips, en buvant un verre de Coca, soudain… hop ! La silhouette devenait floue, le regard trouble, la voix molle et on se retrouvait, très bêtement, à voleter dix centimètres au-dessus du sol.
La première fantômisation eut lieu dans un square. Le petit Basile, qui avait alors 5 ans, était en train de glisser sur un toboggan, quand un autre garçon lui fonça dedans tout net. Bing ! Pof ! Pouizzzz ! Basile s'affina comme de la gaze. Quand il ouvrit la bouche pour rouspéter, sa voix était minuscule comme un filet d'eau.
– Au secours ! murmura-t-il. Je m'évapore, je disparais !
Les parents rentrèrent à la maison, complètement sonnés, avec un petit fantôme qui trottinait en l'air à deux pas au-dessus du sol. Ils avaient l'air malins !
Le médecin, appelé en urgence, ausculta l'enfant. Son cœur battait si faiblement qu'il avait du mal à l'entendre. Mais le

plus étrange, c'est que, grâce à la transparence, on pouvait voir l'intérieur de son corps. « Au moins, rigola le médecin, je n'aurai pas besoin de faire des radiographies, ha ha ha ! » Cela n'était pas drôle. Mais le médecin était sur les nerfs, car il avait peur des fantômes.

Pendant que les taches blanches se multipliaient un peu partout, les savants se posaient des questions. Était-ce un microbe ? Une maladie génétique ? L'excès de jeux vidéo qui transformait ainsi les êtres humains en fantômes ?
On se demanda aussi si l'on assistait à une nouvelle naissance d'êtres humains – des hommes-fantômes qui volaient au lieu de marcher, chuchotaient comme des ombres.
Tout cela donnait, crois-moi, une ambiance très particulière sur Terre... Chacun pouvait, du jour au lendemain, voir son concierge, son meilleur copain ou son animal de compagnie se transformer en fantôme. (Avantage non négligeable : les cacas de chiens fantômes sentaient une odeur fantôme.)
Des chercheurs spécialisés en esprits avec leur grande loupe arrivèrent pour étudier tous ces fantômes, ce qui n'était pas très facile, car ils ne cherchaient qu'à s'envoler.
« Tenez-vous droits ! Assez de gesticulations ! Un peu de sérieux ! » rouspétaient les chercheurs, qui... cherchaient, sans rien trouver.
Après avoir étudié à la loupe quelques spécimens de fantômes, et observé attentivement quelques lieux publics (écoles, squares, cinéma...), ils en conclurent que la fantômisation pouvait se produire partout. Absolument partout ! À l'école, à la cantine, au tableau... N'importe qui pouvait se transformer en simple esprit.
Les êtres humains, mais aussi les fourmis, les orangs-outangs, les lions, les skieurs, les nageurs... Les piscines municipales étaient remplies de fantômes en maillot de bain ! Tout blancs et tremblotants. Passer de l'état de nageur à celui d'esprit était simple comme bonjour : vous étiez en train de barboter, de nager... Et soudain, hop ! Bing !
Ça n'était pas drôle, crois-moi, car les fantômes détestent l'eau comme les chats. Les maîtres nageurs devaient les repêcher

avec des filets de pêche, suffoquant, toussotant, en train de boire la tasse. Le dimanche matin vers 10 h 30, ou bien en début d'après-midi, l'excès de monde entraînait des chocs, et à chaque choc, hop, une énorme production de fantômes ! Tu vois, la vie sur Terre devenait très risquée.
Pendant quelques semaines, les Terriens n'osèrent plus sortir de chez eux, pour aller à la piscine, au cinéma ou dans les musées... Mais on s'aperçut bientôt que l'on pouvait se fantômiser à domicile ! Il y avait des heures plus propices que d'autres : le matin, avant de partir à l'école, et pendant le dîner, les fantômisations étaient très importantes.
On n'était plus en sécurité nulle part. Les journaux titraient : « Les hommes-fantômes hantent la Terre », « Qui a peur des fantômes ? » ou encore « Le stress, cause majeure de fantômisation ? »... Mais personne ne savait répondre à ces questions.
Jusqu'au jour où Zoé arriva...
Zoé avait 5 ans, et elle rentrait de l'école avec sa maman. Elle vit des grands garçons donner des coups de cartable à un plus petit. Ils hurlaient : « Face de pet ! », « Pot-pourri ! », « Rototo gluant ! ». Plus ils criaient, plus le petit garçon devenait flou et blanc... Puis, il s'envola dans les airs comme un ballon !
Zoé sauta en l'air, tout excitée.
– J'ai compris, j'ai compris ! dit-elle à sa maman. Quand on n'est pas poli avec quelqu'un, il se transforme en fantôme. Et c'est normal : comme on ne fait pas attention à lui, c'est comme si on le tuait. C'est l'impolitesse, la méchanceté, qui créent les fantômes.
– Quelle idiote ! répondit son frère en ricanant.
Et hop, Zoé se transforma en fantôme aussitôt... Ce qui prouvait à quel point elle avait raison ! C'était bel et bien l'impolitesse, le manque de respect, qui fabriquaient les fantômes... Et c'était tout à fait logique : quand tu marches sur le pied de ton copain sans t'excuser, quand tu fais comme s'il n'existait pas, d'une certaine façon, tu le transformes en mort vivant, tu ne penses pas ?
C'est pourquoi les fantômes pullulaient dans le métro, dans l'autobus, les ascenseurs, devant les cinémas, mais aussi chez le boulanger le dimanche matin... Tous les lieux où les gens

se passaient devant sans dire « pardon ». Une porte qui volait dans le visage en sortant du métro ? Hop, deux fantômes d'un coup ! Un malpoli qui passait devant toute une file d'attente ? Hop, une vingtaine de fantômes qui faisaient la queue. Un téléphone portable qui sonnait pendant un spectacle ? Et c'était brusquement, dans la salle, deux cents fantômes illico. Et sur la scène, des musiciens qui volaient au-dessus de leurs instruments.

Le pire avait lieu pendant les départs en vacances. À cause des insultes, des queues de poisson et des pieds de nez, les voitures se retrouvaient remplies à ras bord de familles de fantômes, qui hantaient bêtement, à trois pieds au-dessus du sol.

Ils tentaient tant bien que mal de s'agripper au volant pour ne pas s'envoler, mais valsaient les quatre fers en l'air dans la voiture. Les stations-service étaient hantées par les fantômes, qui se retrouvaient à faire la queue pour aller faire pipi !

Même chose dans les trains et les avions. Les hôtesses de l'air, qui doivent souvent supporter l'impolitesse, étaient devenues des fantômes – avec petite jupe, petits souliers talons, et la plus grande peine à pousser leur chariot.

Elles s'égosillaient, d'une minuscule petite voix : « Thé ou café ? »

Dans les écoles ? N'en parlons pas ! À la cantine, les petits fantômes, groupés en l'air près du lustre, effectuaient un vol piqué pour chiper une ou deux frites et quelques saucisses dans les assiettes de ceux qui étaient encore des écoliers en chair et en os.

Dans les cours de récréation, les maîtresses tenaient en laisse des grappes de fantômes comme des ballons, jusqu'au moment où mamans, nounous et papas allaient chercher leur petit fantôme en laisse.

Les mamans qui s'étaient déjà fantômisées voletaient jusqu'à l'école, et alors c'était les enfants qui les tenaient par la laisse pour rentrer à la maison. Tu parles d'un bazar.

Peut-être te demandes-tu pourquoi les impolis, les grossiers, les moqueurs, eux, restaient des êtres humains en chair et en os. N'était-ce pas profondément injuste ? Pas tant que cela. Car la vraie punition, sache-le, ça n'est pas d'être un fantôme...

mais de vivre avec eux ! Ils tournent autour de toi comme des mouches et ils te murmurent des choses tellement bas que tu as l'impression d'être sourd. « Parle plus fort ! Imbécile ! » hurlaient les mufles. Et les fantômes, sous l'effet des insultes, devenaient aussi fins que de la fumée de cigarette, tu vois... Mais on ne peut rien faire avec de la fumée de cigarette, ou avec de la vapeur d'eau : ni jouer aux dames, ni faire une bataille de polochons, ni se battre, ni rigoler !

Vivre avec une maman fantôme n'offrait aucune espèce d'intérêt. Certes, elles disputaient moins fort et étaient, en apparence, plus douces. Mais, d'un autre côté, elles ne pouvaient plus ni faire de câlins ni vous embrasser. Les fantômes n'embrassent pas, n'aiment pas.

En fait, vivre avec un fantôme, c'était un peu comme essayer de manger un gros gâteau au chocolat... qui se transformait en eau gazeuse dans la bouche !

Subitement, chacun des impolis, dans son coin, comprit qu'il était temps, vraiment temps, de cesser les impolitesses... Sinon, ils risquaient de se retrouver tout seuls... perdus au milieu de gaz tout blancs – donc seuls avec eux-mêmes, sans avoir personne à qui parler.

Alors, chacun des grossiers personnages se mit à redoubler de politesse envers les fantômes.

Au lieu de les écrabouiller, ils leur tenaient la porte avec un grand sourire : « Après vous, très cher », « Oh, je n'en ferai rien », « Je ne vous dérange pas, au moins ? », « Prenez donc le dernier gâteau... Si, j'insiste ! », « Non, non, vous n'avez pas mauvaise mine, disaient-ils aux fantômes. Vous êtes juste un peu pâlot ! Voulez-vous que je vous emmène faire un petit tour ? Après vous, mon cher »...

On adopta d'autres codes de conduite. Plus jamais on n'interrompit l'autre pendant la conversation, plus jamais on ne péta, plus jamais on ne fit comme si l'autre n'existait pas...

Du coup, tous les fantômes se mirent bizarrement à reprendre une certaine consistance. Ils se transformaient à nouveau en êtres humains. Ils étaient soudain plus lourds, sur terre. « Je ne compte pas pour du beurre ! s'exclamaient-ils. Je vis ! Je suis quelqu'un ! On a reconnu mon existence ! »

Partout, on recommença à marquer du respect, et de la générosité, et de la politesse envers les autres. Le matin, dans les cuisines, personne ne faisait jamais la tête. On demandait : « Veux-tu du beurre ? Veux-tu le fond de Nutella ? », au lieu de racler le pot en douce ou de terminer la dernière tranche de gâteau.

Et les mamans cessèrent de répéter dix fois les mêmes choses, car les enfants obéissaient dès la première fois.

Et on pria, on supplia le ciel pour que les fantômes, ces êtres déprimants, sans chair et sans saveur, qui ne savent même pas faire des bisous ni prendre dans les bras, ne reviennent plus jamais sur terre.

Quant à la petite Zoé de 5 ans... elle fut applaudie et remerciée par tous, car elle seule avait percé le secret des fantômes et de l'impolitesse. Bravo, Zoé ! Sous l'effet des bravos, elle se sentit revivre, et ouf... en un rien de temps, elle repassa de l'état de fantôme à celui de petite fille !

Un peu plus tard, quand elle sut écrire correctement, elle attrapa son stylo et commença à écrire cette histoire incroyable, l'histoire de ce temps où les fantômes étaient devenus plus nombreux que les hommes, ce qui avait rendu la Terre triste à mourir. Heureusement, tout cela était bel et bien fini...

CÔTÉ PARENTS

La politesse, c'est montrer à l'autre qu'il existe

Il semblerait qu'aujourd'hui, depuis la « rupture » d'après Mai 1968, on n'éduque plus vraiment nos enfants à la politesse. Nous serions dans une « société narcissique anxieuse » où, disent les sociologues, tout ce qui compte, c'est d'en faire des petits killers prêts à marcher sur les pieds du copain pour réussir.

Il y a aussi cette détermination parentale à être « cool » à tout prix. Les parents craignent comme la peste l'autorité, car ils confondent trop souvent autoritarisme – pédagogie noire – et simple autorité. Leur idée fixe ? Mon enfant doit pouvoir s'épanouir librement, sans pression, sans contrainte. Il y a, ces temps-ci, une vénération apportée à l'enfant-roi, l'enfant tout-puissant, celui qui n'est objet d'aucune contrainte, comme si nous cherchions par cette adoration au petit prince à soigner notre propre vulnérabilité. Mais les enfants ne sont pas tout-puissants, ils ne sont pas des petits rois, et si nous ne mettons pas de limites à leur désir, à leur toute-puissance, si nous les autorisons à être impolis, ils risquent d'être très malheureux au milieu des autres.

Car, derrière la politesse, il y a beaucoup plus qu'un « code suranné » à la Mme de Rothschild ! Être poli, c'est d'abord respecter l'autre, son vis-à-vis, lui montrer qu'il existe – dans sa réalité, et qu'il n'est pas... un fantôme.

Respecter l'autre, c'est reconnaître aussi que l'on n'est pas seul sur cette terre. La politesse en berne aujourd'hui ne serait que le symptôme de cet irrespect de l'autre. C'est pour cela qu'il faut éduquer les enfants aux règles les plus élémentaires de la politesse : tenir la porte, sourire, bonjour, merci, s'il te plaît... Tenir la porte et sourire... Et il faut le répéter, et répéter encore.

« Si l'on n'a pas éduqué ses enfants au strict minimum, si l'on n'a encouragé en eux qu'un narcissisme débordant, ils risquent d'être rejetés par leurs pairs et ne pourront puiser dans leur regard cette bienveillance qui nourrit la confiance en soi », analyse le psychiatre Christophe André. Leur donner de l'amour, de l'affection, d'accord... Mais aussi des nourritures éducatives. C'est en cela que la politesse est si importante... Elle évite de se retrouver face à une armée de fantômes !

Comment lui apprendre à être poli

– En donnant le bon exemple. Et en marquant le coup. MERCI bien fort, S'IL TE PLAÎT...

– En proposant notre place dans le bus ou le métro aux personnes plus vulnérables, plus âgées... et aux femmes enceintes, qui régulièrement passent inaperçues ! Cela s'appelle le respect...

– En respectant son enfant aussi. C'est ce que Françoise Dolto préconisait : « On doit agir avec l'enfant comme avec un hôte de marque » – autrement dit comme un individu digne d'être respecté. Si on lui hurle des consignes d'un bout à l'autre de l'appartement, on enclenche déjà le processus de l'irrespect. Il vous le retournera de façon impitoyable.

– Certains enfants, plutôt timides, n'articulent pas le « bonjour », mais apportent un dessin, regardent leurs chaussures... C'est une manière pour eux de s'exprimer. En ce cas, avec les petits, on évite le forcing, mais on peut « traduire » à l'interlocuteur : « Je vois que tu as dit bonjour en apportant un dessin à la maîtresse, c'est ça ? » Ainsi, on l'encouragera à passer du signe au signifiant.

– Pour les plus grands, on interroge : « Tu n'as pas oublié quelque chose ? », « On ne t'a pas entendu »... Ce n'est pas parce qu'on est en famille qu'on doit manquer de respect les uns envers les autres.

– La politesse due aux parents est incontournable : les parents sont les modèles. On ne dit pas « il » ou « elle ». Quant aux mots interdits, c'est simple : ils sont réservés aux copains, ou à la chambre. Il ne s'agit pas de les obliger à les refouler, mais à leur « limiter le territoire ». Ils peuvent les prononcer dans l'intimité de leur chambre. Ou même, pourquoi pas, imaginer une « boîte à gros mots », sous la forme d'une boîte à camembert vide, recouverte de papier Canson noir, sur laquelle on peut écrire « zut ». Ils l'ouvriront au moment souhaité, pour prononcer leurs gros mots... Et la refermeront aussi sec...

Quelques phrases clés

★ « Je te dis bonjour parce que, le matin, je suis contente de te retrouver. J'aime bien aussi que tu me dises bonjour. »

★ « À mon avis, ton "bonjour" ou "merci" est bien là... mais il reste caché dans ta tête ! Or tu dois le prononcer, le faire sortir par la bouche, pour que tout le monde l'entende ! »

★ « Si tu fais toujours la tête, tu ne peux pas espérer qu'on te sourie. »

★ « Le sourire est contagieux. C'est en souriant à l'autre que tu verras l'autre te sourire. »

★ « Si tu ne tiens pas la porte, c'est comme si tu donnais une gifle à l'autre ; c'est comme si tu lui disais : vlan ! Tu comptes pour du beurre, pour moi tu n'existes pas. »

★ « Pour les gros mots, je ne suis pas ta copine, je n'ai pas à entendre ça. »

La planète des bulles de savon

Choisis une de ces nuits noires et profondes. Regarde bien le ciel... Au beau milieu des étoiles, tu verras apparaître un petit cercle d'or dans la nuit : c'est la planète des Bulles. Tu la vois ?
Il y a très longtemps, cette petite planète était habitée par des êtres humains un peu bizarres. Chacun, garçon, fille, renard, rose, papillon fourmi..., vivait enfermé dans sa bulle !
On disait alors qu'un dieu farceur s'amusait à souffler dans ces gigantesques bulles de Malabar depuis le centre de la Terre.
Ces bulles étaient des fines membranes, qui protégeaient les individus, et qui les empêchaient certes de se battre, mais aussi de se bisouter et de se dire bonjour.
« Tout ça est parfait », pensait le dieu farceur.
Car, ainsi, les hommes ne pouvaient pas échanger un mot, ni se réunir pour décider de faire la guerre. Tout seuls, ils n'étaient pas dangereux. Mais en groupe, qui sait ce qu'ils seraient devenus ?
Alors, bien tranquillement, ce dieu s'allongeait sur son tapis de nuage, agitait ses grands doigts de pied, soufflait une bulle ou deux en arrondissant les lèvres, contemplait ses créations s'envoler dans le ciel, et se félicitait de ce grand silence. Parfois, il soupirait au lieu de souffler, car il s'ennuyait un peu.

Il n'était pas le seul, d'ailleurs. Dans les bulles aussi, on s'ennuyait ferme, à cause de la solitude. Chacun s'élevait de la terre jusqu'au ciel, grandissait tout seul et mourait tout seul, dans une minuscule explosion. Pouitch. À moins d'être né jumeau ou triplé, on était toujours seul. En revanche, on se regardait beaucoup, avec curiosité !

Parfois, par une fantaisie de la nature, un enfant pouvait naître dans une bulle cubique ou triangulaire, en forme d'oreille ou de chou-fleur. C'était un peu comme de naître sans nez, ou avec un doigt en trop, tu sais. Alors, les autres écrasaient leur nez contre la vitre et ouvraient grand la bouche, avec curiosité, comme s'ils avaient vu passer un robot intersidéral ou un champignon géant volant dans le grand ciel bleu.

Mais jamais personne ne se parlait, ne se disait : « Tu me plais », « Tu as l'air sympa », « Je veux être ta copine »... On ne faisait que monter, monter dans sa bulle comme dans une montgolfière, jusqu'à l'endroit où, dans l'atmosphère, il règne un froid de canard (– 60 degrés à peu près). Alors on explosait dans un petit « pouitch ».

Parfois, très rarement, deux personnes se rencontraient. Il y avait un coup de vent, une tornade... Deux bulles rentraient l'une dans l'autre – bing ! – et formaient un cœur. C'était magnifique, et c'était mieux que de rester seul. Mais, un peu plus tard, à cause d'un vent contraire, il arrivait que ce cœur explosât dans une larme d'eau savonneuse. Pouitch ! Et l'on se retrouvait seul encore dans le grand ciel bleu.

Afin d'éviter de telles collisions, le dieu de la planète avait fini par supprimer jusqu'à la moindre brise. Les doigts de pied en éventail, il restait là, à regarder ses créations s'élever en ordre, en rangs serrés. « Quel silence ! se félicitait-il. Et comme ils sont sages ! »

Sages, trop sages !

Et puis un jour, dans une bulle un peu bizarre, en forme de point d'interrogation, naquit un petit garçon au regard perçant et, à vrai dire, qui n'était pas si sage que ça. Quand il commença à s'élever dans les airs et à croiser d'autres bulles en silence, il en

fut tout triste. Toutes ces bulles qui ne se rencontraient pas ! Ça alors ! Toutes ces bulles qui s'élevaient, de bas en haut, ces gens au front collé contre la vitre, au regard éteint, à la bouche close, c'était un vrai gâchis ! pensait le petit garçon. C'était un peu comme si, dans une classe, certains enfants crevaient d'envie de jouer ensemble, mais s'interdisaient d'aller l'un vers l'autre.
Dans sa petite bulle, il se disait : « Ah, si toutes les bulles du monde pouvaient imploser, quel beau feu d'artifice cela ferait ! » Tu vois, c'est avec des rêves comme ceux-là que l'on transforme l'univers.
Un beau jour, le petit garçon se mit à faire de grands gestes aux enfants enfermés dans leur bulle : « Ouh ouh ! Ça va ? Tu viens buller avec moi ? Tu me plais, tu as l'air drôlement sympa. »
Les autres roulaient des yeux, effarés, faisaient non de la tête et actionnaient leur manette pour aller encore plus vite dans le ciel. Quel était donc ce fou ? Pas question d'entrer en contact, pensait-on. Si c'était pour retomber en eau savonneuse...
Mais rien ne pouvait empêcher l'explosion des bulles ! Car on n'est pas fait pour rester seul. On est fait pour jouer les uns avec les autres, se parler et s'aimer.
Un jour, tu vois, une petite fille répondit au sourire de ce petit garçon... Sa bulle explosa, ils éclatèrent de rire tous les deux et descendirent vers la terre en planant, comme avec un parachute, sans s'écraser. Ils flottaient dans l'air, portés par leur amour.
Voyant cela, tous les autres se mirent à rire, à sourire, à se faire « coucou » !
Pour faire exploser les bulles, les recettes étaient simples : il y avait le regard pénétrant, le sourire éclatant, le rire explosif, le trait d'esprit saillant. L'humour détonant fonctionnait à merveille : il suffisait de lâcher dans l'espace une bonne blague, comme « comment vas-tu yau de poêle ? » pour que tout le monde se mette à rigoler en même temps – ce qui perçait les bulles aussitôt. Et pouitch ! Pouitch ! Pouitch !
Dans la planète des Bulles, ce fut le grand chambardement. Tout le monde entrait en collision avec tout le monde.
Le dieu farceur était très en colère, comme une maîtresse qui verrait la pagaille s'installer dans sa classe. « Je vous interdis de buller à deux ! hurlait-il. Suivez votre trajectoire ! Ne vous regardez pas ! Ne vous aimez pas ! Ignorez-vous ! »

Mais quel dieu, si puissant soit-il, peut empêcher deux personnes de s'aimer ?
Deux bulles, puis trois, se rejoignaient. On découvrait que, à deux, on était encore plus fort pour faire exploser les bulles, c'est ainsi que l'on vit dix, quinze bulles, et même vingt-cinq réduites en fumée, l'équivalent d'une classe d'enfants !
Alors, en dehors des échanges de rires et de sourires, on prit l'habitude de se parler : « Bonjour, fait beau aujourd'hui ? », « Vous allez bien ? »... Et hop, la bulle explosait. Les rencontres entre bulles engendraient dans le ciel des formes bizarres : on voyait des bulles-cœurs pour les amoureux, des bulles-fleurs pour les familles (avec autant de pétales que d'enfants), des bulles-papillons...
On voyait aussi des têtes de robot, des bulles-grains de raisin, des bulles en forme de doigts de la main... Toutes les combinaisons étaient possibles ! Le petit garçon curieux riait de plaisir à voir ces ballons de forme bizarre, qui semblaient avoir été créés par des magiciens invisibles.
Le dieu autoritaire, lui, se mit à hurler : « Où sont mes belles bulles rondes pour une personne ? Bouh, moche, le papillon ! Berk, remettez-vous droit, bon sang. En rang ! En rang ! »
De guerre lasse, il créa une énorme bulle allongée, en forme de soucoupe volante, sur laquelle toutes les bulles prirent place – et il les poussa... loin, très loin, dans l'atmosphère. Cette soucoupe atterrit... sur la planète Terre – où elle explosa en atterrissant !

Tu veux être mon copain ?

Sur la Terre, les habitants purent enfin se prendre dans les bras, se toucher, jouer ensemble. C'était donc fini : les bulles n'existaient plus ! Attention, pourtant... Le petit garçon savait, lui, qu'elles pouvaient toujours revenir. Au moindre coup de pelle sur la tête, à la moindre indifférence, à la moindre langue tirée, on pouvait se retrouver prisonnier de sa bulle. Pour éviter qu'elles ne reviennent, il fallait se faire des bisous, dire « je t'aime » un peu plus souvent. Dans le métro ou l'autobus, on pouvait aussi les faire exploser très délicatement en disant, par exemple : « Vous voulez ma place ? Vous êtes fatigué ? »

Chez les petits enfants, il était encore plus facile de percer la bulle. Quand on voyait un copain tout seul et triste, il suffisait de dire : « Tu veux jouer ? », « Tu veux être mon copain ? », et parfois même seulement de faire un sourire pour percer ces satanées bulles. Ça n'était pas si difficile.
Une de ces nuits prochaines, si profondes et noires qu'il nous vient un vertige, lève les yeux, pense à ces hommes-bulles qui ont été nos ancêtres. Pense à ce dieu farceur qui pousse de gros soupirs tout seul, sur son nuage. Dis-lui de venir nous rejoindre. Dis-lui une petite phrase magique qui percerait sa bulle : « On n'attend que toi, viens ! », « Tu veux être notre copain ? »

CÔTÉ PARENTS

Lire « La politesse », p. 140.

Vous pouvez également lire « Sortez-le de son égocentrisme », p. 76.

Cendrillon et les horribles crapauds

Veux-tu savoir ce qu'est devenue Cendrillon, après le bal ? Eh bien, elle a conçu trois beaux enfants, aux yeux verts comme leur prince de papa. Cendrillon travaillait toujours au château. Elle dessinait des robes de bal, qu'elle faisait découper et coudre par les petites souris et les petits oiseaux, dans l'atelier du grenier. Toutes les princesses en âge de se marier, les jeunes, les moches, les édentées, les bossues, venaient la voir, espérant trouver elles aussi un prince très charmant ! Cendrillon ne savait pas leur dire non – car elle ne savait rien refuser à personne.

Elle consacrait ses jours et ses nuits à coudre des boutons, à ajouter des rubans, à couper des petits volants... Quand elle ne confectionnait pas des robes, elle fabriquait des gâteaux au chocolat, de la choucroute, du coq au vin et de la poularde pour son mari le prince, qui rentrait le soir fatigué, rangeait son cheval dans l'écurie, s'installait à table et s'empiffrait sans rien dire, en compagnie de ses enfants qui, eux, mangeaient, les coudes collés à la table. Si incroyable que cela puisse te paraître, les enfants de Cendrillon, quand ils eurent cinq ans, devinrent des affreux jojos.

Le matin, quand ils se levaient (du pied gauche), ils hurlaient « Môman ! Céréales ! Plus vite ! Lait tiédasse, pouah ! », sans même dire bonjour. Ils roulaient en skateboard dans les couloirs du château, la bousculaient, reniflaient au lieu de se moucher

dans des mouchoirs de lin et envoyaient valser leur cartable dans leur chambre à grands coups de pied.
Cendrillon ne disait rien. Mais, quand ils passaient devant elle sans lui dire bonjour, elle avait l'impression de se réduire en un petit tas de cendres grises.
Un matin, alors qu'ils étaient partis à l'école sans même lui dire au revoir, Cendrillon s'enfuit dans la forêt en pleurant.
Sur un arbre, un rossignol chanta :
– Cendrillon, qu'esss t'as ? Qu'esss t'as ?
– Trizt trizt trizt, elle est tritz ! pépia un moineau.
Cendrillon s'assit sur une souche d'arbre et prit sa tête entre ses mains. Derrière ses larmes, elle ne put même pas voir la pluie argentée qui tombait du ciel... Sa marraine-fée apparut, vêtue de sa robe à capuche.
Elle avait les cheveux blancs, des rides et un triple menton, car elle avait beaucoup grossi.
– Ma pauvre chérie ! dit la marraine-fée en étouffant un bâillement. Tes méchantes sœurs t'ont encore fait de la peine ? Tu veux une citrouille ?
– Nooonn, pleura Cendrillon. Je ne veux pas aller au bal... Ce sont mes enfants... ni polis ni gentils. Parfois, j'ai l'impression que ce sont les enfants de Javotte et d'Anastasie.
Cendrillon pleurait comme une fontaine, comme si toutes les larmes qu'elle avait retenues, pendant des années, sortaient enfin, à gros bouillons. Cela fit une petite flaque à ses pieds. La marraine-fée hocha la tête, pensant que, peut-être, Cendrillon avait été trop douce avec ses enfants.
La marraine-fée réfléchit en tournicotant sa baguette entre ses petits doigts dodus.
– Moui, moui, moui..., dit-elle. Je crois qu'il leur faut une petite leçon, à ces enfants-là !
Et elle chuchota un secret à l'oreille de Cendrillon...

Ce jour-là, à 16 h 30, quand ses enfants rentrèrent de l'école, Cendrillon les accueillit par un « Bonjour, les enfants chéris ! » qui resta sans réponse. Paul-Henri se dirigeait vers sa chambre en tirant ses crottes de nez quand soudain, un horrible crapaud, venu de nulle part, atterrit à ses pieds.

– Coa, coa, coa ? fit le crapaud à pustules marron, qui sentait le roquefort pourri.
D'où venait-il ? Mystère.
– Au secours ! Mamaman ! Un crapaud ! Jette ce crapaud ! Je veux pas le voir ! hurla Paul-Henri, sans même dire « s'il te plaît », ou « je t'en prie »...
Et aussitôt, hop, le crapaud gonfla un peu plus. Il tira une horrible langue au garçon, partit dans la chambre de Paul-Henri chercher ses chaussons à tête d'Astérix, qu'il enfila en rotant, s'installa sur le canapé du salon en attrapant *Prince Magazine*.
Il reniflait et rotait toutes les deux secondes en feuilletant le journal de ses horribles pattes. Mais Cendrillon n'en semblait absolument pas étonnée. Elle continuait à chantonner « Un jour mon prince viendra » comme si de rien n'était, et, comme tous les soirs, elle invita les enfants à venir au bain.
– Les enfants chéris ! Anne-Émeline ! Au bain, ma petite chérie !
Comme tous les soirs, Anne-Émeline, la chipie de quatre ans, répondit :
– Non ! Pas question ! J'irai pas ! Et puis j'en ai marre d'être propre !
Aussitôt, une crapaude atterrit dans sa chambre. Elle avait de longs cils et sentait la poubelle. Elle hurla : « Quoi ! J'veux pas ! Papaps ! Bleurrppppp » et lui tira la langue. Elle était horrible !
– Quoi ? Qu'ess t'as, quoi ? faisait-elle devant les yeux étonnés de la petite fille. Pas la douche ! Pas la douche ! Vive la crotte, quoi !
Et elle aussi s'installa sur le canapé, à côté du crapaud pustuleux, après avoir enfilé les ravissantes ballerines roses d'Anne-Émeline.
– Ce sont mes chaussures ! pleura la petite fille.
– Prout, quoi ! répliqua l'horrible animal.
C'était un cauchemar ! Surtout quand le petit dernier des enfants, Jean-Aristide, deux ans et demi, revint de son cours de violon. Et que, après avoir hurlé que ça sentait les brocolis et qu'il voulait de la pizza, il vit arriver, lui aussi, trottinant à l'autre bout de l'immense couloir, un crapaud avec une tototte dans la bouche, qui, après s'être assis lui aussi sur le canapé, se cura les doigts de pied avec sa langue violette.

– C'est ma tétine ! Rends-moi ma tétine, sale bête, pleurnicha Jean-Aristide.
– Ttt, ttt, tétine, pipi-caca-popo ! répondit l'atroce bestiole.
Mais que se passait-il ?
Tu as compris : la marraine-fée avait jeté un sort aux enfants... Chaque fois que l'un d'eux se montrait impoli, oubliait de dire les mots magiques, hop, elle lui envoyait un horrible crapaud ! Ces crapauds étaient si répugnants et puants que Cendrillon elle-même demanda aux valets de les sortir pour la nuit. Mais, quand, au moment du coucher, les enfants hurlèrent : « Non ! Pas dormir ! C'est trop tôt ! J'veux encore la télé ! », hop, les deux crapauds et la crapaude revinrent aussitôt, chaussés de leurs baskets et ballerines. Ils s'assirent sur les lits et vociférèrent : « Télé, ouais ! Télé, j'en veux ! Rouzablog ! Birk, de birk. » Puis, ils rotèrent tous les trois dans la chambre, ce qui dégagea une odeur de vomi atroce. Beurk. Impossible de les déloger !
Les crapauds restèrent quelques bonnes semaines dans le château. Ils ne coûtaient pas cher à nourrir, car ils grossissaient avec les impolitesses des enfants... Et ils maigrissaient quand les enfants étaient gentils.
Paul-Henri, Anne-Émeline et Jean-Aristide comprirent cela et se transformèrent en petits anges d'amour, de telle sorte que les crapauds, eux, atteignirent la taille de petites fourmis. Jean-Aristide ouvrit la fenêtre du château et laissa filer le sien le long du mur. Anne-Émeline l'écrasa avec sa ballerine. Le troisième ? Cendrillon l'attrapa, le glissa dans une boîte d'allumettes et dit aux enfants : « Je le garde en souvenir. »
Au fil des ans, les enfants devinrent des adultes extrêmement polis... Un jour, devenue vieille dame, en cherchant à allumer le four, Cendrillon retrouva le dernier crapaud dans une boîte d'allumettes. C'était devenu une poussière. Elle ouvrit la boîte, fit glisser la poussière dans l'âtre et alluma un grand feu. Depuis ce jour, tout le monde est très heureux. De temps en temps, un coassement menace, un « zut » et un « crotte de bique » aussi, mais rien de grave. Quant à Cendrillon, elle apprend à être un tout petit peu plus ferme avec ses petits-enfants. Quand elle entend : « Quoi, mamie Cendrillon ? », elle répète : « Quoi, quoi, quoi ? » Et je t'assure que cela suffit...

Ma petite souris des quatre saisons

Été

C'était l'été. Quand la petite Ève revint de l'animalerie, elle avait les joues rouges et les yeux brillants. Elle était en nage, mais ça n'était pas la chaleur. C'était l'excitation, le plaisir de porter une toute petite souris dans cette boîte en carton percée de quelques trous. Une souricette toute blanche ! Cela faisait des années – disons... deux ans, ce qui est très long pour une petite fille de six ans – qu'Ève réclamait un petit animal.
Cet été, enfin, elle l'avait obtenu ! Ils n'étaient pas partis en vacances – c'était trop compliqué quand on vient de se séparer, et maman avait dit : « J'ai de la peine pour toi. Mais tu sais... nous allons acheter un petit animal. Une petite souris blanche. Alors sois contente ! »
Et puis, maman avait pensé que « souris », ça ressemblait à « sourire ». Et soudain, elle s'était dit, très fugitivement, qu'elle avait voulu rendre le « souris » à sa petite fille.
Mais Ève se moquait bien des mots de vocabulaire et du sens caché ! Elle avait sauté comme Zébulon et hurlé : « Ouaaaaiiiiiss ! »
Après tout, qu'était-ce qu'un voyage ? « Un voyage, se disait-elle, ne vous rapporte rien. Alors qu'un animal, je l'aurai à moi, à moi, à moi, à moi ! »

Ce jour-là, ce premier jour de l'été, la boîte vibrait et frémissait, comme si elle avait été vivante. Maman, elle, portait la cage, le biberon pour l'eau, la nourriture, les petits bâtonnets à ronger. Tout ce que le vendeur leur avait conseillé d'acheter.

– Il faut absolument, avait précisé le vendeur en levant un index, glisser un bâtonnet à ronger dans sa cage. Sinon, ses dents peuvent se mettre à pousser, pousser... Et il lui faut absolument aussi une petite maison, avec du coton traité anti-microbes, car les souris aiment beaucoup se nicher dans des petits trous. Et elles craignent les microbes, un rhume peut les tuer.

Et il avait ajouté :

– Voilà ce qu'elle peut manger : des pommes, des carottes, des biscottes...

Mais Ève n'écoutait plus...

Maman avait soupiré, et signé le chèque pour la cage, la nourriture, la maison, le coton traité anti-microbes et les bâtons pour les dents.

– Eh bien, avait-elle dit, pour un animal qui coûte 6 euros, j'ai fait un chèque de 150 euros ! Elle coûte cher, ta petite souris !

Ève installa la cage, bien à l'abri du soleil et des courants d'air, et remplit le petit biberon d'eau fraîche. Elle cassa une biscotte en menus morceaux, qu'elle plaça sur une petite assiette en plastique.

– Je t'appellerai Biscotte. Que ça te plaise ou non, déclara-t-elle d'un ton autoritaire.

Biscotte fureta un peu partout, et se retrouva assez rapidement dans la roue, à tourner énergiquement.

Quand Biscotte tournait dans la roue, il semblait à Ève que son cœur battait plus vite. Sa tête tournait aussi et finissait par se déboîter de son axe.

Le lendemain, il faisait toujours aussi chaud (36 degrés), alors Ève remplit une petite coupelle d'eau du robinet, avec quatre glaçons. Elle attrapa Biscotte par le ventre et trempa les pattes du petit animal dans l'eau gelée. Biscotte poussa des petits cris et, après le bain, retourna dans sa roue qu'elle fit tourner vite, vite, et encore plus vite. Comme chaque fois qu'elle était apeurée.

– La piscine, ça fait du bien à tout le monde, quand il fait chaud. C'est pour ton bien, alors un peu de courage ! rouspéta la petite fille.
C'était bizarre, ce qu'elle ressentait pour sa souris. Un amour dévorant, qui la chatouillait, au fond d'elle, et lui donnait envie de chatouiller la souris.
Ève glissait Biscotte sur son cou et lui disait : « J'ai envie de te manger, de te manger ! » Parfois, elle poussait des petits cris de plaisir. Et elle se demandait si, au contact de la souris, elle ne s'était pas transformée, elle aussi, en animal !

Automne

Et la roue tournait, tournait.
Un jour, ce fut l'automne. Puis la rentrée des classes. Ève parla beaucoup de sa souris, ce qui lui valut beaucoup de nouvelles amitiés. Sa chambre ne désemplissait pas, car tout le monde voulait voir Biscotte, qui passait entre toutes les mains. En entendant tous les cris, maman arrivait parfois : « Laissez-la un peu tranquille, elle va être affolée ! »
Mais Ève n'écoutait pas. Tous les matins, elle se levait très tôt, et elle s'amusait à changer l'organisation de la cage. Elle y plaça une coiffeuse de poupée Barbie, avec un miroir, et brossa même les poils de Biscotte avec la brosse pour poupée. Elle démonta la roue, puis la remonta dans l'autre sens – et pendant une journée entière Biscotte disparut dans son trou de litière. Elle démonta aussi le petit tuyau en plastique transparent, dans lequel Biscotte aimait se nicher, et puis le toit de la maison. Ainsi, elle pouvait bien la regarder.
Un matin, maman lui dit :
– Ça n'est pas un jeu de Lego ! Ni une maison de poupées ! Tu vas la désorienter, à changer ainsi son espace. Ta souris a un cœur qui bat.
La nuit qui suivit, Ève rêva de la petite souris – elle était immense, et ses dents avaient énormément poussé. Et la souris la regardait méchamment.

Hiver

Et la route tournait, tournait, tournait.
Un jour, ce fut l'hiver.
Maintenant, quand la souricette voyait Ève, elle rentrait la tête en dedans et elle courait creuser un petit trou dans la litière, pour s'y cacher bien profondément.
– Oh, oh, Biscotte ! Tu ne m'échapperas pas comme ça !
La température avait bien baissé. Ève avait réuni près d'elle des vêtements de la petite sœur de Barbie : une robe d'hiver, des moufles, un anorak.
– Leçon de mode ! décréta-t-elle.
Il faut dire qu'elle avait revu peu avant *Cendrillon* au cinéma avec maman. Et le petit Gus était si drôle, quand Cendrillon l'habillait avec des vêtements trop petits et que son petit ventre ressortait !
Mais la vie de souris n'était pas un dessin animé. Ève avait mis un temps fou à passer la robe sur le corps gigotant de Biscotte.
Les vêtements du bébé de Barbie étaient bien trop grands, et Biscotte se prenait les pattes dedans.
Ève n'était pas contente.
– Tu ne m'aides pas beaucoup ! Comment veux-tu rencontrer un joli rat charmant ? Tu ne te marieras jamais !
Et elle s'était souvenue d'un été... quand on l'avait habillée au petit club pour enfants et qu'elle aussi, elle avait gigoté pour ne pas passer la robe de sorcière. Elle aussi, on l'avait forcée à s'habiller !
Enfin, elle y était parvenue.
– Laisse-la tranquille, maintenant, dit maman. Ta souris n'est pas un jouet. Si tu continues comme ça, elle ne passera pas l'année.
Cette nuit-là, Ève avait encore rêvé de Biscotte. Mais la petite souris, cette fois, avait perdu toutes ses dents.

Printemps

Et la roue tournait, tournait.
Un jour, ce fut le printemps, puis Pâques arriva.
Dès le matin, Ève noua un grand nœud de satin sur la cage de Biscotte, pour la déguiser en œuf de Pâques.

Comme tous les ans, les grands-parents arrivèrent pour le déjeuner avec une énorme poule en chocolat pour leur petite-fille. Ève en glissa un gros morceau dans la cage de Biscotte.
– Amuse-toi bien ! Joyeuses Pâques ! Tu vas voir, le chocolat, c'est hmmm...
Et elle retourna au salon pour déjeuner.
Quand Ève revint dans sa chambre, un peu plus tard, elle eut un choc : sa souris était allongée, les yeux clos, sa minuscule bouche rose entrouverte sur deux dents blanches. Elle attrapa le petit corps de la souris : il était froid et gris.
Ève pleura, pleura, jusqu'au moment où sa maman arriva. Elle hocha la tête, désolée devant le chagrin de la petite fille.
– Le vendeur t'a expliqué... Le chocolat, c'est du poison pour les souris ! Tu ne t'en souvenais pas ?
Soudain, Ève se souvint. C'est vrai. Il avait dit ça. Pourquoi l'avait-elle oublié ?
– J'ai pas fait exprès et je ne suis pas méchante ! dit la petite fille.
Ève avait infiniment de peine. Un chagrin qui lui tordait le ventre.
– Je crois que je l'aimais trop ! Oui, trop ! renifla-t-elle. Tu me crois ?
Maman la prit dans ses bras.
– Bien sûr, je te crois, dit maman. Aimer trop, ça n'est pas forcément aimer correctement. Même un animal doit être respecté dans sa différence d'animal. Comme un bébé doit l'être, ou même un grand !
Maman avait l'air de penser à quelque chose de précis en disant cela.
L'été suivant, Ève partit en vacances. C'était un beau voyage. Elle se promena en bateau sur la mer Rouge, regarda les fonds sous-marins avec un masque et apprit à nager avec les dauphins sauvages.
– Ni trop près, ni trop loin, surtout sans les toucher, sans les embêter, lui dit le spécialiste des dauphins. Tu as compris, petite Ève ?
Ève avait compris. Elle avait appris aussi comment on aime les autres, en les respectant. C'est ça, devenir grand, non ?

La petite princesse qui aimait trop fort

Là-haut, tout là-haut, dans un royaume en coton de nuage, habitaient le roi Albert Ier et la reine Jacinthe, tous deux si doux qu'à leur contact, on avait l'impression de tomber dans un grand bol de crème fouettée.

Albert et Jacinthe ne se disputaient jamais, mais chuchotaient, souriaient et s'embrassaient très doucement. Un jour, la reine chuchota au roi qu'elle attendait un bébé et, neuf mois après, donna naissance, très doucement, à une petite princesse aux yeux d'or qu'ils appelèrent Tiziana.

Tiziana grandit, tout en beauté, en gentillesse... et en brutalité. Oh, elle n'était pas méchante, mais elle aimait tout le monde avec une telle violence !

Le matin, elle entrait avec force et fracas dans la chambre royale, sautait sur les genoux de ses parents comme Tarzan sur sa liane ; pour leur dire bonjour, elle leur infligeait de grands coups de poing d'amour, de la racine des cheveux au petit orteil.

– Ouille, ma chérie d'amour, murmurait le très doux roi.

– Aïe, mon poussin joli, chuchotait la reine.

– Je vous aime terriblement, hurlait Tiziana en se pendant à ses cheveux. Alors, laissez-vous aimer. C'est moi qui commande.

La reine soupirait et retournait dans sa salle de bains en or massif, pour soigner les bleus et bobos infligés par sa fille.
La gouvernante de Tiziana, Miss Rose, était autrement plus amochée. Son corps était recouvert de bleus et d'égratignures, de la racine des cheveux au tout petit orteil, qui était bleu marine. Elle avait des griffures d'amour partout, et aussi régulièrement des touffes de cheveux arrachées.
– *Stop it,* arrêtez de m'embrasser, disait-elle fermement.
– Mais tu es idiote ou quoi ? Si je t'embrasse, c'est parce que je t'aime. Et puis, c'est moi la princesse, répliquait la petite fille.
La gouvernante anglaise soupirait. Elle essayait d'avoir des gestes tout doux avec la princesse, de l'éduquer avec des petits surnoms très tendres, « sucre doux », « mon petit miel », mais cela avait pour effet de décupler l'amour de la petite fille.
Tiziana lui offrait d'énormes cadeaux : une robe en or massif, un diadème en diamants. Un jour, elle lui offrit même un clown grandeur nature en chocolat, qu'elle avait fait réaliser par le meilleur chocolatier du royaume. Si rigolo qu'il fût, il était si gros qu'il fit peur à Miss Rose. Elle eut mal au cœur rien qu'en le regardant. Tiziana sauta pourtant dans ses bras. Et smack-smack-smack. Et trois gros bleus sur les joues ! Et elle hurla : « Bon anniversaire, Miss Rose ! », en la serrant si fort que Miss Rose en perdit la respiration et devint toute bleue ! Le médecin du royaume, aussitôt appelé, diagnostiqua un manque d'oxygène.
– Vous avez failli mourir étouffée, déclara le médecin.
Miss Rose décida donc de quitter le royaume, malgré les pleurs et hurlements de Tiziana :
– Mais je vous aime ! Restez ! Vous m'appartenez ! Et je vous ai achetée avec mes cadeaux.
– Personne n'appartient à personne. Je ne suis pas votre brosse à dents, je ne suis pas votre animal de compagnie. Bye bye.
Tiziana pleura beaucoup. L'histoire se sut dans tout le royaume, et même plus loin encore. Tu comprendras bien alors pourquoi aucune gouvernante, fût-elle anglaise, allemande, américaine ou japonaise, ne voulut désormais s'occuper de la petite princesse...

Tiziana fut donc obligée de se rendre à l'école pour apprendre ses leçons.
À peine arrivée, elle sortit son sceptre et dit :
– Je m'appelle Tiziana. Je suis une princesse qui déborde d'amour, je vous aime toutes. Alors, jouons ensemble, c'est moi qui commande. Piq et pik et colegram, c'est moi le chat. Filez, les souris !
Mais tout le monde se moqua d'elle. Tout le monde...
Sauf un jeune prince éperdu d'amour. Il acceptait tout ce que Tiziana voulait.
Il était la souris quand elle était le chat, il était l'Indien quand elle était le cow-boy, et le serviteur quand elle était le chef, et la servante quand elle était princesse.
Tiziana était folle d'amour pour son petit prince. Elle l'invitait à la maison après l'école, elle le déguisait, elle le couvrait de cadeaux, de voitures, de bonbons et de gâteaux.
Un jour, pour lui prouver son amour, elle lui fit confectionner une gigantesque pièce montée de trente-cinq étages, avec de la nougatine, qui est du gâteau très dur glacé au sucre.
Tiziana s'installa en face de lui et le dévora du regard.
Elle lui dit :
– Mangez, mon prince, si vous m'aimez. Mangez tout !
Le prince sourit et pensa : « Quelle chance d'être aimé, tout de même. S'il s'agit de manger du gâteau, je suis partant. »
Mais, d'étage en étage, à mesure que son estomac enflait et que ses dents s'emplissaient de sucre, il trouvait ça nettement moins savoureux.
Et quand, au dixième étage, d'une toute petite voix, il murmura : « J'en peux plus, j'ai plus faim », Tiziana ordonna de sa voix de chef :
– Mangez, si vous m'aimez. J'ai fait tout ça pour vous. Et j'aime, j'aime, j'aime vous regarder manger. Je vous aime sur trente-cinq étages.
Alors, le prince continua à mastiquer. Mais, au trente et unième étage, un morceau de nougatine resta coincé dans la gorge, il étouffa, cracha, bleuit, et repartit avec les pompiers royaux.
À l'hôpital, quand les médecins lui retirèrent son morceau de

croquant, ils remarquèrent que, sur le gâteau, était écrit « je t'aime » en sucre glace. Le médecin le tendit au prince.
– C'est collant et plein de bons sentiments, lui dit-il. Mais méfiez-vous, ça a failli vous tuer.
Le prince, quand il eut retrouvé sa belle couleur rose, écrivit un télégramme à la princesse : « Ma douceur, mon aimée, j'espère que vous trouverez un jour un Viking plein de muscles qui saura vous résister. Je n'ai pas assez de force et je vous quitte. »
C'est la première fois qu'il disait non. Non à l'amour de la princesse. Et il se sentit très, très bien... Tiziana, elle, se sentit très, très mal. Elle déchira le télégramme, et pleura pendant vingt et un jours et vingt et une nuits... Car, mine de rien, sous ses allures de forte princesse, elle avait un cœur très tendre. Elle était inconsolable. Ses parents, dont le teint était jaune comme de la crème aux œufs, étaient tristes aussi.
– Je donne, je donne... Et je ne reçois rien en échange ! pleura Tiziana.
– Ma chérie, lui répondit la reine très douce. Les bisous et les cadeaux d'amour doivent être légers. S'ils sont lourds comme des valises, ils font du mal ! Si l'autre ne veut pas de bisous, tu dois le respecter. Sinon, tes bisous sont comme une gifle pour lui.
Depuis ce jour-là, la princesse Tiziana fait très attention aux autres. Quand elle a envie de sauter dans les bras de quelqu'un, elle pense très fort à une valise qui tombe sur les pieds. Alors elle se montre très douce. Elle s'est mise à détester tout ce qui ressemble de près ou de loin à la nougatine et aux gestes violents. Elle aime la crème de lait et la mousse au chocolat. Et tout ce qui ne risque pas de rester coincé dans la gorge.

CÔTÉ PARENTS

Respecter l'autre, son prochain et son animal aussi

Difficile de limiter ses propres désirs. Surtout pour les enfants, qui évoluent dans un monde magique où – s'imaginent-ils – ils pourraient obtenir tout ce qu'ils veulent. Y compris l'amour de leur prochain.

– Cette toute-puissance va les encourager parfois à être violents, brutaux. Car l'amour peut être brutal chez les enfants, qui peuvent être traversés de pulsions sadiques. Freud ne disait-il pas de l'enfant qu'il était un « pervers polymorphe » ? C'est l'aîné martyrisant son petit frère, par exemple... Ou le petit garçon tirant les cheveux de la petite fille dont il est amoureux ! Ou encore Tiziana étouffant sous ses baisers le pauvre prince... On peut lui dire : l'amour possessif, excessif, n'est pas bon. Et ça n'est pas de l'amour.

– C'est encore plus manifeste dans les relations entre l'enfant et l'animal. Vers 3-4 ans, l'enfant a envie d'une poupée vivante, pour jouer à la maman, nourrir l'animal, etc. Méfiance, car il peut manquer de respect à son animal – c'est la fameuse image de l'enfant qui arrache les pattes des mouches ! Cela peut se produire à certains moments difficiles pour lui : séparation, naissance d'un petit frère, maladie d'un parent... Quand on se sent victime, on a envie de « reprendre le dessus », fût-ce par l'intermédiaire d'un plus faible que soi.

– Lui apprendre à respecter un animal est pourtant essentiel, car c'est lui demander de respecter les plus faibles que lui.

Comment réagir ?

– Avec les copains, les copines : tout simplement en lui donnant d'emblée les règles du jeu – l'autre a ses propres désirs, son propre corps... Il faut le respecter. Aimer l'autre, c'est aimer sans être brutal, sans étouffer ! Étouffer l'autre, c'est le faire fuir...

– Pour le petit animal (souris, hamster, chaton...), le mieux est de s'en référer à l'animalerie. Si l'enfant l'a reçu en cadeau, n'hésitez pas à y retourner : aucun discours ne sera aussi légitime et fort que celui du vendeur d'animaux (qui incarne d'ailleurs symboliquement la loi).

On pose des questions au vendeur : l'animal peut-il être pris dans les bras ? Combien de fois par jour et combien de temps ? Peut-on le sortir ?

Rentré à la maison, on écrit noir sur blanc, sur une grande feuille de papier à punaiser au mur, les devoirs que l'on a vis-à-vis du petit animal : sorties, nourriture, litière, changement du biberon d'eau...

Quelques phrases clés

★ « Chacun décide pour lui-même de savoir qui il aime ; chacun décide de recevoir des baisers ou non. »

★ « On n'a pas le droit de donner un baiser à celui qui n'en a pas envie. »

★ « Un animal n'est pas une poupée, c'est une vie ! Tout animal, tout être vivant, avec un cœur qui bat, a droit au respect. »

★ « On ne peut pas faire de mal à un être humain. »

Naissance du zéro

Le docteur Calcul élevait ses chiffres avec amour. Les chiffres, il les aimait comme d'autres les poissons rouges ou les chats angoras. Il y avait le 1 avec son grand nez, le 2 monté sur son grand pied, le 3 avec son dos rond comme celui d'un chaton, le 4, le 5... jusqu'au 9 ! Neuf petits chiffres qui frétillaient comme des petits poissons, qui s'endormaient et se réveillaient en rang aussi. Car quand on naît chiffre, on vit et meurt dans le sens de la marche – comme un chiffre – et pas autrement.

À peine levé, le matin, le docteur Calcul mettait ses lunettes de myope. Puis il allait nourrir ses chiffres, non pas avec des miettes comme pour des poissons, mais avec des câlins et de l'amour. Sur sa table de chevet, il avait un gros manuel d'éducation intitulé : *J'élève mes chiffres*. Dans ce livre, le professeur Nounou expliquait que, pour que les chiffres grandissent en beauté, il fallait leur parler : « Les chiffres, comme les enfants, ont besoin d'amour plus que de crevettes », était-il écrit.

Et le professeur Nounou précisait aussi : « Attention ! Si vous laissez un chiffre de côté, sans lui parler, il risque de devenir dingo. » Alors, le docteur Calcul les sortait un à un du bocal et avait toujours un petit mot pour chacun : « Oh, le 1, comme tu as un joli nez ! Et le 2, comme tu as un grand pied ! Tu chausses du 44 fillette, maintenant ? Et le 5, quelle belle casquette ! Gouzi-gouzi le 6 ! Oh oh, le 7, à force de te tenir en équilibre instable, tu vas finir par casser ton unique patte ! Hé, cher petit 8, arrête d'ouvrir tes deux bouches comme ça ! Tu vas attraper une double angine ! Mon p'tit 9, tiens-toi droit, voyons ! »

Chaque chiffre aimait qu'on lui parle de façon très personnelle, directement dans le creux de l'oreille.

Les chiffres domestiques sont extrêmement susceptibles (beaucoup plus que les poissons rouges ou les chats angoras) et détestent être pris l'un pour l'autre.

Un jour – il avait oublié de mettre ses lunettes de myope –, le docteur Calcul avait confondu le 5 et le 6... Du coup, le 9 s'était renversé et avait pris la place du 6, et le 7 avait rabattu sa casquette pour prendre la place du 1. Quel bazar ! Et chacun s'était mis à hurler n'importe quoi : « 1 = 1, 2 + 3 = 4 ! 0 + 3 = 300 millions de patates ! »

Tout le monde était devenu dingo.

Depuis, M. Calcul n'oubliait plus jamais ses lunettes de myope le matin, et ses petits mots d'amour. Aussi les chiffres étaient-ils heureux et ordonnés.

Tous heureux ? Non... Il y en avait un qui n'était pas content du tout. Il était même très tristounet. C'était un drôle de petit bonhomme, le dos voûté, qui marchait sur un point. À dire vrai, quand on le regardait bien, on voyait qu'il n'était pas un chiffre, mais un point d'interrogation qui avait glissé sur une peau de banane et s'était retrouvé là, le bec dans l'eau, dans le bocal. Comme une souris dans un bocal de chats, ou une mouche chez des araignées. Il était la proie des autres ! Les chiffres – qui sont pires que les hommes – n'aimaient pas ce petit bonhomme bossu, qui était si différent d'eux et posait des questions tout le temps.

Or le point d'interrogation n'est là que pour poser des questions, un peu comme une maman ou un papa qui te demanderait : « Tu as bien mangé ? », « Tu es sûr que tu es le premier ? », « Et la cantine, c'était bon ? », « Et à quoi tu joues, mon chou ? »... Au bout d'un moment, les questions en cascade, ça énerve, surtout un chiffre. Un chiffre sait parfaitement qui il est, où il va, où se situer dans le rang. Alors, n'allez pas lui coller un point d'interrogation sur la tempe, comme un pistolet !

Quand il avait vu que les chiffres le détestaient, le point d'interrogation s'était replié sur lui-même et avait fini par rétrécir... Jusqu'à devenir un tout petit rond. Du coup, les autres chiffres en étaient devenus encore plus féroces.
« Pouf ! Il est vraiment bizarre, il est pas comme nous », disait le 1 au 2. « Il me plaît pas, il est tout tordu, il pense tordu », chuchotait le 9. « Il pense mal, je dis, moi », disait le 8. « Il a marché dans une crotte ! » ricanait le 6. « Ah là là, il marche sur sa crotte ! » Ça n'était pas drôle du tout, mais ça leur donnait un sujet de conversation. Ils se sentaient, tu vois, comme une armée devant un ennemi tout seul. Ils se sentaient très forts. Du coup, le point d'interrogation, malheureux, rétrécit jusqu'à se transformer en une minuscule crotte de nez.

Et puis, un jour, il se passa quelque chose de curieux. Comme tous les matins, le docteur Calcul sortit ses chiffres du bocal et eut un petit mot gentil pour chacun : « Oh, le 1, comme tu as un joli nez ! Pas trop enrhumé ? Et le 2, tu chausses du 45, maintenant ? » Et il chatouilla le grand pied du 2 qui hurla de rire, se débattit et tomba dans le bocal. C'est à cet instant que, plongeant la main pour le rattraper, le docteur Calcul sentit une petite boule sur la paroi : c'était le point d'interrogation transformé en crotte de nez.
– Ooooh, un petit nouveau ! Qui es-tu, toi ?
– C'est rien, un nul, répondit le 1, hautain. Il compte pour du beurre. Y sait rien faire, rien dire.
– Il passe son temps à marcher sur une crotte, regardez son point, par terre... Et en plus, il est tordu du dos ! Il est pas beau ! gronda le numéro 4, du haut de sa colonne vertébrale bien droite.
Le docteur Calcul prit son menton dans sa main et commença à faire du calcul mental, ce qui était signe de grande nervosité chez lui. Il réfléchit, réfléchit, longtemps et longtemps. Puis, il

eut une idée de génie, qui fit papilloter ses yeux derrière ses lunettes de myope.
– Et si c'était un zéro ? Mais oui, tu ferais un super zéro ! Tiens, place-toi devant le 1. Et tu te rajouteras aussi à chaque chiffre ! Ajouté au 1, ça fera 10, au 2, 20, 30, 40, 50 ! Et, quand on te multipliera avec d'autres chiffres, tu transformeras tout en zéro ! Quel pouvoir tu auras, alors !
Le point d'interrogation rosit de plaisir et se regonfla un peu. C'est ainsi que le zéro, de « presque crotte de nez », devint quelqu'un sous le regard d'amour du docteur Calcul.
Un vrai chiffre qui pouvait aider les autres à grandir, grandir !
Il trouva sa place parmi les autres, avant le 1.
– Tu sais, lui dit le 1, finalement on t'aime bien. Qu'est-ce que tu nous barbais, quand tu nous posais des questions ! On est bien plus heureux maintenant. Mais tu ne bouges pas, hein ?
Pourtant, parce qu'il est né point d'interrogation, le zéro continue tout de même à se poser des questions : « Est-ce que je suis quelqu'un ? Est-ce que je suis un chiffre ? Est-ce que je vaux quelque chose ou rien du tout, et est-ce que les autres m'aiment ? »
Maintenant, quand le docteur Calcul, tous les matins, nourrit ses chiffres, il fait un petit câlin spécial au zéro, qui, à cause de son enfance difficile, est le plus fragile. Il lui donne double ration d'amour : « Alors, mon vieux, tout va bien pour toi ? Quel beau, quel très beau rond tu fais là ! Tu es tout potelé – tu es bien plus beau qu'un *o* ! On a bigrement besoin de toi, tu sais... » Et le zéro, tout pénétré de son importance, sent son cœur se gonfler, se gonfler... prêt à exploser ! Un beau zéro dodu à souhait. De temps en temps, il pense à faire un petit régime. Mais il en abandonne vite l'idée. « C'est bon d'être quelqu'un au milieu des autres. Car, même si je suis un zéro, je ne suis pas nul pour autant ! »

Les lapins blancs à grandes oreilles

Une nuit, le Grand Lapin Blanc, chef de tous les chefs, fit un cauchemar horrible : il rêva que les oreilles des lapins avaient rétréci jusqu'à atteindre la taille des oreilles de souris. Le lendemain matin, le sourcil froncé, il observa son village à travers sa longue-vue. Il vit un lapin tacheté à oreilles moyennes sortir avec un panier à commissions et un bébé lapin à minuscules oreilles qui bondissait de son terrier. Son cœur battit plus vite.

Il convoqua ses ministres et valets :

– Messieurs, l'heure est grave, nos oreilles rétrécissent ! Et si nous continuons comme cela, les lapins vont bientôt ressembler à des rats ! Or ce qui fait notre force, et notre intelligence, ce sont nos grandes oreilles. C'est ce qui nous permet d'entendre le bruit des fusils et de ne pas nous faire tuer.

Et il conclut :

– Je veux un pays peuplé de lapins blancs à longues oreilles de... euh... (il réfléchit, calcula la taille des siennes) 45 centimètres, pas moins ! Que l'on fasse disparaître les autres !

– Ne pourrait-on pas s'arrêter à 43 centimètres ? interrogea le ministre des Carottes cuites. 45, c'est bien long.

– Doit-on faire disparaître les lapins tigrés, les tachetés, les noirs, les marron et aussi les lapins nains et les lapins béliers ? demanda le ministre de la Salade fraîche, qui avait une petite tache de naissance au creux du cou.
– Oui, je ne veux plus aucune autre couleur ! Je ne veux plus voir que des lapins blancs à grandes oreilles de 45 centimètres ! hurla le chef. Je veux une race de superlapins tout blancs !
Les ministres et les valets s'en furent. Ils délogèrent de leur terrier les lapins blancs à taches noires, les lapins rayés comme des pyjamas, les minuscules lapins à oreilles rondes, pour les expulser ou les examiner et les mesurer avec des mètres-rubans.
À cette époque, on inventa de nouveaux métiers : mesureur d'oreilles, agrandisseur d'oreilles, blanchisseur pour poils de lapin, effaceur de taches noires... Il y eut aussi des dénonciateurs fourbes et méchants, qui allaient au commissariat de police pour chuchoter que leur voisin avait des oreilles de 42 centimètres... et qu'il devait être pendu !
Tous les jours, le Grand Lapin Blanc, avec sa longue-vue, calculait, évaluait, et faisait arrêter les petits lapins dont on mesurait les oreilles et vérifiait la blancheur du poil.
À cette époque, trois ministres furent évacués du village, car il leur manquait trois millimètres d'oreilles. C'est-à-dire trois fois rien.
Enfin, un beau jour, le Grand Lapin Blanc constata qu'il n'y avait plus que des lapins blancs à grandes oreilles. Un sourire de satisfaction illumina ses moustaches et ses oreilles de 45 centimètres frétillèrent. Alors, il se contempla dans le miroir et se dit à lui-même : « Félicitations, mon cher... Vos oreilles sont remarquables et votre poil d'une blancheur de neige. »
Pourtant, dans le village, l'ambiance avait changé. Plus personne ne se parlait, ni ne se saluait. Peut-être parce que tous les lapins blancs, en se rencontrant les uns les autres, avaient l'impression de croiser leur reflet dans le miroir ? (On salue rarement son reflet dans le miroir, ou bien il faut être un peu zinzin.) Tout au plus échangeaient-ils quelques mots sur la longueur de leurs oreilles (« Moi, j'ai 45. Et toi ? – 46. – Ah, chouette, salut. »)

Et puis ils s'en allaient en bâillant d'ennui.
Les papas lapins n'allaient plus dire de gentilles choses aux mamans lapins, qui leur ressemblaient tant qu'elles en perdaient leur intérêt. À cette époque-là, on perdit aussi l'habitude de s'embrasser et de se câliner, et même de se marier, et les bébés lapereaux vinrent à manquer.
L'ennui avait terrassé la race des superlapins ! Même dans les écoles, on s'endormait, car on avait perdu l'habitude de peindre avec des couleurs. La maîtresse faisait, en bâillant, des cours sur « les grandes oreilles, c'est mieux », « comment blanchir son poil » ou « comment faire plus blanc que blanc ». À la récré, on ne rigolait plus, on ne se chamaillait plus, on ne faisait plus de toboggan, on ne parlait que d'oreilles.
– On est super-intelligents, car on a de grandes oreilles !
– Oui, on est les meilleurs du monde, disait l'autre. Allez, salut.
Observant cela avec sa longue-vue, le Grand Lapin Blanc leur intima l'ordre de s'amuser. « Dansez ! Embrassez-vous ! Jouez ensemble ! Faites du foot, bon sang ! » hurla-t-il. Mais cette fois-ci, personne ne l'entendait, car, grandes oreilles ou pas, ils bâillaient et s'endormaient !
Et dire que, dans le village voisin, tout le monde continuait à s'amuser, à faire la ronde, à se rouler dans les fanes de carottes et à partager de bonnes grosses laitues !
Un jour, un joli lapin blanc à grandes oreilles un peu moins endormi que les autres décida qu'il en avait assez de vivre dans le village du « Tout Pareil ».
Alors, il s'enfuit, suivi bientôt par des dizaines d'autres. Aussitôt, ils rencontrèrent d'autres lapins : des nains, des tigrés, des tachetés, des lapins béliers et lapins papillons, pourvus d'oreilles de 30, 25, 15 centimètres et parfois moins ! Bien vite, devant cette avalanche de couleurs, ils reprirent du rose aux joues.
– Salut, lapin tigré !
– T'en as de grandes oreilles !
– Et toi, dis donc, t'as un joli petit nez !
– Quelle jolie robe grise !
Et tous ensemble entamèrent une ronde endiablée dans laquelle petites et grandes oreilles se côtoyèrent. Ça se mit à babiller, à rigoler !

Le Grand Lapin Blanc observait cela du haut de son trône, et hocha la tête. Il se regarda dans le miroir droit dans les yeux et, sans un seul regard pour ses oreilles, se dit à lui-même : « Mon vieux Grand Lapin Blanc à grandes oreilles de 45 centimètres, tu ne vaux pas un clou. »

Il piétina sa longue-vue, la brisa en mille morceaux, s'établit à côté et se mit à composer des chansons d'amour, où il était question d'une lapine marron à oreilles rondes qui rencontrait un lapin tigré à immenses oreilles, se mariait avec lui et avait de nombreux enfants tigrés marron avec des oreilles en chou-fleur. (Le refrain était : « Tes oreilles sentent le chou frais, mon chouchou d'amour ! »)

Sa chanson devint un immense succès, que tous les lapins du monde fredonnèrent en dansant les uns avec les autres, fesses contre fesses, quelles que soient la longueur de leurs oreilles et la couleur de leur poil.

CÔTÉ PARENTS

• • • • • • • Enseignez-lui la tolérance ! • • • • • • •

La tolérance n'est pas un sentiment inné chez l'enfant. Les enfants, par nature, ne sont pas tendres les uns avec les autres – surtout si l'un d'entre eux sort du lot. Souvent, cela nous surprend, nous, les adultes, qui voudrions voir en nos enfants les apologistes de la bienveillance, ces petits êtres parfaits pas encore abîmés par la société, comme les voyait Rousseau. Et pourtant...

Dans la cour de récréation, les quolibets pleuvent dès qu'un enfant est « différent ». Plus petit, plus gros, les oreilles décollées, un défaut de prononciation ? On ne pardonne rien aux autres petits. Ils se retrouvent un peu comme des chiffres dans un bocal (métaphore de la microsociété, de la classe ou de la cour de récréation). Oui, c'est vrai, les enfants peuvent être cruels. Pourquoi cela ?

Tout enfant se sent de toute manière très vulnérable, plongé dans un monde de grands qui le dominent et lui dictent leurs lois, qui l'obligent à un fabuleux exercice d'adaptation et de contrainte. Il se sent tout petit – et fragile. Donc, quand il voit un de ses copains plus petit, plus maigre, encore plus faible que lui, il en rajoute. C'est une manière de se rassurer, et de penser de lui : « Finalement, je ne suis pas si mal loti. Il est faible et moi, je suis fort ! »

Par ailleurs, le phénomène du bouc émissaire existe aussi chez les petits. Un enfant différent peut servir à fédérer tout un groupe d'enfants contre lui. Les « premiers de classe », jugés parfois comme des « bouffons », sont alors soumis à un traitement très rude. Si on suspecte ce phénomène, il faut agir ; en parler aux autres adultes, ou à l'institutrice.

Serait-il raciste ?

« Je n'aime pas les Noirs, ils ne sont pas gentils », a-t-il lancé en voyant un petit Africain dans la rue. De quoi vous déconcerter ! Cela nécessite une petite mise au point. Dites-lui pourquoi il est tellement plus riche de côtoyer des gens différents, avec une autre couleur de peau, originaires d'autres pays, qui peuvent lui apprendre d'autres façons de vivre ! C'est une chance réelle d'avoir à côté de soi des gens différents.

Dans tous les cas, pour lui apprendre la tolérance, on peut regarder un atlas ensemble, localiser l'Afrique, lui raconter comment on vit là-bas... Expliquer pourquoi les gens sont plus pauvres, pourquoi ils ont envie de tenter leur chance ailleurs. On peut également le mobiliser et solliciter son empathie : « Tu vois, dans certaines régions d'Afrique, il n'y a pas d'écoles. Toi, tu trouves que c'est de la chance ? Mais eux ont envie d'apprendre. »

Enfin, avec les plus grands, on peut raconter à quelles extrémités peut mener ce racisme ordinaire (l'élimination des gens, comme dans l'histoire des lapins, qui sont porteurs de cette différence visible – « Je vais te raconter ce qui s'est passé il y a pas mal d'années... »).

Si lui-même est différent des autres

Au lieu de courir après un schéma de conformité totale, aux parents de souligner la particularité de l'enfant. Nos enfants ne sont pas tous calibrés pour entrer dans le même moule – contrairement à ce que la société exige. « On voudrait tous en faire des ingénieurs de l'École des mines ! s'enflamme l'écrivain Marie Desplechin. Mais l'école n'est pas faite pour cela. »

S'il ne réussit pas très bien à l'école, peut-être a-t-il un talent caché en violon, en modelage, en construction de maquettes... Le mieux est de valoriser les « bons points », de manière à renforcer sa confiance en lui, plutôt que de chercher à tout prix à faire de lui un enfant moyen dans toutes les matières. Sinon, c'est nier la spécificité de l'individu. Un exemple : devant un enfant pas très doué en sport, mais doué en musique, la meilleure des attitudes serait sans doute de lui apprendre un instrument et le solfège... Bref, de l'encourager à être et à devenir lui-même.

Si un enfant est différent physiquement, il n'en parlera peut-être pas de lui-même, craignant de vexer ses parents. Si vous avez le sentiment qu'il ne supporte pas sa différence, ne la niez pas ! Il faut leur faire comprendre que leur particularité est un atout – et non une faiblesse. Prenez des exemples : Tom Cruise est une star... du haut de 1,65 mètre. Elle a une couleur de peau différente ? C'est parce qu'elle a une culture en plus ! Et si vraiment sa différence est source de complexe, il faut aller consulter : un nutritionniste pour établir un petit régime s'il est trop rond, un pédiatre pour prendre une radio du poignet et voir s'il va encore grandir...

L'éduquer à la tolérance

Notre société n'incite pas les enfants à être tolérants... Que dire de l'uniformisation, de la mondialisation, de la « tyrannie des apparences » qui absorbe tout type de différences, même à l'école ? Dès la dernière section d'école maternelle, les voilà entraînés dans un univers de marques (il faut les « bonnes baskets », le T-shirt Lili Gaufrette ou Lulu Castagnette...). Cela ne risque-t-il pas, à terme, de déteindre sur notre capacité de tolérance, d'ouverture à l'autre ?

Que dire des loisirs ? La plupart des enfants sont happés par les jeux vidéo... Pour les éduquer à la tolérance, la solution ne serait-elle pas de les « baigner » dans de la différence, et ce, dès le premier âge ? Les emmener voir de la danse africaine, un spectacle de cirque « différent », les promener au-delà des clichés, les sortir dans des restaurants indiens... Faire faire du judo ou de l'aïkido aux petites filles. Bref, échapper aux diktats et aux clichés sociaux ! C'est aussi cela, les ouvrir au monde, développer le goût de l'autre de manière générale...

Quelques phrases clés

★ « Toutes les différences sont une fabuleuse richesse. »

★ « Tu es toi-même, tu n'es pas comme les autres. »

★ « Ce que j'aime vraiment en toi, c'est... (ciblez une de ses qualités réelles). » Ne lui dites pas : « Tu es mon enfant, tu me plais comme ça. »

★ « Qu'est-ce que l'on s'ennuierait, si l'on était tous pareils, grands, aux yeux bleus, sans lunettes... »

Mieux s'affirmer au milieu des autres

Les deux perroquets de l'oisellerie du Petit-Bisou

Je te le dis tout de suite : n'écoute pas ceux qui prétendent que les perroquets sont bêtes comme des ânes. Au contraire, à force de répéter les paroles des enfants, ils sont devenus intelligents comme des hommes...

Dans leur jolie cage argentée, à l'oisellerie du Petit-Bisou, deux perroquets s'aimaient beaucoup. Ils étaient magnifiques dans leur robe bleu nuit, couleur d'orage, avec leur collier de plumes orange autour du cou. Mais le plus beau, ce n'était pas leur robe. C'était l'amour qui existait entre eux. Cela faisait si chaud au cœur que tout le monde, à l'oisellerie, était attiré par cette cage comme par un aimant ; un peu comme, en hiver, quand il neige dehors, tu passerais ton temps devant un bon feu de cheminée. Alors, les petits clients s'éloignaient très vite du coin des perruches, des canaris, des serins... pour se regrouper autour de leur cage, devant ce splendide soleil bleu.
Les enfants pointaient du doigt les volatiles.
– Regarde, maman, je les veux, ceux-là !

Les mères fronçaient le sourcil, ajustaient leurs lunettes sur le bout de leur nez, comme si elles avaient mal lu l'étiquette et grondaient :
– Tu n'as pas bien regardé... Tu as vu le prix ? C'est hor-ri-blement cher !
Les perroquets valaient en effet 15 600 euros pièce.
– C'est le prix d'une voiture ! Tout de même ! s'exclamaient les parents.
Alors, les gamins tournaient les talons et, quelques minutes plus tard, on les voyait sortir du magasin avec un couple de perruches, des inséparables, ou des canaris à 12 euros pièce.
– C'est bien moins compliqué, surtout si ça tombe malade, à 12 euros, on peut en racheter un autre ! disaient les mamans.
En écoutant tout cela, les deux perroquets souriaient. Car ce qu'ils redoutaient le plus, c'était d'être séparés l'un de l'autre. Nul n'est à l'abri de cela, dans une oisellerie. Surtout quand on coûte aussi cher !
– Quel ennui ! se lamentait le plus petit. Si on coûtait moins cher, on aurait plus de chances de partir ensemble. Les gens se diraient : pour ce prix-là, j'achète les deux.
– Qui a les moyens de débourser 31 200 euros pour deux oiseaux ? renchérissait le grand.
S'ils avaient été achetés par deux enfants différents, qui auraient habité chacun à un bout de Paris, que serait-il advenu d'eux ? C'est ce que se demandent parfois deux petits amis qui craignent d'être placés dans deux classes différentes.
C'est pourquoi, quand on s'approchait d'eux, leur cœur battait un peu plus fort dans leur poitrine. Comment auraient-ils survécu l'un sans l'autre ? À force de vivre ensemble, ils s'étaient emboîtés l'un dans l'autre comme deux pièces de puzzle !
C'était le grand qui, tous les matins, disait bonjour aux autres oiseaux (« Salut, la perruche ! », « Hello, les canaris, moins fort, vous nous cassez les oreilles ! », « Et vous, les mésanges, vous devriez faire votre toilette ! Ça cocotte un peu, là-dedans ! »).
Le petit, lui, ne disait rien à personne. Mais il nettoyait la cage, le perchoir, avec son bec et ses petites pattes, et rangeait une à une les graines qui étaient tombées par terre.

C'était le grand qui, à onze heures, quand arrivait le déjeuner, réceptionnait la nourriture. Il allait chercher une cacahuète, du colza, une bonne grosse graine de pavot ou de lin, et apportait le tout au petit qui ouvrait le bec sans rien dire. Et c'était encore le grand qui goûtait à l'eau du biberon avant que le petit n'en boive, pour vérifier qu'elle n'était pas empoisonnée.
– Dis donc, disait le plus petit de sa toute petite voix. T'en fais des choses pour moi ! Ça ne t'embête pas ?
– Bof, ça va, répondait le plus grand, qui était, au fond, ravi de se rendre utile.
Du coup, le plus petit se mit à devenir de plus en plus timide et muet, et le plus grand, de plus en plus courageux et bavard ! C'était toujours le grand que l'on voyait en premier, avec son œil rond et fier. Le petit se cachait derrière lui, comme un bébé collé aux jupes de sa maman.
Même s'ils avaient le même âge, on avait l'impression que le petit était vraiment très petit et le grand vraiment très grand.

Le jour de la séparation

Un matin, pourtant, le cri d'un petit garçon leur déchira le cœur :
– Papa ! Ceux-là, ceux-là !
Devant eux, une paire de sourcils s'agitaient, ceux d'un petit garçon capricieux.
– Ces perroquets, là ! Je les veux !
Les deux perroquets ouvrirent un œil rond et, en regardant la montre en or du père, et les yeux noirs du fils, ils comprirent que leur sort était joué.
Le papa regarda l'étiquette, fronça un demi-sourcil, soupira et lança :
– D'accord… Mais tu n'en prends qu'un !
Quelle phrase terrible ! C'était ce qu'ils avaient redouté le plus au monde. À cause de l'angoisse, le petit rentra un peu sa tête dans ses épaules.
– Prends celui-ci, décréta le père en désignant le plus fort. L'autre me semble bien chétif.

La cage s'ouvrit, se ferma. Quand la main du vendeur l'attrapa, le grand eut l'impression d'une serre qui lui broyait le cœur. Ça y est : ils étaient séparés !

Pendant une semaine, chacun de son côté, les deux perroquets restèrent au fond de leur cage. Il leur semblait que la température avait baissé : ils avaient froid, leur cœur gelait dans leur poitrine.
À l'oisellerie, les vendeurs eurent très peur que le petit ne se laisse mourir de faim. On venait lui apporter un petit peu d'eau dans le creux d'une feuille, et quelques graines de tournesol bien tendres et déjà décortiquées. Mais il secouait sa petite collerette orange et détournait la tête. Un vendeur eut même l'idée de glisser dans la cage une perruche qui le prit sous son aile. Mais le petit secoua la tête : c'était le grand, qu'il voulait ! C'était son copain !
De son côté, le grand n'avait pas faim non plus. Il était fou d'inquiétude : « Comment fera-t-il, pour se nourrir sans moi ? » Cela lui nouait la gorge, et le bec, au point de ne rien pouvoir avaler. Alors, le petit garçon prit l'habitude de décortiquer chaque graine, avant de la lui mettre dans le bec, et de lui apporter de l'eau dans une coupelle. Le grand trouva agréable, ma foi, de se laisser dorloter par ce petit garçon – et il accepta même de boire au biberon de poupée !
Un beau jour – parce qu'il faut bien vivre et se débrouiller seul –, le petit, lui, sortit la tête de son plumage et partit picorer une petite graine toute dorée. Il trouva agréable de la choisir, de la décortiquer avec des mouvements de bec et de revenir sur son perchoir. Du coup il sifflota, et salua tout le monde.
Le matin, il prit l'habitude de saluer les autres oiseaux – et il trouva beaucoup de plaisir à ces conversations quotidiennes : « Coucou, le canari, pas trop fort, hein ! Tu nous casses les oreilles », « Eh oh, la mésange, t'as ronflé toute la nuit ! Mets une pince à linge sur le nez ! Ahah ! » Il était gai comme un pinson et se trouva un certain talent pour les histoires drôles : « Qu'est-ce qui est jaune, qui monte et qui descend ? – Un poussin dans un ascenseur ! »
Les autres oiseaux pensaient, décidément, qu'il avait bien changé...

Les retrouvailles

Six mois plus tard, c'est-à-dire quelques jours avant Noël, à l'oisellerie, le petit ouvrit les yeux et vit une paire de sourcils bruns impérieux qui bougeaient devant lui : c'étaient ceux du petit garçon riche.

– Salut, le petit ! On est venu te chercher ! Tu es mon cadeau de Noël ! dit le garnement.

Le petit perroquet voleta dans la cage et cria :

– Ouaiis ! Super ! Super ! (ce qui en langue perroquet fait plutôt « Cling ! Gagaga Zoui zoui ! »), car il ne gardait plus rien pour lui, maintenant.

C'est ainsi que les deux copains se retrouvèrent dans la même grande cage, dans le bel appartement du monsieur à la montre en or. Ils étaient si contents de se retrouver, qu'ils babillaient, babillaient... Ils se donnèrent des nouvelles – et il faut dire que le petit avait beaucoup plus à raconter que le grand, qui vivait dans un grand appartement très calme.

Le petit lui donna des nouvelles de l'oisellerie du Petit-Bisou.

– Les inséparables se sont séparés, et ils ont chacun retrouvé une fiancée, révéla le petit.

– Tant mieux, ils se disputaient tout le temps, approuva le grand.

– Et, tu sais, moi aussi je peux vivre seul maintenant. J'ai appris à attraper moi-même ma nourriture !

– C'est bien, ça, approuva le grand.

– Et puis, je me suis fait aussi une copine, la perruche cendrée. Elle est sympa. Mais qu'est-ce qu'elle ronfle ! Et puis, tu sais, la mouette Ursule... Elle pue des pattes, c'est une horreur. Tu savais, qu'elle puait des pattes ?

– Dis donc... Tu as beaucoup grandi. Tu es devenu grand, admira le grand.

– Et toi aussi, tu as beaucoup changé. Tu es moins bavard, dit le petit.

– Oui, je me suis laissé dorloter, admit le grand. Je te préviens : j'aime que l'on me serve mon petit déjeuner le matin au lit. Et aussi que l'on me décortique une ou deux graines.

– D'accord, je le ferai pour toi. Mais pas tous les jours, hein !

– Pas tous les jours, bien sûr, approuva le grand. On est libres.
Il eut l'air gêné, et avoua :
– Tu sais, petit, au début, sans toi, j'ai cru mourir de froid.
– Moi aussi, répondit le petit. J'étais devenu un bloc de glace bleu, rétorqua le petit. Et puis, je suis re-né.
– Dès aujourd'hui, on va se trouver des prénoms. On arrête de s'appeler « le petit » et « le grand », d'accord ? Alors toi, je t'appellerai René.
– Et moi, je t'appellerai Aimé !
Les deux perroquets éclatèrent de rire... Enfin, ce qu'on appelle « rire » pour des perroquets... Un genre de gloussement de gorge un peu bizarre. Et ils pensèrent : « Parfois, ça fait quand même du bien de se séparer... On apprend tant de choses, chacun de son côté ! »

CÔTÉ PARENTS

Aidez-le à prendre son indépendance

D'où vient la dépendance ?

Certains enfants sont toujours scotchés aux autres, que ce soit un meilleur copain ou une « meilleure copine », leur maman... On dit d'eux qu'ils sont timides, réservés... ou « pots de colle ». On les voit physiquement se cacher dans les jupes de leur mère – ou dans celles d'une copine ou d'un copain.

On peut s'interroger : pourquoi ont-ils eu des difficultés à acquérir cette fameuse « sécurité de base », qui permet à l'enfant de s'éloigner de sa mère et d'appréhender le vaste monde ? Ont-ils été élevés par des parents surprotecteurs ? Ont-ils subi des séparations précoces, des ruptures compliquées ?

Ces deux expériences contradictoires (surprotection maternelle – ruptures précoces) peuvent en effet déclencher une même attitude timorée chez l'enfant. Avoir une maman qui fait tout pour soi, sans être autorisé à le faire soi-même, ça n'est pas la meilleure façon de grandir. C'est même une source d'inquiétude et de manque d'estime de soi. Le petit enfant pensera forcément : « Si elle fait tout pour moi, c'est parce que je ne suis pas capable de le faire. » À l'autre bout de la chaîne, on sait aussi maintenant qu'une indépendance trop précoce n'est pas non plus la panacée ! Ainsi, on s'est aperçu assez récemment que la crèche dès le plus jeune âge, ou l'école maternelle dès 2 ans, n'est pas forcément la meilleure façon, paradoxalement, de les pousser à l'autonomie. Car être poussé un peu trop tôt à grandir trop vite, donc à se séparer de l'adulte de référence, peut être insécurisant.

3 ans : très petit !

C'est aussi le credo de la psychanalyste Danielle Rapoport dans son livre *La Bientraitance envers l'enfant : des racines et des ailes*[1]. La bientraitance, selon la psychanalyste, consiste à respecter le développement de l'enfant étape par étape... Il est nécessaire de ne pas le faire grandir trop vite, en particulier en collectivité. D'après la psychanalyste, l'âge de 3 ans, âge clé de l'entrée à l'école maternelle, est considéré en France comme une sorte de « majorité de la petite enfance », alors que c'est encore tout petit ! D'où l'attitude de certains, à l'entrée à la maternelle, qui recherchent un « complément », un « copain-doudou », apte à remplacer la mère.

Dans ces couples d'enfants qui évoluent dans une relation gémellaire, on s'emboîte comme deux pièces de puzzle. Il y a souvent un leader et un suiveur, l'un sera plus à l'aise dans les activités manuelles, l'autre dans les activités sportives... Le professeur René Zazzo, psychologue spécialiste des jumeaux, avait ainsi analysé les couples de jumeaux fusionnels : « La personnalité de chaque jumeau tend non pas, comme on pourrait l'imaginer, à ressembler à l'autre, mais à se différencier de l'autre. Chacun a un rôle particulier à tenir. Et les caractères finissent par se compléter et s'opposer de plus en plus. » Le célèbre psychologue était même, au cours de ses recherches, parvenu à cette vérité stupéfiante : les jumeaux se ressemblent plus quand ils vivent éloignés l'un de l'autre... que quand ils vivent ensemble.

Ce qui nous ramène à l'histoire de ces deux perroquets !

Si Aimé, le grand, n'a rien à perdre à être protecteur, il n'en est pas de même pour René, le petit, le plus vulnérable, celui qui ne sait pas manger sans sa maman de substitution. En cela, la séparation lui a été très profitable, et beaucoup plus qu'au « grand ». C'est ce qui peut se passer également à l'école.

Les maîtresses ont tôt fait de repérer les « petits leaders » et les enfants suiveurs. Elles savent bien que certains enfants se rassurent, se complètent, en s'agrippant les uns aux autres... Et parfois, elles préfèrent séparer deux enfants – jumeaux ou simples copains – pour leur propre bien-être... De cette façon,

1. Belin, 2006.

comme les deux petits perroquets, ils progressent mieux chacun de son côté. En particulier les petits « René »…

Comment l'aider ?

– Si la relation de copinage verse dans l'excès (c'est assez fréquent chez les filles, qui sont culturellement moins « éduquées à l'autonomie » dès le plus jeune âge) ; si la petite fille réclame à tout bout de champ sa copine, pleurniche quand elle ne la voit pas…, essayez d'en savoir plus (éventuellement en sondant la maîtresse). Certaines amitiés ne sont pas très « saines » (une petite fille peut avoir un fort ascendant sur l'autre, d'où le fameux et redouté « T'es plus ma copine, j't'aime, j't'aime plus », qui peut faire tant souffrir).

– Parfois c'est nous, les mamans, qui nous rassurons en intronisant le « nouvel ami », la « nouvelle amie »…, un peu comme un doudou ! Réfléchissez : n'avez-vous pas agi ainsi depuis le début ? (Ça s'est bien passé avec Zoé ? Zoé a été gentille avec toi ?) Évitez de parler sans cesse de « son » copain comme s'il n'en avait qu'un.

– Contrôlez votre langage ; en particulier, bannissez le pluriel collectif, surtout en présence de jumeaux.

– Apprenez-lui l'indépendance. Il y a des temps « avec », et des temps « sans ». Des week-ends avec, et sans copines… Soyez là aussi pour mettre des barrières : « Vous vous êtes vues cet après-midi, ça suffit. Ce soir, on reste en famille. »

– Si on la sent vraiment dépendante, on lui énonce la grande loi : « Prends un peu tes distances. Plus tu t'accrocheras à elle, plus elle en profitera… »

– Inscrivez-le à des petites activités sans son copain.

– S'il (ou si elle) est sous la coupe d'un petit leader, mixez… Invitez aussi à la maison des enfants moins tyranniques.

Quelques phrases clés

★ « On n'est pas toujours collés l'un à l'autre, il est bon de se séparer aussi. Après, on peut se raconter de nouvelles choses ! »

★ « Il faut de la place pour chacun. »

★ « Dans la nature, quand deux plantes sont trop proches l'une de l'autre, elles finissent par s'étouffer. »

★ « Il faut suffisamment d'espace pour chacun. »

★ « Se séparer, parfois, ça fait du bien… Car on s'aperçoit que l'on peut faire des choses seul, ce dont on ne s'imaginait pas capable. »

Le petit ascenseur qui voulait être habité tout le temps

Le petit ascenseur de la tour des Lilas aimait beaucoup les gens (il les appelait ses « voyageurs »). Quand il ouvrait ses portes, il ouvrait grand son cœur aussi. Et ça réchauffait sa carcasse métallique, de voir les gens qui se précipitaient vers lui et appuyaient sur ses boutons ! Quand on l'appelait, il avait l'impression d'entendre : « Je t'aime ! J'ai besoin de toi, viens me chercher ! » Il répondait en faisant papilloter ses boutons : « J'arrive ! Je t'aime aussi ! » Il débordait d'amour pour les gens qu'il transportait, au point d'avoir la tête qui tournait et le cœur qui palpitait. Et il avait peur, parfois, que ce trop-plein d'amour n'en vienne à lui casser un câble. Alors, quand on appuyait sur le bouton de l'étage, il respirait un bon coup et se disait : « Calme-toi. Tu n'es qu'un ascenseur, on n'a pas dit que l'on voulait se marier avec toi. On t'a demandé le dix-huitième étage. Tu vas au dix-huitième, OK ? » Et il s'envolait... Mais quand il arrivait à destination et ouvrait à nouveau son cœur pour laisser sortir les voyageurs, ça, c'était difficile. Il se sentait alors vide – comme une boîte de conserve vide avec un peu d'eau de misère dedans.

Il aurait tant voulu que les gens restent en lui, s'installent sur le petit tapis, grignotent des cacahuètes, se laissent aller à quelques confidences... Que quelqu'un reste assis toute la nuit contre son dos métallique lui aurait réchauffé le cœur. Mais qui voudrait habiter dans un ascenseur, hein ? Qui ? Qui voudrait faire des sauts en permanence, en haut, en bas ?

Le petit ascenseur soupirait : « J'aurais voulu être une maison, ou bien un ascenseur privé dans un petit hôtel particulier. Là, j'aurais transporté toujours la même famille, et on aurait été de vrais bons amis ! »
Mais, dans la tour des Lilas, il y avait cinquante familles. Cela fait beaucoup, pour s'attacher !
Pourtant, comme il était un grand tendre, le petit ascenseur s'était pris d'amitié profonde pour une petite fille, Julie, qui sifflait comme un oiseau et mastiquait ses bonbons à l'intérieur de lui. Le petit ascenseur reniflait cette odeur un peu chimique de poudre acidulée mêlée de Carambar. Et il se sentait moins seul. C'était toujours mieux que des odeurs de cigarette, pouah !
Il aimait aussi la vieille mamie de 84 ans, parce qu'elle était très sourde et parlait très fort, et parce qu'elle parlait à voix haute des jeux à la télé. « Oh, c'est idiot, disait-elle en riant au petit ascenseur. Mais ça passe le temps, oui. Je me sens moins seule, oui. Tu sais, Juju Lapointe, il pourrait avoir l'âge de mon fils, il est rigolo, quand il pose ses questions et qu'il appelle les gens... »
Le petit ascenseur appréciait même parfois d'être un peu maltraité, qu'on lui donne des coups de pied ou qu'on lui colle des vieux chewing-gums sur les parois – c'était mieux que rien.

La vie passa comme cela...

Et puis un jour, le petit ascenseur se mit à tomber terriblement, fortement, et souvent en panne. Ça le prenait comme ça, brusquement, sans qu'il y soit pour rien ! La première fois, c'était quand la petite Julie rentra de l'école. Elle appuya, comme d'habitude, sur le bouton numéro 18. Et hop, arrivé au numéro 16, brutalement, ce fut la panne. Julie resta bloquée à l'intérieur. Sans doute était-ce pour le petit ascenseur une façon de retenir encore les gens à l'intérieur de lui. De leur dire

« Ne me quitte pas »… Julie ne s'inquiéta pas. Elle s'assit dans l'ascenseur, attrapa sa trousse, s'assit contre la paroi de métal et dessina une princesse. Et puis, elle dessina un crapaud. Elle coupa un morceau de son rouleau de scotch avec les dents et elle colla ses deux dessins sur les parois métalliques. Le petit ascenseur était content : ça changeait des lettres et des avertissements sans aucune poésie !
Julie regarda le panneau d'avertissement : « 8 personnes autorisées, maximum 250 kg », et elle pensa qu'avec ses 30 kg, ça devait aller. Et puis, elle prit son sachet de Malabar et commença à mastiquer. Et puis à se coller un tatouage en forme de fleur sur chaque main. Elle sortit un énorme Malabar rose clair de sa bouche et le colla sur le panneau d'avertissement.
– Alors, alors, petit ascenseur, tu repars, ou quoi ? J'ai envie de faire pipi, moi !
Julie se tortilla. L'ascenseur soupira… Il reprit ses idées, rassembla son courage et repartit.

La deuxième fois, la panne survint avec la mamie de 84 ans qui perdait la boule, au moment où elle parlait de Juju Lapointe, un animateur de télévision rigolo qu'elle aimait beaucoup. Mais ça ne se passa pas aussi bien qu'avec Julie. La mamie se mit à rouspéter, à taper dans les murs avec son parapluie, à dire :
– Saleté de vieil ascenseur ! J'ai mon *Jeux de midi* avec Juju Lapointe et je vais être en retard !
Elle lui donna deux bons coups de pied sur les parois, ouille ! Et elle cria un peu dans le téléphone, parce qu'elle était vieille et qu'elle n'avait plus de temps à perdre. Le monsieur de la société de dépannage lui demanda au téléphone :
– Vous faites quel poids ?
– J'ai 84 ans ! glapit-elle. Et elle articula : Quatre-vingt-quatre ans !
Oh, ne pense pas qu'il le faisait exprès, le petit ascenseur. C'est juste quelque chose, dans son cœur, qui se mettait à chavirer à l'idée de perdre les gens, à l'idée de redevenir une vieille boîte de conserve avec de l'eau de misère dedans. Mais à part cela, il n'avait aucun problème de santé particulier. D'ailleurs, quand le réparateur d'ascenseur arriva avec sa boîte à outils et sa casquette, il se gratta la tête : les câbles étaient bien huilés

et tout neufs, l'électricité passait bien, la porte métallique fonctionnait parfaitement. Et comme ce réparateur parlait aux ascenseurs comme d'autres à leur chat ou à leurs plantes vertes, il leva son index plein de cambouis : « Dis donc, petit ascenseur, il faudrait peut-être cesser de faire des caprices de cœur ; sinon, on va pas tarder à te remplacer ! »
Comme le réparateur n'avait rien trouvé, donc rien réparé, plus personne n'osait prendre l'ascenseur. « Il est capricieux », disait-on, alors qu'en réalité, il était seulement amoureux...
À cette époque, on utilisa beaucoup les escaliers. Le petit ascenseur souffrit énormément de solitude. Plus personne ne l'appelait, plus personne ne lui causait, plus personne ne l'aimait ! Son cœur métallique restait fermé, et il suffoquait, à l'intérieur. Alors, il compta ses boutons pour oublier sa solitude ; récita les étages de 1 à 25, puis de 25 à 1, et il multiplia les chiffres ensemble, il divisa 25 par 25, 25 par 3...
Et puis, un beau jour, il sentit un éclair de chaleur s'allumer, tout en haut... Quelqu'un l'appelait à nouveau. Quand il sentit un de ses boutons s'allumer, son cœur battit plus vite. Il était sauvé !
Quand il arriva en bas et ouvrit grand son cœur métallique, il manqua de chavirer. C'était Julie !
– Bonjour, dit-elle. Tu ne t'es pas trop ennuyé ? (L'ascenseur clignota de tous ses boutons.) C'est normal, tu es bien trop seul. Je vais te donner une idée pour te désennuyer. Il faut apprendre des histoires, et des leçons, et t'en mettre plein le crâne. Les histoires, tu les fais venir dans ta tête quand tu veux... Alors que les gens, eux, ils vont, ils viennent, et tu ne peux pas les retenir ! Personne ne peut retenir les gens !
Le petit ascenseur comprit et pensa que Julie était une petite fille très grande pour son âge. On était arrivé au dix-huitième étage, mais Julie gardait un pied dans la porte de l'ascenseur pour continuer à parler :
– Si tu veux, je t'apprendrai des choses en sortant de l'école. En dix-huit étages, je te réciterai une petite poésie, ou une leçon d'histoire.
C'est ainsi que, dans la tour des Lilas, les petits enfants prirent l'habitude de réciter leurs poésies et leurs devoirs en montant

chez eux, dans l'ascenseur. Ceux qui habitaient au quatrième étage racontaient une règle de grammaire, ceux qui montaient jusqu'au vingt-cinquième étage, une petite chanson ou une poésie.

Alors le petit ascenseur cessa de se sentir vide. Quand il montait et descendait les petits enfants, il était très heureux… et avait beaucoup moins de mal à les quitter. Il avait bien assez de choses dans la tête pour s'occuper ! Il s'attacha alors à des petites poésies, à des histoires, se passionna pour la géographie qu'il récitait tout seul ; et, quand il était seul, il n'étouffait plus sous sa carcasse de métal. Il pensait fièrement : « J'en ai des choses dans le crâne, maintenant. Je ne me sens plus jamais seul. »

Il vécut très vieux, sans plus jamais tomber en panne de cœur, car il n'avait plus autant besoin des autres. Cela ne l'empêchait pas, bien sûr, de ressentir un grand grand bonheur quand on l'appelait.

La mamie sourde l'utilisa jusqu'à ce qu'elle eût 98 ans. Juju Lapointe avait été remplacé par Nono-la-Gaffe, et elle lui racontait à tue-tête les questions tout à fait idiotes de *Questions pour un trognon*.

Le petit ascenseur se retenait de rire – il tressautait un petit peu mais arrivait à bon port, ouvrait son cœur et repartait fièrement, sans plus jamais avoir l'impression d'être une carcasse vide. D'ailleurs, son eau de misère s'était évaporée… pour laisser place à des petites bulles de bonheur.

Blanche la petite veilleuse de la nuit

Comme toutes les nuits, Blanche la petite souris tournait et tournait dans son lit. Elle regardait avec envie sa copine Rose, profondément endormie, à côté d'elle. Rose, souriante dans son sommeil, était la reine de la terre !
Blanche détestait la nuit, qui était méchante et lui refusait le sommeil. Tout le monde dormait toujours... sauf elle. Son cerveau restait à tourner, tourner, et retourner, comme un petit hamster sur sa roue.
Pour dormir, pourtant, elle avait tout essayé : respirer tranquillement, serrer sa vieille peluche rose contre son cœur, compter les moutons blancs, les araignées au plafond, les trous dans le fromage, les portées de petites souris. Mais en elle, rien ne s'endormait jamais. Il y avait toujours quelque chose qui restait bien éveillé.
« Ton problème, avait déclaré le docteur Raton, ça n'est pas ton cœur, mais tes oreilles. Elles entendent trop, tes oreilles ! »
Blanche avait des oreilles magiques, qui captaient tout ce qui se passait à l'autre bout de la maison, et bien plus loin encore. Un pépiement d'oiseau, une aile de chauve-souris, un papillon de nuit égaré près d'une lampe. C'est comme si

toutes les nuits, un farceur avait augmenté le volume du son ! Le pire, c'est qu'elle entendait aussi ce qu'habituellement on n'entend pas : ses parents qui se disputaient, ou qui se faisaient de gros bisous bruyants, la maîtresse de son école, qui lui disait : « As-tu bien révisé ta leçon ? Blanche, apprends, apprends ! » Elle entendait même son bébé de petite sœur, qui dormait pourtant dans la pièce à côté. Elle l'entendait faire « ttt ttt ttt »... Mais elle entendait aussi les méchants de la nuit qui se parlaient entre eux. Lucifer le chat avec ses gros yeux verts, Zorro le diable aux pattes griffues... Tous ceux qui voulaient venir la voir dans sa chambre, pour lui donner un coup de patte ou faire d'elle une fricassée de souris ! Alors, elle se rendait en tremblant dans la chambre de ses parents.

« Ma petite Blanche, disait sa maman, la porte est fermée à double tour ! Regarde ! » Et ils fermaient la porte devant elle, avec un grand sourire, pour la rassurer.

Mais il s'agissait d'une autre porte, celle qui était tout à l'intérieur de son cerveau, toujours ouverte, et laissait passer toutes ces angoisses. C'est ainsi que Blanche veillait toujours sur la maison, la ville, et le monde entier !

C'est pourquoi la petite souris aimait tant inviter une petite amie à la maison, rien que pour ne pas être seule. Et parce que, avec une petite amie, la roue de son cerveau cessait enfin de tourner.

Les petites amies elles aussi aimaient beaucoup dormir chez Blanche, qui restait toujours éveillée, comme une maman qui vous surveille, quand vous dormez.

« Je suis la gardienne du sommeil », leur assurait Blanche avec fierté.

Ce soir-là, Blanche et sa copine Rose avaient bien rigolé, mangé quelques bonbons, ne s'étaient pas brossé les dents. Et puis Blanche avait bâillé, bâillé... à en pleurer, à en trembler, à voir tout flou.

Rose s'était fâchée :

– Tu m'écoutes, Blanche ? Dis, tu ne vas pas t'endormir ! N'oublie pas que tu gardes la maison ! C'est toi qui t'endors la dernière, on l'avait dit !

– Et puis, c'est mieux de dormir ensemble, dit encore Rose. Si l'une de nous deux fait un cauchemar de loup, l'autre fera le même cauchemar de loup. Même chose pour les vampires. Je les verrai arriver par-derrière, alors je brandirai une gousse d'ail. Et tu te sauveras !

Dans le noir, les yeux de Blanche brillaient. Si seulement ça pouvait être vrai ! Si seulement on pouvait être deux à prendre le même train du sommeil et à entrer ensemble dans la nuit. Mais Blanche le savait : pour entrer dans la nuit, on était toujours seul. Et les mamans qui veillent à votre chevet, et toutes les tétines du monde, tous les doudous, ne pouvaient jamais rien contre cela. Mais comme elle aimait avoir des copines, elle leur faisait croire que, oui, ma foi, elle était la gardienne de leurs nuits.

Cette nuit-là, Blanche, allongée, toute raide dans son lit, entendait le souffle tout léger de Rose. Et puis, à cause de ses oreilles magiques, elle entendait aussi le chuchotement de ses parents : « Tu crois que Blanche est endormie ? Pourquoi ne dort-elle pas ? » Et aussi : « Mamie Souris me semble bien fatiguée. Je suis inquiète. » Et encore : « Je pense que l'on devrait se séparer. »

Elle entendit aussi la voix du boulanger : « Je dois me lever. C'est dur ce métier. Se lever pendant que les autres dorment. » Et la voix de son grand-père : « Mon cœur bat trop vite, ce soir. » Et le pépiement de l'oiseau du matin : « Il faut que je trouve un endroit pour faire un nid. » Et tous les soucis du monde, elle les entendait, avec ses oreilles magiques.

C'était comme un disque qui tourne, qui repart en sens inverse – puis repart encore. La petite roue de son cerveau recommençait à tourner !

Au moment où elle c royait enfin s'être endormie, à trois ou quatre heures du matin, soudain, elle entendit : « Tap-tap-tap... »

Affolée, dans son lit, elle aperçut deux immenses yeux jaunes et perçants, une petite tête, deux grandes ailes qui vinrent se poser sur son bureau rouge, juste en face de son lit. C'était un hibou aux yeux jaunes. Blanche était affolée : « J'avais raison

d'avoir peur. Cette fois-ci, il va m'emporter dans son nid et me dévorer toute crue. »
– C'est toi, Blanche, la petite veilleuse ? Je ne me suis pas trompé d'adresse ?
– Oh, non, trembla Blanche.
– Ne crains rien. En tant que Roi de la Nuit, je suis là pour t'aider.
Le cœur battant, pétrifiée, Blanche regardait ses yeux jaunes briller dans la nuit.
– J'ai entendu dire, reprit le hibou, que tu avais quelques problèmes pour dormir. Pas vrai ?
– Oui, soupira Blanche.
– Il s'agit d'un mauvais réglage de tes oreilles, pas vrai ?
– Mes oreilles entendent trop de choses. Elles sont magiques, répondit Blanche, un peu rassurée.
– Voyons voir cette magie-là, dit le hibou, qui sortit un petit instrument lumineux de son aile, comme ceux qu'utilisent les docteurs des souris.
En examinant son oreille, le hibou fronça les sourcils. Blanche, d'un simple coup d'œil vers la droite, pouvait voir le grand œil jaune du hibou se plisser. C'était assez terrifiant, mais Blanche avait confiance en lui.
– Hmm, hmm, dit le hibou. Je vois que tes oreilles sont tout à fait normales... Mais, ce que je vois à travers tes oreilles, à l'autre bout du couloir, c'est une petite lumière, là, à l'intérieur du cerveau. Une petite veilleuse qui ne s'éteint jamais ! Une petite veilleuse qui reste allumée pour les autres.
Et il hochait la tête.
– Comment veux-tu dormir avec ça dans la tête ?
Il avait l'air bien embêté, le hibou.
– Je ne peux rien faire.
– Rien ? répondit Blanche.
– Rien. Cette petite veilleuse est placée hors de ma portée. Elle est trop loin dans ta tête. Mais c'est à toi de faire quelque chose.
– Dis-moi, dis-moi vite, dit Blanche.
– Eh bien voilà. Toutes les nuits, au moment où tu te glisses dans ton lit de souris, concentre-toi et éteins cette petite veilleuse avec ton esprit. Écoute cette petite voix, à l'intérieur,

qui te dit : « Je ferme tout, je m'abandonne, je n'entends plus rien, je n'existe plus que pour moi-même. Je ne suis pas la proie des autres. Et j'appuie sur le bouton. Hop, nuit. Off. » Tu n'es pas la petite veilleuse des autres !

– Et si mes parents avaient besoin de moi ? demanda Blanche.

– Tes parents n'ont pas besoin de toi la nuit. C'est le seul moment où tu dois être vraiment égoïste. Tu t'ouvres pendant la journée comme une petite fleur et hop, au moment de te coucher, tu éteins la lumière. Compris ?

– Compris.

Et le hibou insista :

– Ferme ta porte à double tour ! Il n'y a pas d'autre moyen pour dormir que de se refermer sur soi-même.

Les yeux jaunes du hibou se fermèrent eux aussi. Blanche se sentit envahie d'un immense bien-être, un peu comme quand on se glisse dans une baignoire d'eau chaude pleine de mousse. Elle sentit miraculeusement tous les muscles de son corps se détendre, les uns après les autres. « Je suis bien, bien... » Et elle s'endormit rapidement.

Depuis ce jour-là, Blanche ne reste plus éveillée pour les autres. Quand elle a sommeil, elle dit : « Bonne nuit. » Et si une copine rouspète, ou lui dit : « Attends, Blanche, attends encore ! », elle répète : « Bonne nuit » et elle éteint sa petite veilleuse intérieure, comme on éteint une lampe de chevet ou un téléphone portable. À ce moment-là, elle se sent toujours envahie d'un immense bien-être.

Quand elle en a assez de faire quelque chose, elle dit aussi : « J'arrête », et quand elle n'a plus faim, elle dit aussi : « J'ai fini de manger ! » C'est elle qui décide quand elle allume, quand elle éteint sa petite veilleuse... Elle, et personne d'autre.

CÔTÉ PARENTS

L'anxiété de séparation

Comme Blanche, beaucoup d'enfants ont du mal à se séparer de leur environnement pour sombrer dans le sommeil. Chez les pédiatres et les psys, les consultations pour troubles du sommeil sont légion. Cette hypervigilance est due à un problème d'anxiété de séparation. On a du mal à quitter l'autre pour se recentrer sur soi-même... Or la croissance de l'enfant ne peut se faire que dans un mouvement d'ouverture vers l'autre, puis de « repli » sur soi. C'est dans cette dialectique, entre identité et différence, risque et réassurance, que l'enfant développe la conscience de lui-même. Mais pour cela, il faut, à un moment ou à un autre – et, en tout cas, la nuit –, qu'il se sépare de l'autre... À commencer par la mère, premier objet d'attachement.

Freud disait déjà que la séparation d'avec la mère est une expérience primaire fondamentale, à partir de laquelle va ou non se développer l'angoisse de séparation. Cet attachement premier permet de créer une base de sécurité suffisante, pour pouvoir ensuite aller explorer tranquillement le monde. À 8 mois, âge de la fameuse « angoisse de séparation », l'enfant comprend qu'il ne fait pas qu'un avec sa mère, qu'il est détaché d'elle... ce qui lui permet de progresser dans son autonomie...

Après cela, tout est une question de degrés. Au psy de distinguer le « très » attaché du « trop » ! Les psys reconnaissent rencontrer de plus en plus d'enfants qui souffrent d'anxiété de séparation, qui restent collés aux jupes de leur mère. Là, on est dans le pathologique. On sait que plusieurs facteurs peuvent exacerber l'anxiété de séparation : une hospitalisation précoce ou répétée, un tempérament inhibé (des études réalisées sur des nourrissons de 9 et 12 mois ont révélé que les bébés inhibés sécrètent plus de « cortisol » – hormone du stress – au départ de leur mère)... On peut aussi se demander, de façon plus générale, si l'utilisation abusive des appareils électroniques (téléphone portable dès le plus jeune âge mais aussi consoles) ne va pas créer une génération entière d'enfants incapables de supporter la solitude.

Observez un enfant collé sur sa game-boy en permanence : il est aspiré dans un autre monde, au point de s'oublier lui-même... Mais quand il l'éteint, le voilà désemparé, car obligé de se replier sur lui-même après s'être fui lui-même. Il pleurniche : « Je m'ennuie, je ne sais pas quoi faire ! » Probablement l'abus de ce genre d'appareils contribue-t-il à zapper les moments de rêveries indistinctes, qui aident à s'approprier le monde, à le faire sien...

Comment démêler ça ?

La situation n'est pas simple à démêler, surtout que s'y ajoute... l'anxiété de séparation des mères, qui utilisent l'enfant comme un objet de réassurance. Dans les familles monoparentales, où un « pseudo-couple » mère-enfant se met en place, l'enfant se sent souvent, aujourd'hui, le confident, le compagnon de sa mère. Les psys voient de plus en plus d'enfants dormir avec leur mère ou leur père. Que cela se produise une fois n'est pas dramatique... Mais quand la situation s'éternise, quand l'enfant ne peut plus s'endormir sans sa mère, qu'il l'interpelle toute la nuit, il faut réagir. C'est aux parents de reposer les limites, les règles. La première règle étant :

Le sommeil est fondamental. Et surtout l'avant-sommeil. C'est une petite poche de solitude, d'autonomie... où l'on se retrouve soi-même.

C'est donc aux parents de « pousser » leur enfant dehors. C'est la base même de l'éducation ! Il faut plus encore lui donner envie de partir. Avoir un jardin secret, des amis... Ne pas l'associer à tous ses événements privés. Les parents doivent être présents comme un « filet de sécurité », auquel l'enfant aura recours en cas de besoin, mais en aucun cas ils ne doivent fusionner à longueur de journée. Aujourd'hui, les parents sont dans la surprotection et ont une fâcheuse tendance à anticiper les choses... jusqu'à priver leurs enfants de faire leurs propres expériences afin de les empêcher de souffrir. Or il faut les autoriser à être eux-mêmes, les pousser à développer leurs capacités, leur autonomie, à trouver des solutions par eux-mêmes. Il faut leur donner suffisamment confiance en eux pour qu'ils puissent s'exprimer, être eux-mêmes sans crainte de rompre le lien avec l'autre. On en est loin aujourd'hui. On végète, au contraire, dans une

« pensée molle » universelle. Résultat ? Les enfants prennent l'habitude de s'adapter au discours et au désir de l'autre, et surtout ils sont incapables de rester seuls, de « penser seuls ».

Quelques phrases clés

★ « Reste toi-même. »
★ « Pour dormir, tu dois être à l'écoute de ton sommeil. Tes yeux qui se ferment, tes bâillements… »
★ « Les enfants ne sont pas là pour être les veilleuses universelles, ou les gardiens de la nuit des autres ! »
★ « À certains moments, c'est bien d'être seul, en sécurité dans le monde, à l'écoute de ses désirs. »

La boîte à disparaître de Mimi l'Artichaut

Ne cherchons pas trop à imiter les autres ou à disparaître derrière eux. Mieux vaut s'affirmer et être soi-même.

Mimi l'Artichaut était une petite souris douce, très tendre, avec le bout du nez tout rose. Tout le monde l'aimait, sans trop savoir pourquoi. D'ailleurs, quand les adultes la rencontraient dans la rue, les yeux gentiment baissés, avec sa petite robe rose aux genoux et ses sandales roses, ils disaient à leur souriceau d'un air grondeur : « Regarde la petite Mimi l'Artichaut, comme elle est douce ! » Et ils ajoutaient : « Elle est tendre à croquer. » Et, d'un air grondeur : « Pas comme certains… » Ce qui signifiait : « Sois comme Mimi l'Artichaut, et ce serait mieux. »
Quand elle entendait ces compliments, Mimi papillotait des cils et repartait, un peu plus rose qu'avant. Il faut dire que Mimi ne disait pas grand-chose ; elle écoutait, sans parler, et vous prouvait ainsi que vous étiez bien là. Un peu comme une maman, qui vous regarde en silence et applaudit avec les yeux !
Mais il y avait plus… À force d'écouter les autres, Mimi avait développé un vrai talent d'imitatrice.
Quand quelqu'un se mettait à parler, en face d'elle, en papillotant des yeux, elle papillotait des yeux. Quand Jeannot zézayait, elle répondait en zézayant. Quand Jean l'Évêque parlait, avec sa grosse voix, elle lui répondait, avec une grosse voix. Quand Suzy la Souris hurlait de sa petite voix de crécelle, elle lui répondait d'une voix de crécelle. Quand un petit raton

se balançait d'un pied sur l'autre, elle se balançait aussi, sans s'en apercevoir. Quelle magicienne ! Elle prenait leur voix, imitait leurs gestes et devenait les autres sans aucun effort. Elle avait un talent incroyable aussi pour parler avec l'accent suisse, hollandais, allemand, arabe ou japonais.

Un jour, Mimi s'était mise à imiter la maîtresse à la perfection, en faisant frétiller ses oreilles, en tournant le morceau de craie entre ses doigts, et avait fait beaucoup rire ses copains. Quand on l'invitait à goûter, on lui disait : « Allez, Mimi, maintenant, imite-nous M. Grignoton, le professeur de sport ! » Alors, elle shootait dans le vide, levait l'index d'un air menaçant, sifflait, les sourcils en forme d'accent circonflexe, d'un air furax. Pendant ces moments-là, elle devenait vraiment M. Grignoton. Et les autres riaient aux éclats.

Mais si quelqu'un avait demandé à Mimi l'Artichaut : « Et toi, dis-moi ? Qu'est-ce qui te fait vraiment rire ? » ou « Que penses-tu de cela ? », elle aurait été bien embarrassée. Elle se serait tortillée, tout en dedans, comme une contorsionniste, de telle sorte qu'on l'oublie. Car Mimi avait un autre truc de magicienne pour qu'on l'oublie. Elle avait inventé, comme dans les spectacles de magie, la « boîte à disparaître » invisible ; tu sais, cette fameuse boîte dans laquelle le magicien enferme quelqu'un, et hop, youplaboum, cinq minutes après, il n'y a plus personne.

Sa « boîte à disparaître » à elle était invisible tout à l'intérieur d'elle-même. Il suffisait qu'elle se concentre : « Allez, hop, Mimi ! En boule, zou, trou de souris ! » Et alors, comme par magie, elle devenait invisible. Cette boîte à disparaître était très utile les jours où Mimi s'ennuyait à mourir, pendant des déjeuners, autour de la table, quand elle allait à la messe et qu'elle ne devait pas bouger.

Quand elle s'ennuyait ? Elle disait : « Hop, abracadabra, trou de souris ! » Et alors, la Mimi que l'on voyait, avec son nez tout rose, ses grands yeux gris, c'était un fantôme de Mimi. La vraie Mimi était, elle, partie dans la boîte ! Parfois, elle entendait : « Youhou !!! Mimi !!! Tu m'entends ? Où es-tu, Mimi ? » Elle entendait cette voix comme un écho, des profondeurs de son être.

Et alors il lui fallait remonter de sa boîte à disparaître pour revenir dans le monde des vivants.
Mais quand personne ne venait lui tendre la main, ou la remonter de sa boîte à disparaître, elle pouvait rester de longues minutes comme cela… Jusqu'à ce qu'elle croise un miroir, qui lui confirme qu'elle était là, et bien là ! Alors, elle y jetait un coup d'œil et, voyant son reflet, remontait lentement à la surface. C'est ainsi que – abracadabra ! – elle revenait au milieu des autres.
Mimi, qui était un peu philosophe, pensait que les adultes qui prétendent se repoudrer le nez ou se mettre du rouge à lèvres vérifient d'un coup d'œil qu'ils existent encore dans la glace.

Un jour, un de ces jours d'ennui, il se passa quelque chose de curieux dans la vie de Mimi.
Mimi l'Artichaut se trouvait au restaurant, pour le baptême de Mini Louis, son petit cousin de 3 mois. Quand on servit les plats, Mimi vérifia d'un coup d'œil dans le miroir que tout se passait bien, qu'elle était toujours là. Personne ne faisait attention à Mimi, comme d'habitude. « C'est très très bon, oh, mon Dieu, comme c'est bon. Tu ne penses pas, Rosetta ? Et toi, Papy Joe ? Et toi, le cousin Albert ? Quel délice, cette tarte aux trois fromages ! »
Mais personne ne s'adressa à Mimi. Elle jeta un coup d'œil en face. Mais son miroir lui joua des tours : son visage était brouillé, elle n'arrivait même plus à le distinguer dans le miroir. Ses contours étaient flous, et tremblotants – comme quand on regarde à travers des larmes.
Là, Mimi prit peur. Elle était peut-être trop rentrée dans son « trou de souris » ? Peut-être n'allait-elle pas réapparaître ? Elle eut le sentiment de tomber dans un grand trou noir. Comme si le fond de la « boîte à disparaître » s'était cassé et qu'elle tombait, tombait, et tombait encore…
Elle regardait tous les autres : Papy Jim, Papy Joe, Tante Hannah… chacun avait un visage à regarder, chacun souriait à quelqu'un d'autre, comme dans un miroir. Quant au bébé, il semblait parler à son biberon. Et elle, personne ne lui souriait, personne ne lui parlait. Existait-elle seulement encore ?

Elle se concentra, se détortilla tout à l'intérieur, comme les contorsionnistes le font dans les cirques, quand ils cessent leur numéro de gymnaste, et remonta lentement, très lentement, muscle après muscle, de la boîte à disparaître.
Alors, elle prit une grande inspiration et elle hurla : « C'EST PAS BON ! C'EST DÉGUEULASSE ! C'EST IGNOBLE ! », avec des grands gestes de tragédienne. Elle était toute détortillée, ce qui lui donna une énorme voix – une voix de stentor.
– JE SUIS MIMI L'ARTICHAUT ET JE NE VEUX PAS DISPARAÎTRE !
Les fourchettes se levèrent, il y eut un énorme silence. Soudain, elle les eut, tous les visages tournés vers elle ! Même Mini Louis cessa de pleurer.
Papy Joe manqua de s'étouffer en avalant un morceau de tarte aux trois fromages.
Et maman essaya de contenir Mimi, mais elle hurlait de plus belle :
– JE NE SUIS PAS DOUCE !
JE NE SUIS PAS À CROQUER !
JE NE SUIS PAS ROSE À L'INTÉRIEUR !
J'EN AI ASSEZ ! ASSEZ !
Elle jeta un coup d'œil dans le miroir : à mesure qu'elle parlait, les contours s'affirmaient, son reflet réapparaissait.
Elle hurla :
– BON APPÉTIT À TOUT LE MONDE ! et reprit sa fourchette.
– Bon-bon-bon appé-pétit Mimi, bégayèrent les autres, au comble de la surprise.
Ce fut la première « affirmation d'elle-même » par Mimi l'Artichaut. Il lui aura fallu crier, comme le caméléon qui, de temps en temps, devient rouge vif, rouge de colère, simplement pour dire aux autres qu'il existe.
Dans la famille, on chuchota pendant quelque temps cette histoire, on pria pour que Mimi l'Artichaut ne devînt pas folle.
Mais Mimi ne s'inquiétait pas : elle avait simplement mis un peu plus de temps que les autres à s'affirmer. Elle décida qu'elle ne laisserait plus jamais aux autres le soin de décider pour elle.
Elle savait dire : « J'aime les oignons, je déteste le chocolat, je n'aime pas le théâtre, mais l'opéra… j'adore, et si ça ne vous plaît pas, c'est la même chose. » Elle savait aussi parler de

ses peines de cœur, et non pas simplement écouter. Quand on lui lançait une porte dans le visage, il lui arrivait de se fâcher : « Bon sang, quelle impolitesse ! Tu as failli me casser le bout du nez ! »
Mimi était toujours très tendre, mais plus du tout « à croquer », car personne ne doit se laisser croquer par l'autre. Plus tard, Mimi l'Artichaut devint célèbre pour ses dons d'imitatrice. Mais elle ne l'était que quelques heures par jour. Le reste du temps, elle était Mimi et personne d'autre.

CÔTÉ PARENTS

Aidez-le à s'affirmer

Si certains enfants ont du mal à s'affirmer au sein du groupe, c'est parce qu'ils manquent d'estime d'eux-mêmes...

D'où vient l'estime de soi ?

Elle vient d'abord... de l'amour et du regard des parents qui, dès la naissance, prouvent à l'enfant qu'il est unique, qu'il est aimé. Ensuite, vers 3-4 ans, l'estime de soi est nourrie par l'école et les relations avec les autres. Se faire des copains, être invité à des fêtes d'anniversaire... autant de signes qui témoignent de l'intérêt que lui portent les autres.

Et la mauvaise estime de soi ?

On la repère chez certains enfants qui font tout, et donneraient tout pour être aimés ! Ou sont beaucoup trop soumis au regard de l'autre.

La plupart des enfants parviennent à s'oublier totalement face aux autres ; ils s'absorbent dans une activité, dessin, peinture... C'est ce par quoi on définit le charme de l'enfant, la grâce. Mais d'autres, très tôt, sont à l'affût de ce que l'on pense d'eux, soucieux d'être acceptés, craignent de n'avoir pas le bon look, la bonne marque, ou font une maladie s'ils ne sont pas invités à l'anniversaire du copain. Certains encore, comme Mimi l'Artichaut ou la petite fée, savent disparaître dans un trou de souris et ne pas se faire remarquer...

Les sept clés de l'estime de soi

1. Valorisez ses tentatives

Il faut les inciter à faire ce qu'ils aiment, les féliciter à bon escient, et pas uniquement quand ils ont réussi une entreprise. « Certains enfants craignent tant l'échec qu'ils en viennent à refuser de jouer à un jeu de société ou de commencer un exercice de maths », souligne la psychologue Emmanuelle Rigon. Les enfants « poussent » aussi avec des bravos ! Cela se voit dès l'apprentissage de la marche (ils sont incités à crapahuter et vont plus loin avec une bonne dose d'assurance – qui leur vient du regard maternel). Idem plus tard.

Ils ont fait une bêtise ? Ils ont cassé une assiette ? Ne leur sautons pas immédiatement au collet. « Mieux vaut valoriser d'abord sa tentative. S'il a cassé une assiette en mettant la table, on commence par le féliciter d'avoir essayé de nous aider pour ensuite préciser : ce serait mieux si tu ne cassais pas. » Même chose quand ils font preuve d'une créativité généreuse et désordonnée... en taguant les murs du salon, par exemple ! Il faut résister à la tentation de leur sauter dessus en rentrant le soir : on félicite... puis on corrige.

2. Évitez l'hyperprotection

Inutile de jouer les mamans poules. Il ne s'agit pas d'anticiper ses désirs... Et encore moins ses bêtises ! Attention à nos petites phrases inhibantes : « Tu vas tomber », « Ne prends pas ça, tu vas le cassser », « Il suffit d'une fois pour... »... Explications d'Emmanuelle Rigon : « Une mère trop protectrice n'est pas sécurisante, car elle renvoie l'image d'un monde très dangereux, ce qui peut freiner l'enfant dans ses explorations. » On en a l'illustration dans l'histoire du petit singe Moustik (voir p. 208)... Si vous « mâchez le travail » à votre enfant : « Regarde, va vers ta copine ! Elle a l'air gentille, donne-lui la main », vous lui faites comprendre qu'il n'est pas capable de se débrouiller seul. C'est une sorte de « piège à parents », identique à celui qui pousse certaines mamans à prolonger le rituel du coucher jusqu'à pas d'heure : « Il faut laisser l'occasion à l'enfant de s'apaiser lui-même, de construire sa petite "poche de sécurité" intérieure. Cette "capacité à être seul en présence de la mère", si bien décrite par le psychanalyste Winnicott, est essentielle car elle permet à l'enfant de renforcer sa confiance en lui-même. Il est capable d'amadouer sa solitude. »

3. Ayez un comportement adapté

Si l'estime de soi se transmet de père en fils, ça n'est pas pour des raisons génétiques..., c'est avant tout par l'attitude et le comportement. On oublie trop souvent que les bambins réagissent d'abord par mimétisme. Entendre ses parents « péter un plomb » parce qu'ils se perdent en voiture ou ne parviennent pas à régler quelque chose peut mine de rien décourager des enfants. Au contraire, voir ses parents discuter dans un square, inviter des amis... peut les encourager à développer une certaine aisance sociale, beaucoup plus que de les voir assis sur leur banc, cachés derrière le journal !

4. Écoutez-le

De la même façon, ayez une attitude attentive à son égard. Quand vous rentrez le soir, éteignez votre mobile, écoutez-le... Si vous continuez à répondre à vos copines au téléphone ou à consulter vos mails, que va-t-il penser, sinon qu'il est quantité négligeable ?

5. Ne lui mettez pas la pression

Leur proposer des activités intéressantes, certes, mais ne pas les noyer dans un souci de performance. Il faut les laisser s'ennuyer aussi, jouer seuls autant que possible... Afin qu'ils puissent trouver leur propre modèle et leur propre cheminement intérieur. « Certaines mamans, hyper-perfectionnistes, stimulantes, agitent le hochet, bavardent, stimulent... et ne les quittent pas d'une semelle. Voilà qui crée du stress et de l'insécurité », explique Emmanuelle Rigon. « Je suis frappée par le nombre d'enfants aujourd'hui, en maternelle, anxieux parce qu'ils ont "mal fait" leur dessin, qu'ils ont "raté". On veut en faire des petits singes savants, et ils sont déjà stressés à 3 ou 4 ans », s'alarme Sylvie, institutrice en petite section de maternelle. Or, si vous êtes soumis à un emploi du temps de ministre dès 3-4 ans, comment voulez-vous développer vos propres capacités face à l'action ? Il n'est pas bon de mettre la barre trop haut, car les enfants auraient vraiment l'impression de n'être aimés que pour leurs bonnes notes – ce qui est dommageable pour l'estime de soi.

6. Répondez à ses complexes

Oreilles décollées, cheveu sur la langue, lunettes... Les complexes, occasion de recevoir des quolibets dans la cour de récré, peuvent débuter très tôt. Comment donc leur permettre de continuer à s'aimer ? En leur en parlant, tout simplement. Il ne faut pas les passer sous silence, ce qui serait une attitude taboue. Il faut en parler et apporter des solutions. Pour une petite taille ? On sort les courbes de croissance, on lui propose, plus tard, de faire un examen osseux. À un petit « bigleux », on promet que les lentilles existent ; et un petit rond sera rassuré de savoir qu'il peut consulter un nutritionniste. Les réponses scientifiques rassurent les enfants.

7. Alternez plaisir et contraintes

Essayez de fixer des limites… sans être trop frustrant. Si l'on est trop rigide, l'enfant pensera que rien n'est possible – et il risque de perdre sa confiance en lui, car il s'enferme dans sa bulle. Il risque même de ne plus entendre du tout ce que vous lui demandez.

Mais si on ne pose aucune limite, il se sentira lâché dans la nature, sans cadre, ce qui est également insécurisant. Bref, il faut savoir être un parent solide, pas écrasant, mais qui a une parole… et qui s'y tient. « L'estime de soi est une fusée à deux vitesses, constituée par l'amour et par l'éducation. L'une sans l'autre ne fonctionne pas, précise le psychiatre Christophe André. Sinon, vous les incitez à mépriser les autres… Ce qui les rendra, à terme, extrêmement malheureux. »

Quelques phrases clés

- ★ « Bravo ! Tu y es arrivé tout seul, c'est formidable ! »
- ★ « Je trouve que tu es vraiment très doué en dessin, en judo… »
- ★ « Tu as un talent incomparable. »
- ★ « Je ne connais aucun enfant qui ait, comme toi, à ce point le sens de… »
- ★ « Je te fais confiance. Tu vas y arriver. »

Moustik, le petit singe tout petit... qui s'était mis à grandir en quittant (un peu) sa maman

Dans la savane africaine, près de Madagascar, il y avait des immenses baobabs que l'on appelait des « pieds d'éléphant », car leur tronc était aussi gris et large que les pieds de Babar ! Sur ces baobabs, s'enroulaient des lianes si épaisses qu'il faisait parfois nuit à neuf heures du matin ! Tout cela amusait beaucoup les petits singes d'Afrique, qui, tous ensemble, jouaient à cache-cache et à colin-maillard avec ces lianes, se suspendaient par la queue et imitaient Tarzan ! Hiiii, hiiii hiiii ! Ça en faisait, du bruit, dans les feuillages... comme dans une cour de récréation.

À l'écart de tout ce raffut, un de ces petits singes, pourtant, ne jouait pas avec les autres... Il était né un petit peu fragile et restait allongé sur sa feuille de bananier toute la journée. Jamais il n'avait faim, jamais il n'avait soif. Il faut dire qu'il n'avait pas le temps d'avoir faim ou soif, puisque sa maman faisait tout pour lui avant même qu'il n'ait l'estomac creux ou la bouche sèche !

Le matin, Moustik se réveillait avec une mangue orange vif, bien mûre et bien décortiquée sous le nez. Il suffisait qu'il ouvre la bouche pour recueillir goutte à goutte sur sa petite langue le

lait de la noix de coco que sa maman avait installée sur une branche au-dessus de lui Ensuite, il se laissait faire par sa maman, qui lui passait ses petits doigts fins et noirs dans la tête pour lui retirer quelques poux et lui faire sa petite toilette ! Bref, grâce à une telle maman, Moustik n'avait absolument rien à faire. Rien.
Alors, quand il entendait les autres petits singes autour de lui brailler, pleurnicher, se disputer un fruit de l'arbre à pain, il allongeait ses pattes, faisait frétiller ses orteils dans sa douce feuille de bananier et pensait : « Mon Dieu... La vie est belle. Moi, je n'ai pas d'amis, mais j'ai une seule maman pour moi. »
Comme elle était belle, comme elle lui semblait grande ! Elle le regardait, avec ses grands, grands yeux, elle comprenait tout à demi-mot, elle l'amusait, elle lui racontait les derniers échos de la savane... Moustik ne voyait personne d'autre.
Immobile dans son petit coin d'arbre, replié sur sa feuille de bananier, il ne bougeait pas du tout, ne parlait pas, ne faisait qu'ouvrir la bouche, déglutir... Mais, bizarrement, il avait beau manger, Moustik ne grandissait pas... Mais pas du tout ! Il avait maintenant 5 ans, l'âge d'être grand, l'âge, pour un petit singe, d'aller chercher lui-même son petit déjeuner. Or il restait aussi grand qu'un chaton nouveau-né !

Le jour où sa maman ne revint pas

Un jour, partie de bonne heure en quête du petit déjeuner, la maman-singe tomba du manguier sous le poids des deux grosses mangues et se prit le pied dans une liane ! Tout en tombant, elle ne pensa qu'à son fils : « Quelle horreur, Moustik va se réveiller et il n'aura rien à manger... »
Moustik s'éveilla comme prévu, ouvrit la bouche comme prévu, mais aucun lait de coco n'y tomba. Il regarda à ses pieds : la mangue du matin n'y était pas. Le petit Moustik sentit son estomac se serrer. Il avait faim, terriblement faim ! Et ça l'inquiétait, car c'était bien la première fois de sa vie qu'il avait l'estomac creux.
Il commença à crier :

– Ouhou ! Ma mangue, s'il vous plaît ! Ouhou ! Mangue bien mûre et lait de noix de coco ! Ouhou !
Il hurla tant et si fort qu'un petit maki déboula de son arbre – un drôle de petit lémurien aux oreilles pointues qui portait une banane.
– Pourquoi t'ouvres la bouche ? Pourquoi tu cries ? Pourquoi t'es tout petit ? Pourquoi t'as envie de pleurer ? lui demanda le maki, tout curieux.
– Parce que j'ai faim. Donne-moi une banane, répondit Moustik.
Le petit maki partit d'un immense éclat de rire. Son rire résonna dans toute la savane, d'un baobab à un autre, d'une noix de coco à une autre.
– Il veut que je lui donne une banane !
Le petit singe sautillait d'une patte sur l'autre en hurlant de rire.
Bientôt, alertés par ce rire, un groupe de petits singes s'attroupa autour de Moustik. On voulait voir le minuscule petit bonhomme qui osait demander de la nourriture au milieu de la jungle.
Moustik n'osait plus rien dire. Il n'osait plus rien faire. Il ne savait rien faire ! Il se sentait si petit. Et surtout, il avait envie d'appeler sa maman au secours. Sa maman qui avait toujours tout fait pour lui…
Les singes rirent un moment, puis partirent… sauf celui qui avait les oreilles pointues, qui continuait à mastiquer ses petites bananes vertes en regardant Moustik. Moustik avait envie de pleurer : comment cet idiot pouvait-il manger devant lui, lui qui avait si faim ?
– Si je te donne une banane, expliqua le petit singe, la bouche pleine, tu ne sauras jamais te débrouiller seul. Tu veux que je t'apprenne à chasser les mangues, et les cocos, et les bananes ?
– Je ne sais pas si je saurai, pleurnicha le petit singe.
– Tu es un singe, ou tu es un paresseux ? Comme dirait ma maman…
Moustik passa la plus merveilleuse journée de sa vie ! Il apprit à jouer entre les lianes et à cueillir délicatement les mangues et les petites bananes.
Le soir venu, il était fourbu mais heureux ! Sa maman, elle, arriva très tard, en traînant la patte.

– Je me suis blessée, car les mangues étaient trop lourdes pour moi ! dit-elle d'une toute petite voix.
Moustik regarda sa maman : comme elle lui semblait petite, soudain ! Elle semblait avoir rétréci en une journée.
– C'est pas grave, maman, regarde !
Et, les yeux brillants, de sa petite main noire, Moustik indiqua un gros tas de fruits. Il y avait un régime de bananes bien blondes, trois mangues bien fraîches et bien juteuses de la couleur du soleil. Il en décortiqua une pour sa maman, qui la mangea avec avidité, en hochant la tête, d'un air un peu triste, car elle pensait : « Mon Dieu, comme il a grandi ! »
À partir de ce jour, Moustik, en effet, se mit à grandir d'un seul coup. Tous les matins, il chassait avec ses autres copains. Le dimanche, il donnait le droit à sa maman de chasser la mangue. Mais il savait aussi que ça ne pouvait être qu'un jour par semaine. Parce qu'il avait compris qu'on ne pouvait pas grandir si l'on restait toute la vie sur une feuille de bananier à se faire servir par sa maman. C'est vrai, quoi ! aurait dit son copain aux oreilles pointues. Les singes ne sont pas des paresseux !

Un cerveau comme de la crème anglaise

C'était le deuxième jour de classe. La petite Bella n'avait encore parlé à personne. Dans la cour, sous le grand chêne, elle regardait ses pieds et elle comptait le nombre de petites fleurs roses sur ses sandales : 1, 2, 3, 4... 4, 3, 2, 1...
Cela faisait six récréations qu'elle comptait ses fleurs. Seule.
Elle vit alors une paire de baskets approcher.
– Salut, dit une voix, assez forte. Comment tu t'appelles ? Moi, c'est Isa. Isabelle, mais on m'appelle Isa.
Bella leva les yeux. Face à elle, il y avait une fille plus grande qu'elle et deux immenses yeux bleus. On aurait dit deux grandes piscines dans lesquelles on pouvait plonger.
Isa lui tendit une carte, avec un petit dragon dessus.
– Ça veut dire que tu es ma copine. Tu fais partie de mon club de copines.
– Merci, murmura Bella, qui baissa à nouveau les yeux et sentit ses joues devenir rouges.
– Arrête de regarder tes chaussures, lança Isa. Ça va pas faire pousser tes fleurs.

Le lendemain, Bella arriva à l'école en souriant. Elle tenait dans sa main une carte qu'elle avait elle-même découpée et dessinée, une carte de princesse, sur laquelle elle avait écrit « Isa, ma Copine ». Elle chercha des yeux Isa. La petite fille aux yeux bleus était entourée de cinq autres copines.

Bella s'approcha et tendit la carte à Isa, qui fit une drôle de grimace.
– Mm, mm, fit-elle, avant de la tendre à une des cinq copines.
La carte passa de main en main, sous les gloussements des petites filles.
Bella sentit son visage rougir, de honte cette fois, et elle recommença à compter les fleurs sur ses sandales. 1, 2, 3, 4...
Bella était très surprise : hier, Isa avait été gentille... et aujourd'hui, elle s'était moquée d'elle !

Le lendemain, elle essaya d'échapper au regard d'Isa et se réfugia sous le grand chêne, devant la cage à écureuil. Mais, cette fois, Isa s'approcha d'elle, de dos, et lui plaça ses deux mains sur les yeux.
– Salut, ma poupée !
Bella sursauta.

Les journées se passaient comme cela. C'était bizarre. Isa était tantôt gentille, tantôt chipie. Mais toujours, elle était le chef. Le chef des jeux, le chef des rôles. Autour d'elle, il y avait toujours cinq, six petites filles, qui exécutaient tout ce qu'elle voulait. « Toi, tu es Blanche-Neige morte, disait-elle. Toi, tu es Blanche-Neige perdue dans la forêt. Et toi, tu es Blanche-Neige endormie. Moi, je suis Blanche-Neige qui embrasse le prince. » Ou bien : « C'est moi la sorcière qui tue Blanche-Neige et qui offre la pomme. »
Bella aimait énormément Isa, ce qui ne l'empêchait pas de la craindre un tout petit peu.
Tous les matins, elle arrivait à l'école, les sourcils froncés : Isa allait-elle lui sourire ou se moquer d'elle ?
Le matin, quand elle arrivait, parfois Isa tournait les talons, un autre matin, elle pouffait en la regardant. Et puis, il y avait ces jours remplis de soleil, où Isa lui sautait au cou en l'appelant « ma petite chérie d'amour », « ma poupée ».
Même la nuit, Isa apparaissait dans ses rêves, surtout ses deux yeux bleus, grands comme des piscines, dans lesquels elle avait l'impression de disparaître. Souvent, elle apparaissait, lui criait « ouh ! », et Bella se réveillait en sursaut, et en nage.

Bella avait de plus en plus de mal à se concentrer sur les cahiers et les lettres. Les lettres dansaient devant ses yeux, elle était désormais incapable de lire correctement. Et puis, elle se mit à perdre l'appétit.
Un jour, à la cantine, Bella contempla le dessert avec dégoût ; c'était une sorte de crème anglaise à la vanille. Pour dire vrai de vrai, c'était son cerveau, qui était devenu de la bouillie. De la bouillie pour bébé que l'on remue avec une cuillère. Hop, un tour... Hop, un autre. « J't'aime, je ne t'aime pas... » On tourne dans un sens, on tourne dans un autre... Et on a la tête qui tourne, et tout était mou et liquide à l'intérieur. Elle entendit des bruits de cuillères en métal tout autour d'elle.
– Pourquoi tu manzes pas ? Z'est drôlement bon, lui dit la petite Inès de 4 ans et demi aux cheveux roux, qui avait un bon petit ventre. Z'est bon, z'est de la crème anglaise.
Bella sentit quelque chose de pas beau tenailler son estomac.
– Tu crois pas que t'es assez grosse comme ça ?
La petite fille aux cheveux roux la regarda de travers et ne dit rien. Bella avait envie de la secouer. Et elle comprit comment on pouvait devenir une chipie, comment on pouvait avoir envie d'être méchant avec quelqu'un qui ne vous répondait rien !

Ce soir-là, maman était là, à la maison, au retour de l'école. Elle était allée voir la maîtresse, et elle était rentrée plus tôt. Elle avait l'air un peu fâchée et un peu triste à la fois.
– Cette petite Isa est une chipie. Je ne sais pas pourquoi elle est chipie, mais elle l'est, dit maman.
Bella vit que, dans les yeux de sa maman, il y avait des larmes brillantes.
Elle lui dit encore :
– Cette petite fille voulait être le chef, le chef absolu de ton cerveau. Ça n'est pas cela, l'amitié.
Puis elle ajouta simplement :
– Cette petite fille doit de toute façon déménager. La maîtresse m'en a parlé aujourd'hui.
– Je ne peux pas vivre sans ma copine ! pleura Bella. Ce n'est pas possible, je serai seule, seule, seule. Je ne suis plus personne sans elle !

Bella était vraiment très triste, et elle pleura toute la soirée. Mais en versant toutes ces larmes, c'est comme si elle avait percé un petit ballon, tout au fond d'elle. Tout s'était dégonflé. Il y avait à nouveau de la place pour l'estomac, de la place pour le cerveau. De la place pour réfléchir et pour apprendre à lire. Bella recommença à s'intéresser à l'école, aux autres copains, à lire, à faire du piano. Elle était redevenue le chef d'elle-même.
Un jour, dans la cour de récréation, elle dit :
– Aujourd'hui, si vous êtes d'accord, j'aimerais jouer Cendrillon, mais la Cendrillon du bal. Et demain, on changera. Parce que personne n'est le chef de personne, d'accord ?
Et tout le monde l'écouta.
Son cerveau n'était plus de la bouillie pour bébé. Alors, elle regarda autour d'elle, et elle se remit à jouer.

La révolte des poubelles

Ou comment les porte-parapluies, poubelles et déchets se sont remis à s'aimer, eux qui se trouvaient nuls, moches et puants

Dans la salle d'attente d'un médecin, il y avait un porte-parapluies anglais en plastique noir, d'allure fine, fière et noble. Or ce porte-parapluies aimait son métier – car accueillir les pauvres parapluies trempés, éviter qu'ils n'inondent la moquette, était un vrai travail. Mais ce porte-parapluies avait un problème : il était placé tout au fond de la salle, de telle sorte qu'on le prenait pour une poubelle. Tu me diras : rien ne ressemble autant à une poubelle qu'un porte-parapluies, à part le tour de taille – les porte-parapluies ont une taille de guêpe. Cela n'empêche qu'ils détestent être pris pour des corbeilles. Qui aime être confondu avec une poubelle ? Hein ?
Notre porte-parapluies anglais recevait ainsi, dans son ventre, papiers gras, emballages de glace poisseux, trognons de pommes, vieux morceaux de gomme rongés par des écoliers affamés, dessins ratés, ordonnances vieilles de plus de six mois, petits mots doux chiffonnés par les timides, vieilles blagues de Carambar et tatouages usagés de Malabar. Et je ne te parle pas des mégots de cigarette laissés par des mal élevés... Les poubelles, elles, acceptent tout cela en faisant le dos rond, paupières baissées.

Le porte-parapluies anglais en était, lui, secrètement chagriné. Quand on jetait une ordure par le trou, sa moustache anglaise tremblait et il avait un petit sursaut intérieur – rien qui ne se voie à l'extérieur, bien sûr. « Aoh ! murmurait-il, rien que pour lui. C'est fâcheux, *isn't it* ? pensait-il avec son accent anglais habituel. Voilà enco'que l'on me p'end pour une poubelle. C'est la vie... »

Et hop, il digérait. Sans rien laisser paraître, car il n'avait aucun goût pour la révolte.

À force de recevoir épluchures de pommes de terre, brouillons de mots tendres et papier d'argent qui enveloppe le chocolat et les bâtonnets de sucette, le porte-parapluies prit du ventre et perdit sa taille de guêpe, à tel point qu'on le prenait maintenant systématiquement pour une bonne grosse poubelle.

Et puis, un jour de novembre, un monsieur anglais arriva avec son parapluie inondé, plein d'eau.

– C'est incroyable ! dit-il avec un fort accent anglais. Il n'y a pas de porte-parapluies ici. Et pourtant, c'est une salle d'attente. Ces Français n'ont que des poubelles, jamais de porte-parapluies. Ils ne savent pas vivre. On voit que c'est un pays où il ne pleut pas, c'otte de bique, *damned*.

Peut-être parce que le monsieur était, lui aussi, anglais, et que les Anglais se fâchent très peu, le porte-parapluies, ce jour-là, reçut comme une petite blessure au cœur.

Tout à l'intérieur, en silence, il hurla : « Je ne suis pas une poubelle ! Je suis un porte-parapluies ! » Et ce sursaut, à l'intérieur, fut si violent qu'une peau de banane sortit du trou – hop, et il se mit aussi à vomir une lettre d'amour. Et hop, un vieux papier Kinder, et une blague de Carambar.

Il pensa alors (toujours avec son accent anglais) : « Personne ne m'a entendu, *God*, mais ça fait du bien de dire ce qu'on a sur le cœur. »

Personne n'avait entendu, et pourtant quelque chose changea.

Et, le lendemain, déjà, bizarrement, on douta à nouveau.

Une jeune femme brune, qui arriva avec son parapluie de golf trempé, s'interrogea : « C'est bizarre, je me demande si ça n'est pas un porte-parapluies, cette poubelle. En tout cas, c'est une poubelle bizarre. »

Le porte-parapluies pensa que c'était le fait de se révolter qui le faisait un peu plus ressembler à lui-même. Alors, il recommença, encore et encore. Il dit :
– Je suis moi, et pas une poubelle.
Et, à force de crier, ou peut-être parce qu'il faisait travailler sa gorge, le porte-parapluies reprit une forme un peu plus fine, plus élancée, avec un trou, tout au-dessus, fait pour les parapluies.
– Je-ne-suis-pas-une-poubelle ! criait-il dans sa langue de porte-parapluies.
À compter de ce jour-là, plus personne ne se trompa.
– Remets ton Kleenex dans ta poche, disait la maman à son fils. Ne prends pas ça pour une poubelle. Ça, c'est bien un porte-parapluies, j'en suis sûre.
Parfois, les petits enfants désobéissaient et, quand leur mère avait le dos tourné, jetaient tout de même le Kleenex à l'intérieur, en tirant la langue :
– Na, sale poubelle !
À cette époque, beaucoup de porte-parapluies se révoltèrent eux aussi, et bien des poubelles se mirent également à mincir, mincir, et à refuser désormais d'accueillir les saletés. Des manifestations silencieuses furent organisées : « Nous refusons les ordures ! », « Nous n'acceptons que les cannes et les parapluies ! »
Il y eut des conférences où les porte-parole des poubelles hurlaient :
– Refusez votre condition ! On ne naît pas poubelle, on le devient ! Vous pouvez toujours choisir ! Oui, vous avez de la valeur...
À cette époque, il y eut beaucoup trop de porte-parapluies, et trop peu de poubelles, ce qui créa un embouteillage au niveau des ordures. C'est depuis ce jour que des messieurs importants se sont mis à réfléchir sérieusement au recyclage des déchets. Qu'allait-on faire des vieux papiers gras et vieux morceaux de gomme, bâtonnets de sucette et canettes vides de Coca-Cola ? Les poubelles, alors, se spécialisèrent avec fierté, les unes accueillant les journaux, les autres les bouteilles de verre... On appela cela le « tri sélectif ». Avec leurs nouvelles couleurs,

leur nouvelle fonction, elles se sentirent aussi importantes que les porte-parapluies. Elles demandèrent à changer de nom. Une des poubelles proposa le terme de « panier d'accueil spécialisé », une autre « hôtesse pour objets en fin de vie ». De leur côté, les déchets furent très contents que l'on pense à les recycler, ça leur donnait de la valeur. C'est important, d'avoir de la valeur ! Cela donne envie de vivre et cela rend heureux. Depuis ce jour, tout le monde est content : porte-parapluies, poubelles et déchets. Et plus personne ne pense à se révolter. Du moins, dans les salles d'attente…

Le petit âne qui s'excusait tout le temps

C'était un petit âne au pelage gris, aux yeux marron et humides. Il était né dans une vieille grange démolie, sur un vieux tas de foin piquant, et en avait gardé une grande modestie. D'ailleurs, sa maman lui avait dit et répété : « Mon fils, nous sommes une famille de pauvres paysans, nés dans une vieille bicoque pourrie. Tu as failli mourir de froid à la naissance, alors dis merci à la vie ! Et n'oublie pas : merci, pardon, s'il te plaît. »
Le petit âne en avait conclu, un peu rapidement, qu'il n'était pas de la race des seigneurs, des petits coqs qui se tiennent la crête haute, ni de la race des beaux pur-sang.
Sa maman disait encore : « Notre lait n'est pas bon à boire. Avant, on l'utilisait pour adoucir la peau des princesses, mais maintenant que les crèmes pour le corps existent, il ne sert plus à rien ! »
Tout ça n'encourageait guère l'ânon à devenir quelqu'un.
Été comme hiver, le petit âne baissait les paupières, et quand il faisait « hihan », c'était un « hihan » avec plein de « pardon, excusez-moi » dedans. Essaie de dire « hihan » avec du pardon et sans respirer, et tu verras. Ça rétrécit la poitrine, ça colle les oreilles par-derrière.
Quand le petit âne, le matin, était réveillé par le minuscule petit coq juché sur ses ergots comme sur des talons aiguilles, avec ses petits mollets tout musclés, il soupirait : « Comme il

est grand ce coq ! Moi qui suis misérable comme une crotte de souris. » Et le coq, quand il croisait le regard admiratif du petit âne, se sentait encore plus grand, plus fier et plus cocorico que jamais. Du coup, sa poitrine se gonflait d'air, beaucoup plus que s'il avait fait des exercices de musculation avec des haltères ! Alors, il toisait le petit âne qui le regardait d'un air encore plus craintif, ce qui rendait le coq encore plus fier. C'est ainsi, dans le monde des bêtes, que s'affirment les chefs et les esclaves.

Quand le petit âne croisait, sur le sentier, les grands et beaux chevaux, la crinière au vent, les flans rebondis, leur « hihhihihihihi » qui ressemblait à un rire moqueur, il se sentait encore pire : une crotte de fourmi. Alors il reculait de trois pas et il disait : « Pardon, oh, pardon. Je m'excuse…

– De rien, mon brave, répondaient les beaux chevaux au poil brillant. Pfff… » Et ils ricanaient entre eux : « Pauv' gens, pauv's ânes, tout de même. »

Le petit âne disait pardon à n'importe qui, même sans avoir fait de bêtise, comme s'il s'excusait d'exister ! Il aurait tout donné pour être quelqu'un d'autre que lui. Une oie, bêtasse et cancanière. Ou une feuille morte. Ah, ça oui, pensait le petit âne. Une feuille morte, c'est bien, ça vole, ça ne ressent plus rien, même plus son corps !

Au fond, ce petit âne ne savait pas quoi faire de ses oreilles et de ses pattes. Il aurait voulu rentrer six pieds sous terre. C'est pourquoi il disait pardon, pardon. Tu sais, c'est bien de s'excuser… Mais pas quand tu n'as rien fait !

Quand il toussait, qu'il était enrhumé, qu'il avait la goutte au nez, il s'excusait. Quand il marchait, quand il bâillait, quand il parlait, quand il avait un petit rot minuscule que personne n'entendait, il s'excusait. Quand son sabot écrasait un brin d'herbe, il s'excusait encore : « Pardon, l'herbe, ô, pardon ! » D'ailleurs, il en connaissait, des mots d'excuse ! Il était devenu super-doué en pardons. Dans toutes les langues, et dans tous les genres. « *Scusi* », en italien, « Pourrez-vous me pardonner un jour ? » (avec des accents de tragédien), « Je m'en veux terriblement », « Pardon, mon ami », « *Forgive me, please* », en anglais.

Du coup, tout le monde en profitait... Les pâquerettes se fâchaient : « Regardez-moi ce stupide animal ! Tu nous as réveillées de notre sieste, espèce d'âne ! »
Et même les brins d'herbe se liguaient contre lui : « Tu es interdit de séjour ici ! On ne veut plus te voir dans ce pré ! »

L'hiver arriva à la ferme. Et l'hiver, ça n'est pas une période facile pour les animaux. Il fait froid, ils n'ont plus grand-chose à manger – surtout ceux qui n'ont pas fait de provisions – et le gel s'abat sur eux. L'hiver, ça n'est la faute de personne. Mais comme le petit âne était prêt à s'excuser pour tout, bien sûr, on avait sous la main un coupable tout trouvé !
Le coq, cet hiver-là, souffrit d'un gros rhume et d'une extinction de voix, malgré son petit cache-nez. Il roula des yeux en colère et signifia à l'âne, en agitant ses ailes, que, s'il avait perdu la voix, c'était à cause de lui. Aussitôt, les poules se mirent en colère : n'était-ce pas de la faute de l'âne, également, s'il n'y avait plus de grain ? « Et c'est lui qui a bu tout mon lait ! » miaula le chaton de la ferme.
Est-ce que ça n'était pas sa faute, si la pluie se mettait à tomber ? aboyait le chien, transi de froid dans sa niche.
Alors, le petit âne courait chercher du grain, du lait, et réchauffait le chien dans sa niche. Et quand il neigea, alors là... ce fut le pompon.
Tout le monde se mit à hurler dans la ferme : « L'âne, l'âne, l'âne !!! » Les petits oiseaux, qui n'avaient plus rien à manger, foncèrent sur l'âne et lui tirèrent les oreilles méchamment, avec leur bec. Cet hiver-là, les pâquerettes gelèrent aussi. En agonisant, elles crièrent : « L'ââââne ! Aaaaargh ! »
Car c'est ainsi. Dans une ferme, comme dans n'importe quelle classe, école, maison..., il faut toujours trouver un responsable au malheur qui arrive. Ça permet de se défouler sur quelqu'un.
« Fais revenir le soleil ! » lui disait-on, l'air mauvais. « Tu nous as volé l'été », « Décroche la lune », « Il a neigé : excuse-toi ! »
Et un jour, alors que tous les animaux de la ferme étaient réunis pour décider du sort de l'âne, le coq, fièrement, qui venait de récupérer sa voix, glapit : « Un jour, on ira te pendre dans la forêt. Et le monde sera bien meilleur sans toi. »

Ce jour-là, quand il entendit cela, le petit âne sentit quelque chose bouger dans son cerveau.
Il ne comprenait pas... Plus il était gentil, doux, obéissant..., plus les autres se déchaînaient contre lui !
Il s'assit sur le talus, prit sa tête entre ses pattes et réfléchit très fort. Car souffrir, ça donne envie de pleurer. Mais ça donne aussi envie de penser à ce qui vous arrive. « Ça n'est pas bien de s'excuser tout le temps, d'être trop gentil », pensa le petit âne.
Alors, le petit âne fit ce que sa maman lui avait toujours, toujours interdit de faire. Il se fâcha. Il devint lui-même.
Le lendemain matin, à 5 h 25, il respira un grand coup et piqua un énorme, un gigantesque « hi hannnn ! » plein de vie, d'air, un genre de « cocorico » qui fit un écho terrible et se répercuta du poulailler à la grange en passant par les prés et la bergerie. Toute la ferme fut réveillée en un clin d'œil. Le coq, qui était en train de lisser ses trois plumes sur son crâne (c'était sa petite toilette) avant de piquer son cocorico (prévu pour 5 h 30), s'en étrangla de rage. Ce bougre d'âne qui avait pris sa place ! Pour qui se prenait-il ?
Mais le petit âne arriva, l'oreille au vent. « Salut, le coq, ça gaze ? » demanda-t-il. Il alla voir le chat : « Gros matou de salon, debout ! Si tu manques de lait, il faut te secouer les puces ! »
Il se rendit ensuite vers le champ de pâquerettes. « Allez, les filles ! Dans quelques jours, c'est le printemps. Allez, zou, les paresseuses, vous allez être en retard ! » Et les pâquerettes furent si étonnées qu'elles poussèrent toutes d'un seul coup, la bouche grande ouverte.
Mais celle qui était encore plus surprise, c'était sa maman, la maman ânesse qui avait passé toute sa vie à courber l'échine, à faire le dos rond ! Le petit âne lui dit : « Je ne suis pas d'accord avec toi. Notre lait adoucit la peau des princesses parce que nous sommes de la race des seigneurs, tu sais ? »
Ces jours-là, le petit âne grandit très vite. Il releva les oreilles, le cou, les yeux, et tout le reste. Et il ne s'excusa plus que pour le strict minimum. C'est-à-dire quand il faisait une bêtise, ou qu'il passait devant quelqu'un.

Ses yeux cessèrent d'être marron, humides avec plein de « pardon » au bord des cils. Il ne baissa plus les yeux.
Du coup, la ferme tout entière se mit à le respecter.
Le petit âne était très heureux... Cela ne l'empêcha pas de rechercher, toujours, la compagnie des petits animaux, tu sais, les petites fourmis soldates, les crapauds qui s'enfuient quand le jour se lève, parce qu'ils se trouvent trop laids pour exister, ou le limaçon qui, à peine sorti de terre, rougit comme une tomate. Le petit âne ne perdait jamais une occasion de leur expliquer pourquoi leur existence était précieuse.
Un jour, sur le chemin, le petit âne croisa un mille-pattes.
– Je vous prie de m'excuser, chuchota le mille-pattes. Avec tous mes pieds à déplacer, je suis d'un lent... Et puis, je m'emmêle régulièrement les pinceaux. Vraiment, je ne suis pas doué.
– Ne vous excusez pas ! rétorqua l'âne. Chacun son rythme. Vous n'êtes pas un lièvre, n'est-ce pas ? Alors, vous allez sortir votre petite tête de vos épaules et regarder fièrement devant vous. Vous êtes de la race des seigneurs, avec vos mille pieds. Le coq, lui, n'a que deux ergots, savez-vous ?
Et il ajouta :
– Installons-nous ici. Je vais vous raconter l'histoire d'un petit âne qui s'excusait tout le temps...

Histoire de la baguette qui rétrécissait

Quand on exécute tous les caprices des autres, on perd son propre pouvoir

Qui n'a jamais rêvé d'être une fée ? De posséder une baguette magique pour exaucer tous les vœux qui nous passent par la tête : faire le lit le matin, demander quinze glaces à trois boules et vingt-trois sucettes, transformer sa maîtresse en princesse de la *Guerre des étoiles* ou bien encore troquer une choucroute immonde de la cantine en grosse assiette de frites au ketchup bien salées ?

Ça, c'est ce dont on rêve…

En réalité, sache-le, dans la vallée des Fées, on n'a pas le droit d'utiliser sa baguette magique pour soi-même. Du moins ne peut-on le faire qu'en cas de grande détresse – et même de danger de mort.

En revanche, on peut réaliser les vœux des autres, mais « avec modération », vous dit-on, « sans en abuser », « sans en faire trop ». Quand la reine des fées, au moment de la cérémonie de remise des baguettes, les mettait en garde, tous les enfants se demandaient : « Qu'est-ce que ça veut dire sans en faire trop, sans en abuser ? »

Cela signifiait-il que vous aviez le droit de l'utiliser jusqu'à « dix fois par jour » ou seulement « une fois par mois » ? Cela signifiait-il « une fois par jour » ? Pour donner des bonbons ? Faire plaisir ? Et à qui ? À ceux qui en avaient réellement besoin ?

« C'est à toi de savoir, leur répondait en souriant la reine des fées. Il est difficile, très difficile, quand on a une baguette magique en main, de limiter ses envies ! »

Or la petite fée Noémie avait beaucoup de mal à dire « non » aux autres. Un jour, sur le chemin de l'école, elle avait croisé une petite fée tout en pleurs, assise sur un talus, le visage dans les mains, parce qu'elle avait oublié de faire son exercice, qui était : « Expliquez comment vous feriez pour annuler la malédiction de la fée Carabosse. Faites dormir la princesse Aurore trois mois plutôt que cent ans. » C'était, somme toute, un devoir simple sur les « réductions de sort ». Mais la petite fée était si angoissée qu'elle se mit à pleurer : « On va me renvoyer de l'école ! Noémie, aide-moi ! »
Noémie avait le cœur tendre. Elle avait sorti bien volontiers la baguette de son cartable et hop, en trois quarts de seconde, le devoir était fait. La petite fée sécha ses larmes, embrassa Noémie sur les deux joues et repartit bien contente en sautillant sur les brins d'herbe.

Ce genre d'histoires se répand bien sûr comme une traînée de poudre de fée. Trois jours après, Noémie était devenue la « chère fée qui exauce les vœux ». Comme par hasard, elle eut des amitiés subites. On l'invita à des anniversaires, on lui dit : « Noémie, ma biche, viens t'asseoir à côté de moi ! », « Noémie, ma puce », « Noémie, ma chérie, comme tu es jolie ce matin », « Noémie, ma poupée bleue, mon petit canard en sucre ! »... Quand elle entendait ça, elle était prête à dégainer immédiatement sa baguette. Et elle oubliait tout. Il était très facile, ensuite, de lui demander :
– Dis donc, Noémie... j'ai besoin d'un nouveau jean pour sortir ce soir.
– Oh, rien de plus facile ! riait Noémie.
Et hop, la petite fée découvrait un superbe nouveau jean avec des brillants cousus sur les poches.
– Noémie, j'ai un bouton sur le nez.
Hop, plus de bouton !

De jour en jour, de semaine en semaine, les petites fées devinrent de plus en plus exigeantes et leurs vœux, de plus en plus désordonnés : « Je veux une pizza », « Une nouvelle trousse ! », « Une nouvelle maman, plus gentille », « Je veux un énorme pot de mousse à la fraise ». On l'appelait soir et matin... Et Noémie se déplaçait – avec sa baguette.
Parfois, il lui venait des envies de dire : « Non mais, pour qui tu me prends ?! » Mais c'était un non dans sa tête, qui sortait de sa bouche en « Pouff... zoupf... fffou, la la... » ou « Ça m'arrange pas, aujourd'hui, vraiment ça m'arrange pas, ah là là là... ».
C'était presque un problème de traduction. Son cerveau disait non, et sa bouche disait oui. C'est difficile de dire non, quand on a envie d'être aimé par les autres !
Alors Noémie sortait la baguette de son étui et s'exécutait. Et elle constatait chaque fois que sa baguette rétrécissait et perdait un peu de son éclat...

Les vœux des petites fées étaient devenus vraiment de plus en plus fous !
– Refais-moi le nez !
– Et des cuisses plus minces, et que ça saute !
– Et des cheveux frisés !
– Et j'veux les yeux bleus avec un éclair doré dedans. Non, pas comme ça, comme ça !
– Une belle voix ! Allez, zou !
– Un château pour mes vieux jours ! vociférait Estelle la Belle.
– De l'argent sur mon compte en banque !
– Encore plus ! Encore plus ! glapissait la fée avec une voix de crécelle.
Un jour, la fée Zoé exigea : « J'voudrais sept princes charmants, un pour chaque jour. » Et quand Noémie les lui inventa, elle hurla : « Sont moches ! Sont pas beaux ! Des laiderons ! Reprends-les ! » Et Noémie se retrouva avec sept princes charmants sur leurs blancs chevaux, terriblement vexés, devant lesquels elle dut s'excuser.
Noémie était épuisée, et ce qui la chagrinait, c'était de voir que, finalement, personne ne lui disait merci.

Parfois, elle voulait dire non, mais comment supporter de voir les sourcils se froncer ? Et puis, on allait peut-être la planter là, la laisser toute seule. Qui était-elle, pour oser dire non ?
Le problème de Noémie, c'était qu'elle se sentait moche et archi-nulle, avec ses cheveux comme du foin, un gros nez en patate et quelques boutons sur les joues.
En attendant, les autres fées devenaient, elles, horribles ! Plus on cédait à leurs caprices, plus elles s'enlaidissaient. Leurs yeux bleus luisaient d'un éclair méchant. Leur menton tremblotait et s'allongeait. Leur nez se recourbait, et un poireau leur poussait sur le menton. Et, quand elles parlaient, c'était avec une voix gouailleuse et noiraude de sorcière. Mais oui, c'était bien ça ! Elles étaient en train de se transformer en… sorcières.
Noémie se déplaçait, maintenant, de six heures à minuit passé.
On lui téléphonait, un peu comme on commande une pizza. Mais, alors que l'on paie et remercie les livreurs de pizzas, personne ne lui donnait rien en retour ! « C'est curieux, songeait Noémie, il y a quelque chose qui tourne pas rond. On m'a pourtant appris à remercier quand on me donne quelque chose… »
Un soir, une petite fée téléphona à Noémie à une heure du matin, car elle avait une soudaine envie de gâteau au chocolat recouvert de crème chantilly. Noémie savait bien qu'elle outrepassait les bornes.
Mais à la simple idée de dire « non » au téléphone et de raccrocher, elle avait l'impression de s'enfoncer un poignard dans le cœur et de mourir, là, toute seule, en pleine nuit.
Car le lendemain, se disait-elle, tout cela allait se savoir. Et, pensait-elle, elle le paierait cher, son refus ! Elle le paierait en amitiés gâchées…
Donc, en pleine nuit, elle se téléporta jusque chez la petite fée… Et fit apparaître, avec sa baguette, une gigantesque part de brownie à la chantilly. La petite fée l'engloutit, émit un petit rot de fée, se recoucha sans même se brosser les dents. Ni, bien sûr, dire merci !
Tristement, Noémie prit le chemin du retour. « Oh, je vais y aller à pied, songea-t-elle. Car je ne dois pas trop user ma baguette magique. »

Mais il était deux heures du matin, tout était noir et elle se perdit... Elle tourna, tourna, tourna... Puis, à bout de forces, sortit la baguette de sa poche. Oh, quelle horreur ! Ça n'était plus une baguette, c'était une allumette ! Elle avait rétréci jusqu'à mesurer... cinq centimètres. CETTE BAGUETTE N'AVAIT PLUS AUCUN POUVOIR MAGIQUE ! Que faire ? Elle s'assit sur une souche d'arbre et se mit à pleurer de grosses, grosses larmes. « C'est injuste ! injuste ! » Et elle pensa mourir là, toute seule. Heureusement, tu le sais, chaque petite fée a une marraine qui vole à son secours. La bonne fée de Noémie apparut dans un tourbillon argenté. Avec sa ride au milieu du front et ses sourcils froncés, elle avait l'air très fâchée ! Au lieu de dorloter Noémie, elle applaudit :
– Bravo, ma fille. Tu es passée championne en l'art de transformer des fées en sorcières !
Et elle sortit une petite liste de sa poche.
– À ce jour, tu as transformé 35 petites fées en 35 sorcières chipies.
Noémie éclata en sanglots.
– Je ne savais pas que les cadeaux allaient avoir cet effet-là. Je voulais leur faire plaisir !
– Pour quoi faire ? Pour te faire aimer ? Tu crois vraiment qu'en exécutant tous leurs caprices, tu vas leur inspirer de l'amour ? Et du respect pour toi ?
– Je ne veux pas qu'on m'abandonne, pleura Noémie. Je ne sais pas dire non. J'ai pourtant essayé... Mais j'avais trop peur de mourir sur place, d'un coup de couteau !
La marraine-fée hocha la tête et la prit enfin dans ses bras tout doux.
– Je sais bien, ma chérie. Mais l'amour et l'amitié ne fonctionnent pas comme cela, avec des cadeaux. Tu es jolie, intelligente, tu es drôle et tu es une gentille fille. Tu n'as pas à donner pour te faire aimer. Les grandes personnes savent bien cela. Elles savent bien qu'elles peuvent transformer leurs petits enfants en horribles crapauds si elles leur donnent trop de choses.
Et la marraine-fée attrapa la minuscule crotte de baguette, qui flamba illico dans l'air comme une allumette. Elle sortit, très,

très lentement, un bel étui en velours rouge, d'où elle extirpa une nouvelle baguette brillante.
– C'est ta seconde chance, lui dit-elle. Tout le monde a une seconde chance. Tu es priée de l'utiliser seulement de temps en temps. Si tu en uses avec modération, elle ne perdra pas de sa magie. Tout le monde n'a qu'un nombre limité de vœux, tu devrais le savoir ! Sinon, tu perds de ton pouvoir, tu te perds toi-même. Si tu l'utilises trop, ta baguette rétrécira... comme un fétu de paille. Et pfouittch ! Plus rien !
Noémie bâilla (les émotions et la vérité fatiguent toujours).
– Allez, hop ! Prépare-toi, dit la marraine-fée. Rentre chez toi, enferme ta baguette magique, ne la sors qu'aux grandes occasions. Et fais-toi un peu plus respecter des autres ! Car, tu sais, je vais te dire un secret : quand on ne leur dit jamais « non », ça les rend fous et méchants ! Et ils t'en veulent car ils ne savent plus où donner de la tête. Ça leur donne envie de manger une glace à deux heures du matin, de partir en vacances sur la lune...
La marraine-fée ajouta :
– Il ne faut pas tout accepter des autres. Sinon, tu te transformes en crotte de souris, ni plus ni moins. Ta baguette, c'est un peu toi-même. Tu t'es rapetissée à leurs yeux.
Noémie attrapa vivement sa baguette.
– Cette baguette, dit-elle, c'est moi. C'est mon secret. Je suis précieuse comme elle.

Noémie rentra chez elle, enferma sa belle baguette magique toute neuve dans son placard, à l'abri de tous les regards.
Il fallait qu'elle apprenne à dire non.
Quand elle saurait bien articuler « non, non non » devant le miroir, sans avoir l'impression de se donner elle-même un coup de couteau dans le cœur, de se tuer sur place ou d'être abandonnée, eh bien, elle pourrait à nouveau la sortir du placard...
Et c'est ce qu'elle fit. Ça ne l'empêcha pas d'avoir beaucoup d'amies, des petites copines qui l'appelaient « Noémie », « Noé », et pas forcément « ma biche », « mon canard en sucre » ou « ma poupée bleue » !

CÔTÉ PARENTS

• • • • • • • Savoir dire non aux autres • • • • • • • • pour mieux s'affirmer

Dire non, même à l'âge adulte, est l'une des choses les plus difficiles qui soient ! On n'a pas envie de déplaire, on veut faire plaisir à l'autre… Derrière les impossibilités à dire non, on le sait bien, traîne une envie, infantile, d'être aimé éperdument, donc, comme la petite fée, et d'exaucer tous les désirs des autres… Pour autant, on risque gros, car ce qui nous pend au nez, c'est tout bonnement d'oublier nos propres désirs et de sacrifier notre identité.

Ne pas apprendre à dire non à son enfant, c'est également courir le risque de le priver totalement de discernement et d'esprit critique. Or on sait aujourd'hui qu'un grand nombre d'enfants qui touchent à la drogue très tôt, ou à la cigarette – parfois dès 10 ans ! –, autrement dit qui cèdent au schéma ambiant et à l'influence des autres, ont eu un problème d'estime d'eux-mêmes. Ils ont, à un certain moment, été incapables de dire non… parce qu'ils voulaient tout simplement s'intégrer dans un groupe et se faire aimer.

Comment lui apprendre à dire non ?

– On respecte ses propres désirs… si bien sûr ils sont raisonnables. On l'écoute, on lui montre qu'il a de l'importance… On ne balaie pas d'un revers de main ses paroles. On l'écoute et on discute : « Tu ne veux pas aller chez tes grands-parents ? Pourquoi ? Donne-moi tes raisons profondes. »

– On lui montre qu'il existe… Quand on rentre le soir, ou que l'on cesse de travailler, on éteint son portable, on ne le fait pas passer après…

– On lui prouve qu'on respecte ses limites. Et même son corps. On n'entre pas dans la salle de bains sans avoir frappé à la porte, on n'entre pas dans sa chambre comme dans un moulin.

– On l'aide à se respecter lui-même en respectant les limites de son corps et de son intimité. On ne le force pas à faire un bisou quand il n'en a pas envie, on ne le bouscule pas, et si, à bout de nerfs, on cède à une fessée, on explique ensuite son comportement.

– Dans un square ou une aire de jeux, on le laisse aussi exprimer ses désirs. Pourquoi devrait-il courber l'échine ? Pourquoi donnerait-il son râteau s'il est en train de jouer avec ? Pourquoi l'autre serait-il privilégié ? On peut lui suggérer, certes, de jouer avec son copain, mais pas forcément de donner tout ce qu'il possède. Répondre au petit garçon : « Il te le prêtera tout à l'heure. »

– Lui apprendre à dire non, c'est lui apprendre aussi à résister au chantage affectif : « Si tu me donnes ça, t'es ma copine, si tu ne joues pas le rôle de la servante et moi celui de la princesse, t'es plus ma copine. » Les cours de récréation sont pleines de ces petites menaces quotidiennes entre enfants : « Si je ne suis pas la reine encore une fois, et toi la servante, je ne te cause plus. » On lui fait comprendre que ces enfants-là sont des manipulateurs. S'il ne s'oppose jamais, s'il ne refuse jamais rien, ces enfants iront encore plus loin dans leurs demandes... Et alors, ça ne s'arrête jamais ! Au contraire, il faut lui dire que l'amitié, ça n'est pas se forcer toujours, avoir toujours le mauvais rôle. Les relations doivent être équilibrées.

Certains enfants, certains adultes, donneraient tout pour être aimés des autres. Nous connaissons tous autour de nous des adultes qui bombardent les autres de cadeaux ! C'est une forme de racket, qui peut se produire à l'insu de l'enfant. Il se sacrifie... pour être aimé. Mais l'amitié, comme l'amour, ne s'achète pas ! Il est temps de rectifier le tir, car certains adultes ont cette attitude pendant leur vie entière – donnant de leur temps, de leur argent... de leur « magie intérieure », pour survivre et être aimés des autres.

Quelques phrases clés

★ « Tu es gentil, aimable, joli, mignon... Tu n'as pas à donner plus de choses pour te faire aimer. »

★ « Tu es déjà, toi, un cadeau ! »

★ « Ne te force pas à faire ce que tu ne veux pas faire avec les copains et les copines. »

★ « À l'école, la maîtresse te donne des ordres, des consignes, c'est normal. Mais avec les copains, ça doit être différent. »

★ « Donner est un acte gratuit. On ne donne pas pour se faire des copains. Les vrais copains nous aiment pour ce que l'on est, non pas pour les cadeaux que l'on donne. Même s'ils te disent le contraire. »

★ « Quand tu ne sais pas si quelque chose est bien, ou mal, normal, pas normal, essaie d'écouter cette petite voix qui, à l'intérieur de toi, parfois très faiblement, te souffle "c'est bien" ou "vraiment, c'est pas bien, je ne dois pas le faire". Et quand, vraiment, tu ne sais pas si c'est bien, ou si c'est mal, fais attention. Souvent, ça signifie que tu as plutôt envie de dire non que oui. »

L'histoire d'Alice la fourmi qui était devenue toute rouge

Un beau matin, Lucile la fourmi
Invita Alice sa voisine
À prendre le thé dans sa fourmilière.
Elles s'assirent et dégustèrent leur rosée du matin.
– Veux-tu une petite sucrette pour sucrer ton thé ? demanda Lucile, en présentant son assortiment de sucs de fleurs glacés. Lilas, pâquerette, marguerite, coquelicot ? Je les ai toutes fait glacer sous la pleine lune. Tu verras, c'est exquis.
« Et gna gna gna, gna gna gna ! » fit Alice dans sa tête.
Mais Lucile retournait dans la cuisine.
– Petit gâteau sec ? dit-elle en lui présentant quelques morceaux de brindilles à trempouiller dedans. Ou gâteau au chocolat ?
« Gna gna gna », pensa encore Alice,
Qui était furieuse, jalouse, en rage, mais fort impressionnée.
La maison de Lucile était très jolie.
Une petite chambre bien tapissée,
Avec des petits morceaux de feuilles mortes
Orange et marron sur les murs,
Des bouquets de mousse verte par terre en guise de moquette,
Un pétale de rose comme matelas,

Un morceau de plume de moineau comme couverture.
Il y avait beaucoup de jouets
Qu'elle avait fabriqués elle-même,
Et, dans un coin, elle avait installé
Une petite coiffeuse, avec un
Morceau de miroir récupéré d'une vieille montre !
Lucile avait nettoyé le matin, fait son lit,
Et elle était contente de faire plaisir à son amie Alice.
Mais Alice, qui, dans sa maison,
Ne possédait qu'une motte de terre en guise d'oreiller,
Regarda tout cela, et ça ne lui fit aucun plaisir.
Elle aurait dû se réjouir pour son amie,
Mais à la place,
Quelque chose enfla son cœur,
Une sorte de poison,
Qui lui remonta jusqu'au visage.
Elle en devint rouge, de dépit, d'envie,
Une envie atroce et absurde
D'être comme son amie,
Et rouge de honte de ne rien avoir.
Lucile continuait à discuter,
Toute fière de lui montrer
Sa cuisine, son garde-manger pour l'hiver...
Soudain, elle se retourna.
– Ouh ! dit-elle, dis donc ! Tu as pris un sacré coup de soleil aujourd'hui ! Viens donc te reposer à l'ombre, je vais t'apporter un peu de rosée calmante numéro 5.
Car en plus, elle était gentille, et avait réponse à tout...
« Grrrr ! » pensa encore Alice.

Après le thé, Alice partit sans rien dire,
Avec sa rosée calmante sur le visage.
Mais la rougeur resta au fond de son cœur
Et n'en partit pas !
Et ça fit un tel poison,
Une telle colère,
Qu'Alice essaya de s'en débarrasser
Par tous les moyens.

Alors Alice, avec son dard,
Se mit à piquer, piquer, piquer
Un peu partout.
De rage, son dard s'enfonçait n'importe où,
S'enfonçait dans les bras des petits enfants,
Dans les plantes des pieds,
Sur tout ce qui bougeait sur terre.
Comme si elle essayait de dire :
– Je voudrais être Lucile, mais je n'y arrive pas.

Si tu l'avais rencontrée, peut-être lui aurais-tu dit :
– Pourquoi l'envies-tu ?
Toi aussi tu peux avoir ta propre maison,
Ta petite maison à toi !
Il suffit de mettre une brique après l'autre...
Mais ce qu'elle voulait, c'était la même maison !
La même vie !
Une vie faite de gentillesse, de sucrettes différentes.
Une vie à soigner les gens, à donner des cadeaux,
Une vie pleine d'amitiés et de sourires, comme Lucile.

On dit que les fourmis rouges
Sont mauvaises, méchantes,
En fait, les fourmis rouges
Sont tristes à en mourir.
Car elles détestent piquer.
Elles piquent pour se faire remarquer,
Pour se sentir quelqu'un.
Car toute la journée, elles ne font qu'entendre :
– Oh, c'est quoi ça ? C'est pas une fourmi, c'est rouge !
À force d'entendre ça, on perd l'envie de faire du bien, crois-moi.
Elles piquent par envie, peut-être pour dire :
– Regardez, j'existe ! Ouh ouh ! On ne m'a pas oubliée quelque part ! Je suis une four-mi ! Vous entendez ! Je ne suis pas que du rouge.
Il y a beaucoup de gens qui sont comme ça,
Qui piquent pour se faire remarquer.

Ça les rend malheureux de piquer
Les petits garçons et les petites filles,
Parce que, en plus, on les déteste pour ça.

Alice aurait pu passer toute une vie d'envie,
À piquer, à jouer la méchante, et à jouer à faire peur.
« Mais ma vie, pensa Alice, ça n'est pas Halloween ! »
Et elle sentait bien que, au fond d'elle, ce poison la détruisait.
Elle se rendit chez la reine des fourmis, la plus sage,
Et lui raconta toute sa mésaventure.
La reine des fourmis secoua sa petite tête bien coiffée.
– Rien ne sert de vouloir être comme une autre personne,
Et posséder la même chose !
On a chacun une place sur terre, lui dit-elle.
Ses grands yeux noirs fixèrent l'horizon, et elle ajouta :
– Écoute-moi bien, Alice. Pour redevenir une fourmi noire,
Il suffit de cesser de vouloir la même chose que l'autre.
Il faut être fier de soi, et de sa vie !
Ainsi, tout le poison rouge s'envolera en fumée de ton cœur,
Et tu te sentiras tellement, tellement plus légère !
Tiens, regarde, prends ce petit morceau de coquelicot, un quart de tige de bouton d'or... Quand tu seras contente de toi, et de ta maison, tu ne chercheras plus à faire du mal.
Si tu es pleine de toi, il n'y aura plus du tout de place pour ce rouge-là.
Tu ne peux pas être gentille autour de toi si tu ne t'aimes pas !
C'est ce que fit Alice.
Avec son cœur tout rouge, elle s'occupa de sa propre vie. Elle avait une idée géniale : elle fabriqua une maison, toute rouge et or, en fleur de coquelicot et bouton d'or.
Elle créa le premier cirque de fourmis !
Et elle passa ses journées à dompter les petits pucerons, à entraîner les gymnastes et les funambules. Ses yeux brillaient !
Et, elle-même, elle exécuta des numéros de clown exceptionnels.
Le soir de la générale, qui est la première représentation chez les fourmis, toutes les petites fourmis se pressèrent pour entrer dans le cirque d'Alice. Lucile fut la première à la saluer.

– Quelle idée géniale ! s'exclama Lucile. Un cirque de fourmis ! Ça te ressemble tellement, ma chérie ! C'est vraiment tellement toi !

Ce jour-là, Alice se regarda dans une demi-gouttelette d'eau : elle avait un joli teint cuivré, mais pas rouge. Un teint de fourmi tout à fait habituel. « C'est normal, pensa Alice. Tout le rouge que j'avais dans le cœur, toute la rage, je l'ai transformé en rouge pour mon cirque... Tout ça, je l'ai mis dans mon nez de clown. Parce que moi, je ne suis pas née pour être une parfaite petite dame de maison. Mais moi, Alice, petite fourmi de trois centimètres de long, je suis née pour faire rire les autres.
Et gna gna gna ! »

CÔTÉ PARENTS

La jalousie, l'envie : comment ne pas la faire flamber

La jalousie, nous connaissons tous... C'est tout simplement une relation faussée à l'autre, celui qui nous ressemble mais dont nous avons le sentiment qu'il a été plus gâté par la vie ! Et ce sentiment d'avoir été moins bien loti que les autres vient piquer le cœur, comme un poison. Les enfants connaissent les piqûres de la jalousie, surtout à la naissance d'un plus jeune. Et c'est on ne peut plus normal. « Tous les enfants, explique la psychanalyste Catherine Mathelin-Vanier, voient en l'amour de leurs parents un gros gâteau, dont les parts rétrécissent avec le nombre d'enfants. » Ce qui est faux, puisqu'il faut leur dire qu'à chaque nouvelle naissance, les parents fabriquent un nouvel amour – un nouveau gâteau ! L'amour est infini, il ne se partage pas comme un bien matériel.

On peut aussi être envieux d'une copine qui a de meilleures notes, qui dessine mieux, qui a une plus grande chambre... Ça, c'est assez fréquent, d'autant plus que les jeunes enfants évoluent souvent dans la compétition et la rivalité. « Moi, j'ai la plus grande/la plus belle maison de poupées ! » « Oui, mais la mienne, elle est mieux ! »

Quoi qu'il en soit, la jalousie est le symptôme d'un problème d'affirmation de soi. On ne se définit pas suffisamment fort, dans ses possibilités – on est « à cheval » entre soi et l'autre. Peut-être le petit jaloux n'a-t-il pas été conforté suffisamment fort dans son identité ?

Comment gérer ?

1. Ne la bâillonnez pas ! Non exprimée, et inhibée, la jalousie peut resurgir sous forme de dépression, régressions (pipi au lit), phobies, ou même de troubles psychosomatiques... Encouragez l'enfant à s'exprimer. Il évoque son envie d'étrangler le nouveau-

né ? Laissez-le parler, ne le censurez pas, et proscrivez toutes ces petites phrases culpabilisantes, lancées souvent à la va-vite. Évitez de dire, par exemple : « Tu es jaloux ? Mais ça n'est pas beau, c'est méchant d'être jaloux. » Si vous le voyez torturé, inhibé, vous pouvez l'aider à mettre des mots sur ses « pensées obscures » : « On n'est pas obligé d'aimer ses frères et ses sœurs. Mais on ne doit pas leur faire de mal. »

2. Considérez-les comme des êtres uniques

Même si la fratrie est nombreuse, chaque enfant est unique ! Tâchez de réserver des moments à chacun séparément. Faites-leur comprendre que, même si l'affection que vous portez à chacun est différente, il s'agit au fond de la même qualité d'amour.

3. Différenciez-les

Pour éviter qu'ils ne se jalousent, que ce soit des frères et sœurs, ou des amis, il faut les conforter dans leur identité et souligner leurs différences. De nombreux parents, au contraire, pour prévenir ce processus de jalousie, s'efforcent de « photocopier » leurs enfants. Compter le même nombre de frites dans l'assiette, les habiller pareil, procéder à un « tir groupé » pour les anniversaires... ne feront que faire flamber la jalousie. Car c'est en quelque sorte les faire vivre dans une illusion de « tout pareil », un fantasme de similitude, un monde qui n'existe pas. Et c'est les faire entrer dans le cercle vicieux de la comparaison. Au contraire, dites : « C'est vrai, elle a eu un super cadeau pour son anniversaire. On n'est pas tous les jours à la fête. Pour toi, ce sera plus tard ! » Même chose avec les copains ou les copines. Insistez sur les différences. « Nous, nous accordons plus d'importance aux voyages. Nous ne vivons pas de la même façon. » Définissez les critères de choix, les options, les valeurs de votre propre famille. « Il y a des avantages et des inconvénients à vivre dans telle ou telle famille. »

4. Proposez des activités extrascolaires différentes

Encouragez-les à suivre leur modèle intérieur, à pratiquer des activités différentes. C'est souvent par les activités extrascolaires que l'on définit la personnalité de l'enfant. Efforcez-vous de valoriser ses dons particuliers, la « pépite » qu'il a en lui. C'est de cette façon qu'il s'affirmera dans son identité – Spinoza disait « persévérer dans son être ». Peut-être la fourmi n'a-t-elle pas été confortée suffisamment dans sa propre identité de clown...

5. Faites-lui mesurer précisément ce qu'il possède… et ce qu'il est !

D'après les psys, l'envie (comme dans l'histoire des deux fourmis) résulte d'un problème d'indifférenciation encore plus important avec l'autre, comme si le réglage de la distance n'avait pas été fait, et que la frontière entre moi et l'autre était encore plus difficile à saisir. « Je pourrais avoir tout ce qu'elle a, pense Alice, la fourmi rouge. Et pourquoi je ne l'ai pas ? » Alice ne s'est pas suffisamment différenciée de Lucile. Peut-être n'a-t-elle pas suivi son propre modèle intérieur. Avec votre enfant, insistez et accentuez les différences de comportement, d'option… Son copain a une console dernier cri, une poupée qui fait pipi, une maison à la mer ? Lui part souvent à la campagne…

Revenez à l'histoire des deux fourmis : Lucile passe beaucoup de temps à faire glacer ses sucs, elle doit même se lever la nuit pour les faire glacer à la pleine lune. Ça ennuierait Alice, elle n'est pas faite pour ça !

6. Pensez à l'« après-jalousie » !

La jalousie et l'envie, une fois « traversées », peuvent être très stimulantes pour l'enfant, car elles lui permettent de reconnaître ce que l'autre a d'irréductiblement différent de lui. Donc de percevoir ce que lui a d'unique. La traversée de la jalousie amène à respecter l'autre, dans son altérité. Donc à se construire soi-même.

Quelques phrases clés

★ « Toi, tu es drôle/batailleur/têtu… Paul est un champion en football, Emma est un as en théâtre : autant d'enfants, autant de gens différents ! »

★ « Ton frère te copie ? C'est parce qu'il t'admire. Mais jamais il ne pourra être comme toi. »

★ « Le cœur des mamans est élastique, tu vois, il est capable d'aimer énormément d'enfants – tous plus différents les uns que les autres ! »

★ « Je t'aime, toi, parce que tu es unique. »

Le petit hérisson grincheux qui apprit à sourire

À cette époque, une chaleur torride s'était abattue sur la planète. Il faisait 55 degrés à l'ombre, le sol était grisâtre et craquelé, le moindre brin d'herbe avait grillé. Il n'y avait bien sûr plus une goutte d'eau ou de lait. Ou de larme. Ou de sueur. On n'arrivait même plus à pleurer... Même les scorpions tiraient leur petite langue assoiffée, c'est dire ! Et partout, on entendait : « Fait chaud... fait chaud... fait chaud... »
Pour survivre, les animaux léchaient les pierres, grappillaient des gouttes de-ci de-là ou mendiaient auprès de ceux qui avaient fait des provisions dans leur terrier. Comme ils avaient grand cœur, les plus grands aidaient les plus faibles, comme les vieilles mamies tortues et les vieux dinosaures édentés de plus de cent ans, les petits bébés et les jeunes enfants.
L'enfant-hérisson en faisait partie et pourtant, très curieusement, personne ne lui venait en aide.
Une première fois, il sonna chez Hubert, le lapin aux grandes oreilles blanches, qui était bien au frais dans son terrier. Hubert sortit le museau.
– Ah, mon vieux, mon p'tit vieux, dit-il à l'enfant-hérisson, j'ai rien pour toi. Désolé, mon petit vieux. (Il disait « petit vieux » tout le temps, quand il n'aimait pas trop les gens.) Allez ciao, bon courage, avec tes piquants.
Et le lapin lui claqua la porte de son terrier au nez.

Quelques mètres plus loin, l'enfant-hérisson frappa chez la petite taupe.
– Oh, la jolie petite fille, dit la taupe en rajustant ses lunettes. Que voulez-vous, ma jolie ? Vous m'avez l'air bien en colère, avec vos piquants.
En entendant qu'on le traitait de fille, l'enfant-hérisson se roula en boule furieuse et fronça encore plus les sourcils.
– De l'eau, je veux de l'eau, t'es myope ou quoi ? grogna l'enfant-hérisson
– Ah, dommage, ma princesse. Je viens de finir un petit bol d'eau de pluie, je n'en ai plus une goutte.
Et elle redescendit aussi sec (c'est le cas de le dire) dans son labyrinthe, au moins trentième étage.
L'enfant-hérisson grogna encore. « Mon Dieu ! Pourquoi sont-ils si méchants envers moi ? »
Et toi, toi qui écoutes cette histoire, le sais-tu ? Je suis sûre que tu as compris... L'enfant-hérisson était grincheux ! Et les autres, en voyant son visage plissé, ses rides profondes et surtout ses piquants acérés comme des pointes de poignard, pensaient : « Qu'il aille se faire voir, celui-là ! Il est vraiment trop vilain pour mériter quoi que ce soit ! »
Et le pire, c'est qu'en le voyant, les autres animaux adoptaient aussitôt la même mine revêche. Car, si le sourire est contagieux et appelle le sourire, sache que les grimaces, grognonneries et grincheries appellent d'autres grimaces, grognonneries et grincheries.
Il est très rare que l'on sourie à quelqu'un qui fasse la tête. Il faut avoir une grande imagination pour cela ; il faut imaginer que, derrière cet air si revêche, il y a du désespoir et de la tristesse. Mais les gens n'ont pas tous cette imagination-là...
Et je ferme la parenthèse.

L'enfant-hérisson repartait, la bouche sèche, la peau sèche et le cœur de plus en plus sec. Un sourire eût été comme une goutte d'eau pour lui, et lui aurait déplissé la peau ! Mais personne n'esquissait le moindre sourire. Le pire, c'est qu'il ne pouvait même pas pleurer, à cause du manque d'eau. Il ne lui restait qu'une solution : se débrouiller tout seul.

Les hérissons ont de petites pattes, un gros derrière, mais un cœur solide. Deux jours plus tard, à demi mort de soif, enfin, enfin, à l'autre bout du village des animaux, il trouva une petite mare à demi asséchée.
Il s'y précipita, tête en avant. Et là… Quelle surprise, et aussi quelle horreur ! La mare était habitée, par un monstre ridé, grognon, avec plein de piquants partout. Il recula : « Mon Dieu, cet horrible monstre grincheux a l'air agressif. Il va me tuer ! »
L'enfant-hérisson s'écarta de la mare… Et le monstre s'écarta aussi.
C'est alors, seulement, qu'il comprit : ce hérisson grincheux, avec un regard furibard, c'était lui.
« Mon Dieu, pensa-t-il, c'est terrible. On dirait que je veux embrocher tout le monde sur mes piquants. On dirait que j'ai un poignard à la place du cœur. »
Alors, doucement, devant la petite mare qui faisait miroir, il lissa un à un ses piquants. Il déplissa son visage comme il l'eût fait avec un fer à repasser et essaya d'esquisser un sourire… Une fois, deux fois. Au début, bien sûr, ça faisait un petit rictus ridicule, mais après quelques essais… il y parvint à peu près.
Alors, il retourna voir le lapin aux grandes oreilles qui ne le reconnut pas du tout.
– Salut, p'tit frère, lui dit le lapin (car il appelait « p'tit frère » tous ceux qui lui semblaient sympathiques). Bouge pas, j'vais te donner une bonne carotte et un peu d'eau de pluie de cet automne.
Et la petite taupe, en rajustant ses lunettes, lui proposa un abri pour la nuit.
– Vous m'avez l'air fort gentil, charmant petit renard, et chez moi, à six pieds sous terre, il fait bon.
Le petit hérisson pas si grincheux que ça se mit à avoir beaucoup d'amis. Bien sûr, son sourire n'en devint que plus large, plus épanoui.
Parfois, le hérisson racontait son histoire à ses copains lapins, tortues et taupes.
– Heureusement que, ce jour-là, j'ai découvert mon image ! disait-il. Sinon, je serais toujours aussi seul. Et je serais sans doute mort de soif et de manque d'amour.

C'est depuis ce jour-là, d'ailleurs, que les hérissons replient leurs piquants quand ils vont dans le monde, comme certains garçons mettent du gel dans leurs cheveux pour avoir l'air plus distingué... Ils déplient leur sourire comme on déplie un morceau de papier froissé. Et tout se passe beaucoup mieux ainsi !

Le petit marchand tout rond qui vendait des sourires

Où l'on apprend que tous les sourires et tous les rires ne sont pas d'égale valeur, et que, pour se faire des amis, il faut préférer le « sourire intérieur » au faux sourire

Comme tous les vendredis, jour de marché, le petit Joseph se rendit sur la place du village, là où le marchand de sourires installait sa camionnette. C'était une camionnette rouge et jaune, bordée d'arabesques dorées – les couleurs du cirque. Sur l'auvent, on avait écrit en toutes lettres : « Vente de sourires, rires fous et autres gloussements ». Ce petit marchand tout rond vendait des sourires comme des bonbons ou des Smarties... mais beaucoup plus cher. Car si certains ricanements et gloussements se vendaient 2 euros pièce, les demi-sourires affichaient 60 euros et les rigolades, 150 euros ! Les rires coûtaient en effet très cher, parce qu'ils se tortillaient dans tous les sens comme des petits poissons et qu'il était très difficile de les attraper. Il fallait les guetter très longtemps à l'avance, les voir naître, grandir et enfin les attraper avec une sorte de « filet à rires ». L'opération était encore plus délicate avec les fous rires qui grimpaient partout, s'accrochaient aux rideaux, passaient de l'un à l'autre à la vitesse de la lumière.

Les sourires étaient beaucoup plus sages, mais pas faciles non plus à capturer à cause de leur transparence.
Malgré ces tarifs coûteux, le petit marchand de sourires remportait un franc succès, le vendredi, jour de marché.
Certains habitants du village arrivaient, le panier débordant de poireaux, carottes et pommes de terre, et rajoutaient une petite enveloppe de sourire au-dessus des légumes.
– Approchez ! disait le marchand qui, bien évidemment, arborait un énorme sourire commerçant. Ici, vous n'aurez que du bonheur ! Je vous propose des demi-sourires tout frais, des airs narquois, des gloussements de cancre en pleine classe. Super-promotion aujourd'hui : moins 30 % sur les sourires de clown !
Il n'y avait que les rires contagieux qui n'étaient jamais en promotion. Car tu imagines bien qu'ils auraient conduit le petit marchand à la faillite. Il n'en fallait qu'un pour faire rire un village tout entier !
Mais le petit marchand gagnait beaucoup d'argent car, dans ce village, les habitants étaient si tristes qu'ils demandaient à consommer immédiatement leur sourire au comptoir. Ils avalaient directement leur petit rire au goulot de la bouteille, qui s'installait au creux de leur estomac et les chatouillait.
– Allez, bonne rigolade ! lançait le petit marchand.
Et tout le monde repartait en se racontant des histoires drôles.
Tout le monde… Sauf le petit Joseph, qui n'avait pas d'argent.
Il faut dire que, généralement, les petits enfants n'ont pas besoin d'acheter de rires, ni de sourires – ça leur vient tout seul ! Généralement… mais pas toujours. Certains, comme cela arrive parfois, se font voler leur sourire par un adulte bête et méchant. C'était ce qui s'était passé avec le petit Joseph. Le sourire était parti, et le petit Joseph restait seul dans son coin.
Est-ce que l'on a envie de venir vers quelqu'un qui a une tête de pleurnicheur, de l'embrasser et de lui parler ?
Avant d'aller à l'école, le petit Joseph se forçait. Il se plaçait devant le miroir, mettait les poings sur les hanches, fronçait les sourcils et se sermonnait : « Souris, allez, hop, souris, nom d'un chien ! 1, 2, 3… Sourire ! » Et il s'accrochait un beau sourire de clown bien fabriqué de toutes pièces. Mais ce sourire de clown était lourd comme un masque de métal. Il fallait une force de

géant pour le porter. Alors, après trois ou quatre pas seulement, il tombait. Le petit Joseph croisait son reflet dans la vitrine d'un magasin et voyait son visage froncé-froncé-froncé. Fermé-fermé-fermé... Le sourire de clown avait disparu. Et tout était à refaire.

Ce vendredi-là, Joseph s'était glissé dans la file d'attente, bien décidé à demander au petit marchand de lui prêter un sourire. Devant lui, un géant triste et tout gris faisait la queue. Quand arriva son tour, le géant triste, devant lui, fouilla avec ses gros doigts gris dans son minuscule porte-monnaie et se racla la gorge :
– Vous n'auriez pas euh... un... un gloussement pour 10 centimes d'euros ?
Le petit marchand fouilla dans un bocal et lui trouva une crotte de sourire en solde, ce qui rendit Joseph encore plus triste, surtout que lui n'avait même pas d'argent pour s'acheter un demi-sourire. Pas la moindre pièce pour demander un air narquois ou un rire de gorge. Pourtant, quand il aperçut le petit Joseph, le petit marchand tout rond esquissa un large, très large sourire.
– Mon bonhomme, lui lança-t-il, tu veux quelque chose ?
Joseph soupira et retourna ses poches vides.
– Tu n'as pas d'argent. Hmm... Hmm...
Le petit marchand examina le petit Joseph des pieds à la tête d'un air étrange, pendant de longues minutes... Puis, il chuchota très vite :
– J'ai besoin d'un petit garçon comme toi, un petit garçon qui s'est fait voler son sourire. Alors... dis-moi... ça te dirait de travailler avec moi ?
Les yeux de Joseph s'agrandirent. Ils grandirent, grandirent, pour esquisser la forme d'un sourire... pour dire oui ! Mais il ne prononça pas un mot : il était trop excité ! Pourtant, le petit marchand, expert en sourires intérieurs, avait compris.
– Alors, entre, dit simplement le petit marchand. Entre dans mon camion. Dès que j'aurai fini de servir mes clients, je te montrerai...

Il faisait sombre et le petit Joseph écarquillait les yeux. Il y avait là des centaines et des centaines d'étagères, et sur ces étagères, des enveloppes de toutes les couleurs pleines de sourires, portant chacune un nom. Il y avait aussi des bocaux remplis de rires gesticulants, de sous-rires, de fous rires ! Sur les étiquettes, le petit Joseph pouvait lire : « rictus », « demi-sourire », « sourire éclatant », « sourire édenté », « sourire bienheureux », « rire de supériorité », « rire de moquerie », « sourire de politesse ».

– Où as-tu trouvé tous ces sourires ? interrogea le petit garçon.

– Oh oh oh ! rit le petit marchand tout rond. Parfois, il n'y a qu'à les ramasser par terre, ou bien dans l'air du temps !

Le petit bonhomme se leva et lui montra un filet à papillons.

– J'ouvre une enveloppe et hop ! je capture le sourire invisible. Les jours d'été, poursuivit le petit marchand, quand l'air sent la fraise, je n'ai qu'à tendre la main : les sourires de bonheur et les fous rires courent partout ! L'hiver, c'est un peu plus difficile. Avec le froid, les visages ont beaucoup de mal à se détendre et à sourire. Et quand un visage fait une grimace, ça entraîne d'autres grimaces... Et alors c'est une épidémie de non-rires ! L'hiver, il y a des épidémies de visages tristes, comme des épidémies de rhumes. Oh, je n'aime pas ça ! dit le petit bonhomme avec une grimace toute noire. L'hiver, je suis régulièrement ruiné.

Ensuite, il regarda le petit Joseph droit dans les yeux.

– Je vais t'expliquer ce que j'attends de toi. Ce qui m'intéresse, c'est de voir tout le monde sourire. Tout le monde, d'accord ? Même ceux qui n'ont pas d'argent, même ceux qui se sont fait voler leur sourire d'enfant.

Alors le petit marchand planta ses étranges yeux lumineux dans ceux du petit garçon.

– C'est pourquoi tu es là aujourd'hui... Si tu le veux, tu vas être mon testeur. Tu vas essayer tous les sourires, et les rires... Tu vas les étudier, et tu verras alors ceux qui sont le plus efficaces pour faire sourire les autres ; ceux avec lesquels on peut se faire des copains. Tu comprends, lui dit-il, le sourire, c'est comme un petit trait d'union entre les uns et les autres. Quand tu souris, c'est comme quand tu tends la main à quelqu'un, tu comprends ?

Bien sûr qu'il comprenait, le petit Joseph. Et il était content, si content ! Connais-tu un travail plus agréable que d'être testeur de sourires ? Pendant un mois, il travailla pour le petit marchand. Il essaya un à un tous les sourires, et tous les rires, se promenait dans le métro, l'autobus, les files d'attente des cinémas et des théâtres, à la piscine, à la cantine, et notait sur un petit calepin quels effets le sourire avait sur les autres enfants.

Un jour, dans l'autobus numéro 83, il colla sur son visage un faux sourire de clown, tu sais, un de ces grands, grands sourires qui sonnent un peu faux. Alors, les gens s'approchèrent de lui, mais après quelques secondes, tout le monde se mit à pleurer à chaudes larmes, comme s'ils avaient deviné qu'il y avait de la tristesse derrière ce sourire trop grand.

Un autre jour, il essaya le « sourire entendu », tu sais, celui qui te fait dire : « Hé ! hé ! hé ! » Les autres le regardèrent et répondirent : « Quoi ? quoi ? quoi ? » Alors, le petit Joseph écrivit sur son carnet : « Sourire entendu : vous transforme en grenouille. Pas terrible. À n'utiliser qu'avec les gens que l'on connaît bien, pour certaines occasions particulières. »

Un autre jour, dans l'autobus numéro 38, il ouvrit l'enveloppe rose et en sortit un joli « sourire de politesse », avec lequel il regarda les gens.
Les voyageurs s'assirent à ses côtés quelques minutes, se raclèrent la gorge, regardèrent leur montre, puis, comme Joseph continuait à sourire sans rien dire, ils partirent, comme ils étaient venus. (« Sourire de politesse : bon début, mais ne suffit pas pour se faire des copains », écrivit le petit Joseph.)

Un autre jour encore, il avala un fou rire… Et ce fut terrible ! Dans le métro, sur la ligne Porte d'Orléans-Porte de Clignancourt, il se mit à rire tout seul, et tout le monde rit avec lui. Tout le monde était devenu fou. Les gens se tapaient la tête contre la vitre, et personne ne se parlait. Et on se quitta en continuant à rire, sans pouvoir échanger le moindre numéro de téléphone. En ne pensant qu'à se moucher et à tamponner ses yeux pleins de larmes.

« Trop violent, surtout quand on ne se connaît pas. Essayer autre chose pour se faire des copains », écrivit le petit garçon. Avec le rire de supériorité, tu sais, celui que l'on utilise pour se moquer des autres, ou le ricanement, il se passa quelque chose de très bizarre : les gens rétrécissaient à vue d'œil ! Et il se retrouva comme un géant, dans le métro, avec des Lilliputiens qui le regardaient d'un air terrorisé.
« Pas terrible », pensa le petit Joseph devenu grand pour l'occasion. Et, ce soir-là, il recracha ce rire dans les WC et tira la chasse dessus, car il avait détesté ce rire-là.

Quand, deux jours après, il étrenna son « gloussement » (une sorte de rire qui ressemble à un grognement), il constata que des paires d'yeux étonnés se fixaient sur lui, qui ressemblaient à ceux des coqs. « Tu te moques de moi ? Tu glousses ? »
Il n'eut pas davantage de succès avec le demi-sourire, qui entraîna des « Qu'essst-ce t'as ? Qu'est-ce t'as, toi ? Tu t'moques ou quoi ? », mais un peu plus de résultats avec le sourire éclatant.
Le vendredi qui suivit, le petit Joseph était de retour chez le petit marchand avec toutes ses fiches. Il remarqua que le petit marchand tout rond n'était plus si rond, tant il avait vieilli. Il tenait à peine sur sa canne, et ses yeux avaient perdu tout éclat. Il écouta, tout tremblotant, le petit Joseph parler de ses expériences.
– C'est parfait, grelotta sa voix. Tu as été un très bon testeur de sourires et de rires. J'ai une surprise pour toi.
Le marchand lui montra un bocal qui rayonnait et chuchota :
– Je viens de le trouver : c'est le « sourire magnétique-sourire des profondeurs ». Je l'ai placé dans un bocal, car il vit et bouge comme un rire. Bois ça !
Joseph but, et se sentit aussitôt illuminé de l'intérieur, une chaleur montait dans son ventre, chatouillait ses oreilles, provoquait des flammes dans ses yeux. Il se sentit très très fort.
– C'est bizarre, je me sens tout fondant à l'intérieur, dit-il. C'est comme une sorte de chatouillement.

– Va, mon garçon, marmonna le petit bonhomme. Et surtout, reviens me dire… si ce sourire… est efficace pour se faire des copains…
Le petit marchand avait raison : ce rire-là était totalement magique ! Quand il sortit de la camionnette, le petit Joseph se fit rattraper par tous les habitants du village.
– Petit garçon ! Petit garçon ! Reste avec moi ! cria le géant tout gris. Dis-moi pourquoi tu as l'air si heureux.
Quand il arriva près de l'école, les enfants crièrent :
– Bonjour, Joseph, bonjour !
Alors, le petit Joseph se mit à sourire encore plus, et puis à rire, aussi, mais d'un rire de plaisir. Un de ceux qu'il n'avait encore jamais essayés. Il écrivit : « Sourire magique, magnétique, gigantique ! »
Et, comme si ce sourire l'avait rendu plus intelligent, il écrivit encore : « Rien à voir avec le sourire de clown qu'on accroche sur un visage et qui part comme il est venu. Ce sourire-là vient de l'intérieur de soi, et il illumine tout le monde. » Et il écrivit encore : « Tout ce qui est important vient du plus profond de soi. »

Quand le petit Joseph fut de retour dans le camion, il continuait à irradier.
– C'est le sourire le plus merveilleux qui existe. Tout le monde devrait posséder ce sourire tranquille. Car on vient vers vous, on vous sourit. Alors, on a encore plus envie de sourire.
Le petit marchand soupira d'un air satisfait, puis ferma les yeux. Joseph vit perler, de chaque côté de ses paupières, des petites larmes de joie.
– Tu sais, lui dit le marchand. Ce sourire des profondeurs, que j'appellerai « sourire rayonnant », c'est l'œuvre de ma vie. J'ai passé tout mon temps à le chercher, j'ai épuisé toutes mes forces à le faire. Maintenant, je vais me reposer. Mais je veux te faire un cadeau…
Il tendit à Joseph un petit flacon vide.
– Conserve ton sourire dans ce bocal, ne le laisse pas partir ! Glisse-le toutes les nuits dedans, entretiens-le avec beaucoup d'amour et d'amitié. Et tu auras une vie formidable, lui dit le petit marchand tout vieux.

Quand il serra la main très faible du petit marchand de sourires, le petit Joseph était très triste. Il avait compris que le camion allait partir cette nuit et qu'il ne reverrait jamais le petit marchand.
Mais, heureusement, il avait, précieusement niché dans son bocal, le plus magnifique des cadeaux, un petit poisson frétillant qui s'appelait « sourire rayonnant ».
Il esquissa un pas de danse. Il savait que, grâce à ce sourire tranquille, gentil, heureux, il allait pouvoir se faire beaucoup de copains, que sa vie allait être vraiment merveilleuse...

Conclusion

Un monde de sourires

Et si, dans nos petites leçons de vie, dans nos histoires de politesse, de respect, d'affirmation de soi, tout se terminait par un sourire ?

En paraphrasant Rabelais, on pourrait dire que le sourire est le propre de l'homme et de son lien à l'autre. Le sourire à l'autre ne cristallise-t-il pas toutes ces leçons ? Il est l'esquisse de l'affirmation de soi (on s'affirme en souriant), du respect et de la politesse dus à l'autre (on salue son existence), le témoin incontournable de l'amitié et de l'amour.

Esquisser un sourire à l'autre, c'est, en effet, amorcer un trait d'union. C'est un mouvement d'invite, une ouverture, qui suggère : « Je t'ai vu, je t'ai reconnu. Il y a de la place pour toi, et je suis prêt à t'écouter. » Un sourire, c'est le premier signe altruiste. On tient la porte à l'autre, on lui cède son siège dans le métro, on lui sourit en plus. C'est le paquet-cadeau avec le joli nœud par-dessus.

Vrais ou faux ? Faites la différence

Ces vrais sourires qui viennent du cœur sont à opposer aux sourires faux, mondains, mielleux, qui agissent plutôt comme des gifles. Avez-vous remarqué ? L'univers est rempli de ces faux sourires, qui disent très poliment « non », qui racontent le contraire de ce qu'ils manifestent. Ce sont des sourires-gifles.

Ça peut être le « Merci, monsieur » du directeur, tout souriant, qui montre la porte pour dire « Au revoir, va-t'en, je ne veux plus de toi ». C'est le sourire désolé et confus du promeneur, celui qui s'enfuit, sans rien donner au SDF ; c'est le sourire méprisant, hautain, de l'examinateur.

Il y a des rires et des sourires qui tuent comme des coups de pistolet, et qui nous éloignent les uns des autres. Au contraire, il y a des rires qui percent les bulles de savon, et qui nous regroupent les uns les autres.

Pourquoi sourions-nous si peu ? Alors qu'un sourire fait tant de bien ?

Par timidité ? Par radinerie ? Pingrerie ? On manque tant de temps que l'on en vient à ne dire que l'essentiel du message... sans prendre le temps de l'enrober dans ce joli paquet-cadeau !

Rires et sourires, quand ils viennent de très loin, du fond du cœur, sont contagieux. Ce sont des rires et sourires écologiques, habités par une certaine grâce, qui vivent d'eux-mêmes. Sur le visage, quelque chose s'illumine de l'intérieur. Un vrai rire, un vrai sourire, quand ils sont bienveillants, sont la meilleure façon d'entrer en contact avec les autres. Ils sont magnétiques, ils attirent comme des aimants. Nous l'avons tous constaté : quand nous sommes habités par ce petit sourire irrépressible, nous sommes suivis par les autres ; les parfaits inconnus nous arrêtent même dans la rue pour demander leur chemin.

Si seuls les vrais sourires sont contagieux – ceux qui sont irrésistibles (le « certain sourire » de Sagan) –, il faut aussi avoir des petits sourires de politesse, pour entrer en contact avec l'autre. Cela s'appelle le langage « infraverbal ». Ce langage-là n'est pas étudié à l'école, ce qui est fort dommage. C'est pourquoi il faut l'enseigner aux enfants.

Quelques phrases clés

★ « Un sourire est plus fort que des mots gentils. Si tu dis des mots doux sans sourire, l'air grognon, l'autre peut ne pas les comprendre. »

★ « Un sourire est contagieux. Et magnétique. Si tu ne souris pas, personne ne te sourira. Mais si tu souris, c'est comme si, avec un hameçon, tu allais chercher le sourire de l'autre, en lui.

Essaie… tu verras, c'est magique. Et même au téléphone : quand tu souris, cela s'entend ! »

★ « Un sourire désarme… Cela signifie que, si quelqu'un s'adresse à toi avec colère, tu peux lui répondre en souriant… Et sa colère va diminuer comme d'un coup de baguette magique. »

Table

Vivre ensemble : les copains, l'amitié, l'amour

Le respect et la politesse

Mieux s'affirmer au milieu des autres

Du même auteur

Cent histoires du soir,
Marabout, 2000

Petites histoires pour devenir grand,
À lire le soir pour aborder avec l'enfant
ses peurs, ses tracas, ses questions,
Albin Michel, 2003

Petites histoires pour devenir grand (2),
Des contes pour leur apprendre à bien s'occuper d'eux,
Albin Michel, 2005

avec Maryse Vaillant

Récits de divan, propos de fauteuil,
Comment la psychanalyse peut changer la vie,
Albin Michel, 2007

Dans la même collection

Quels repères donner à nos enfants dans un monde déboussolé ?
Jean-Luc AUBERT

Mes parents se séparent – Je me sens perdu
Maurice BERGER et Isabelle GRAVILLON

Petite terreur ou souffre-douleur – La violence dans la vie de l'enfant
Stéphane BOURCET et Yves TYRODE

Petits tracas et gros soucis de 1 à 7 ans – Quoi dire, quoi faire
Christine BRUNET et Anne-Cécile SARFATI

Petits tracas et gros soucis de 8 à 12 ans – Quoi dire, quoi faire
Christine BRUNET et Anne-Cécile SARFATI

Une famille, ça s'invente – Les atouts des parents, les atouts des enfants
Hélène BRUNSCHWIG

Papa, Maman, laissez-moi le temps de rêver !
Etty BUZYN

Me débrouiller, oui, mais pas tout seul !
Etty BUZYN

La Mort pour de faux et la Mort pour de vrai
Dana CASTRO

Ça va pas fort à la maison – L'enfant et les soucis des grands
Dana CASTRO

Qui lit petit lit toute la vie
Rolande CAUSSE

Il a du mal à l'école – Un peu, beaucoup, trop... comment l'aider
Brigitte CHEVALIER

Il a du mal au collège – Comment l'aider
Brigitte CHEVALIER

Petit manuel à l'usage des grands-parents qui prennent leur rôle à cœur
Étienne CHOPPY et Hélène LOTTHÉ-COVO

Séparons-nous... mais protégeons nos enfants
Stéphane CLERGET

Vos enfants ne sont pas des grandes personnes
Béatrice COPPER-ROYER

Peur du loup, peur de tout – Petites peurs, angoisses, phobies de l'enfant et de l'adolescent
Béatrice COPPER-ROYER

Doué, surdoué, précoce – L'enfant prometteur et l'école
Sophie CÔTE

Psy ou pas psy ? – Quand et qui consulter
Dr Patrick DELAROCHE

Adolescence à problèmes – Comprendre vos enfants pour les aider
Dr Patrick DELAROCHE

Doit-on céder aux adolescents ?
Dr Patrick DELAROCHE

Parents, osez dire non !
Dr Patrick DELAROCHE

Oser être mère au foyer
Marie-Pascale DELPLANCQ-NOBÉCOURT

Parents de cœur – Comprendre l'enfant adopté
Sherrie ELDRIDGE

Le Dieu de l'enfant – Il n'est pas celui qu'on croit
Nicole FABRE

Amour, enfant, boulot... comment sortir la tête de l'eau
Anne GATECEL et Carole RENUCCI

Le baby-clash – Le couple à l'épreuve de l'enfant
Bernard GEBEROWICZ et Colette BARROUX

Mon enfant me dévore
Lyliane NEMET-PIER

J'suis pas motivé, je ne fais pas exprès
Brigitte PROT

Papa, Maman, j'y arriverai jamais ! – Comment l'estime de soi vient à l'enfant
Emmanuelle RIGON

J'ose pas, je suis trop timide – S'affirmer est un jeu d'enfant
Emmanuelle RIGON

Aidez-moi à trouver mes marques ! – Les repères du tout-petit
Michael ROHR

Toutes les questions que vous vous posez sur l'école maternelle
Nicole du SAUSSOIS

Les Risques de l'adolescence
Gérard SÉVÉRIN

Crèches, nounous et Cie – Modes de garde, mode d'emploi
Anne WAGNER et Jacqueline TARKIEL

Hors collection

Petites histoires pour devenir grand – À lire le soir pour aborder avec l'enfant ses peurs, ses tracas, ses questions
Sophie CARQUAIN

Petites histoires pour devenir grand 2 – Des contes pour leur apprendre à bien s'occuper d'eux
Sophie CARQUAIN

Conception graphique:
Marie Pinaux

Composition I.G.S. - CP
Impression: Pollina s.a. en décembre 2007
Éditions Albin Michel
22, rue Huyghens, 75014 Paris
www.albin-michel-fr

ISBN: 978-2-226-16962-4
Dépôt légal: janvier 2008 - N° d'édition: 25652
N° d'impression: L45389
Imprimé en France.